Martin Urbanek

Wien erleben: Ein Reiseführer für Jugendliche und Erwachsene

Impressum:

www.karinaverlag.at
Text ©: Martin Urbanek
Vorwort: Mag. Dr. Wolfgang Gröpel
(Landesschulinspektor vom Stadtschulrat für Wien)
Lektorat: Tanja Dechet
Layout- und Textüberarbeitung © Martin Urbanek, Karin Pfolz
Covergestaltung © Detlef Klewer,
© Oktober 2016, Karina Verlag, Vienna, Austria,
ISBN: 978-3-903161-36-8

Martin Urbanek

VIENNA life

Wien erleben: Ein Reiseführer
für Jugendliche und Erwachsene

Vorwort

Als jemand, der weite Teile dieser Welt bereist hat, bin ich mit zahlreichen Reiseführern vertraut. Der vorliegende Reisebegleiter ist in seiner Art und Weise einzigartig. Er beschäftigt sich nicht nur mit den Sehenswürdigkeiten der wunderschönen Bundeshauptstadt Wien, sondern auch mit Wiens Vergangenheit, seiner einzigartigen Lage und mit vielen sehr informativ aufbereiteten Themen, welche die Vorzüge und Probleme moderner europäischer Ballungsräume am Beispiel dieser Stadt beleuchten.

Das Buch ist auch wegen seiner kurzweiligen Quizfragen und Rätselspiele so interessant und für Reisen und Exkursionen mit Jugendlichen sehr gut geeignet. Die Beschreibungen der Sehenswürdigkeiten und Merkwürdigkeiten dieser einzigartigen Stadt fand ich sehr unterhaltsam zu lesen.

Auch auf das gute Wienerisch wird zurückgegriffen, was nicht nur amüsant ist, sondern auch ein Spezifikum der deutschen Sprache darstellt.

Kurzum: Im vorliegenden Band kann man nicht nur sehr viel über Wien lernen, sondern kann auch den besonderen Aufbau des Reisebegleiters Vienna Life genießen.

Ich wünsche allen Leserinnen und Lesern viel Spaß, weiß, dass dieses Buch nicht nur Touristen anzusprechen vermag, sondern gerade auch Wienerinnen und Wiener. Besonders empfehlenswert ist das Werk jedoch für alle Jugendlichen bzw. deren Eltern oder Begleitpersonen, die im Zuge von Urlauben oder Städtewochen in unsere Stadt kommen.

Ich bin überzeugt, dass nach dem Schmökern im Buch bzw. dem Lesen der vorliegenden Publikation viele Wien noch viel spannender finden, als sie es ohnedies schon getan haben. Viel Spaß also beim Lesen und viel Erfolg beim Rätselraten wünscht Ihnen

Landesschulinspektor Mag. Dr. Wolfgang Gröpel (Stadtschulrat für Wien)

Inhalt

1. Zur Einleitung: Warum Städte, warum Wien?

Laut Berichten der Vereinten Nationen lebt bereits weit mehr als die Hälfte der Weltbevölkerung in Städten. Der deutliche Trend zur Urbanisierung ist ungebrochen und äußert sich auch im rasanten Wachstum von Ballungszentren (ähnliche Begriffe für verdichtete Siedlungsräume wären z.B. *„Agglomeration", „Metropolregion"* oder *„Conurbation")*.

Für den Begriff „Ballungsraum" und dessen Synonyme gibt es unterschiedliche Definitionen. In der Europäischen Union ist als Ballungsraum ein Gebiet definiert, das eine Einwohnerzahl von über 100 000 und eine Bevölkerungsdichte von mehr als 1 000 Einwohnern pro Quadratkilometer hat, ob es nun Teil einer städtischen Gemeinde ist oder nicht. In jedem Fall handelt es sich um eine Kernstadt samt ihrem dichtbesiedelten Umland, das in der Umgangssprache auch als „Speckgürtel" bezeichnet wird.

Die Ursachen für die Entstehung von urbanen Zentren und Ballungsräumen waren und sind bis heute sehr mannigfaltig. Während die großen Metropolen in den Industrie- und Dienstleistungsgesellschaften Europas und Nordamerikas ihre bedeutenden Wachstumsphasen vor allem den sozialen und ökonomischen Auswirkungen der industriellen Revolution des 19. Jahrhunderts verdanken, führt heute die Landflucht in Schwellen- und Entwicklungsregionen aus anderen Gründen zum Anwachsen von Agglomerationen mit bisher nicht gekannten Ausmaßen.

Dieser Band soll in erster Linie dem besseren Verständnis von urbanen Zentren und stark verdichteten Siedlungsräumen in ihren historischen, sozialen, wirtschaftlichen und kulturellen Dimensionen dienen. Das Fallbeispiel von Wien, der zweitgrößten Stadt des deutschsprachigen Raumes, scheint dafür, auch im Hinblick auf den vorwiegend mitteleuropäischen Leserkreis an Kindern, Jugendlichen, Eltern und Lehrern, gut geeignet zu sein.

Die Besonderheiten Wiens kommen dabei nicht zu kurz und finden sich in Schwerpunktbeiträgen zu Architektur, Umgebung, Küche, Bevölkerung und Dialekt. Die Stellung Wiens im Vergleich zu anderen europäischen Städten wird auch dabei nicht außer Acht gelassen.

Dieser Band der Materialienhefte ist Teil eines Medienpakets, das auch einen Reiseführer beinhaltet, in dem die Sehenswürdigkeiten und touristischen „Highlights" der Stadt ausführlich und speziell für Jugendliche aufbereitet wurden.

Wie in allen Heften dieser Reihe werden die vermittelten Informationen durch Aufgaben und unterhaltsame Rätsel ergänzt. Ein besonderer Schwerpunkt liegt in dieser Ausgabe in der selbständigen und kritischen Auseinandersetzung mit dem Gelesenen und dem Einbringen eigener Standpunkte und Erfahrungen.

Wenn du die Ruhe und Beschaulichkeit ländlicher Regionen kennst oder sogar dort wohnst, hast du dich vielleicht schon einmal gefragt, warum Menschen in Städten auf engstem Raum leben müssen oder das vielleicht sogar wollen. In einer großen Stadt gibt es kaum unberührte Natur. Mit ihr verbindet man Gedränge, Verkehrsstau, Lärm, Unpersönlichkeit sowie

Wiener Donau City

kleine und teure Wohnungen. Jeder Platz ist wertvoll, so kostbar, dass man Etage über Etage in die Höhe baut, um jeden Quadratmeter möglichst gut nutzen zu können. Überall Tafeln mit Verboten und Vorschriften, damit Menschen mit unterschiedlichen Interessen und Bedürfnissen nicht aneinandergeraten und jeder möglichst reibungslos ans Ziel kommt. Dann die Sirenen von Einsatzfahrzeugen, wann immer trotzdem etwas schief gelaufen ist …

Andererseits ist man ständig Reizen und Botschaften ausgesetzt, die in einem beständigen Wettbewerb nur darauf warten, dass man doch innehält und sich näher mit ihnen auseinandersetzt. Nein, fad sind solche Städte überhaupt nicht!

Die ungeheure Kraft, die Menschen an zentralen Orten zusammenführt, beruht auf wirtschaftlichen, kulturellen und administrativen Notwendigkeiten, die sich im Laufe der Geschichte immer wieder verändert haben. Städte entstehen dann, wenn menschliche Gemeinschaften komplexe Systeme der Produktion und des Austausches von Waren, Dienstleistungen und Informationen auf engstem Raum benötigen, und sie entstehen dort, wo die Voraussetzungen dafür gerade am besten sind.

Time Sqare (New York)

Die Praterbrücke über die Donau

Der Handel mit anderen Regionen oder die Funktion als zentraler Ort für die Umgebung erfordern, dass die Stadt optimal in ihr Umland eigebunden ist. Aus diesem Grund wurden die meisten Städte an sorgfältig ausgewählten Standorten gegründet. Dazu gehörten Kreuzungen bereits bestehender Handelswege, Flussübergänge, Pässe oder Meeresbuchten, die sich als Häfen eigneten.

Die militärischen Anforderungen bestanden darin, die Kontrolle über das Umland und die Verkehrswege aufrechtzuerhalten. Außerdem musste für die Bevölkerung einer Stadt unbedingt die Versorgung mit Nahrungsmitteln und Gütern des täglichen Bedarfs sichergestellt werden.

Städte sind Ausdruck hochentwickelter und großer Gemeinwesen mit staatenähnlichem Charakter. Dieser Stand der Zivilisation wurde im Vorderen Orient schon vor achttausend Jahren erreicht. Dort entstanden in Mesopotamien bereits Metropolen wie Babylon, Ur oder Susa. Das alte Rom hatte zu seiner Blütezeit im 3. und 4. Jahrhundert etwa 1,5 Millionen Einwohner.

Tempelanlage im alten Mesopotamien

In Mitteleuropa wurden die ersten Städte im eigentlichen Sinne zur Zeit der römischen Herrschaft über die Gebiete südlich der Donau errichtet. Danach, während der sogenannten Völkerwanderungszeit, beherrschten über Jahrhunderte hinweg Stämme und Stammesverbände mit bäuerlich-ländlichen Wirtschaftsweisen diesen geografischen Raum.

Typische Gründungs- und Wachstumsphasen europäischer Städte sind aus unterschiedlichen Gründen das Hochmittelalter ab dem 12. Jahrhundert, der Barock und das Industriezeitalter.

Der Anteil der städtischen Bevölkerung steigt weiterhin an. Um 1800 lebten nur etwa 25 % der deutschen Bevölkerung in Städten, 2005 waren es bereits 85 %.

In Österreich liegt dieser Anteil lediglich bei 66 %, in Entwicklungsgebieten wie Afrika südlich der Sahara bei

Wien im Mittelalter

nur 36 %. In stark verstädterten Regionen überwiegt heute der tertiäre Wirtschaftssektor bestehend aus Dienstleistung und Handel. In all diesen Ländern ist auch das durchschnittliche Pro-Kopf-Einkommen relativ hoch. Das bedeutet, dass in urbanisierten Gesellschaften mit demselben oder weniger Aufwand an Arbeitszeit wesentlich mehr umgesetzt wird als in eher ländlichen und agrarisch dominierten Staaten.

Und das ist vielleicht eine Antwort auf unsere eingangs gestellte Frage, warum es sich so viele Menschen „antun", das beschauliche Leben am Land gegen eine Existenz in großen Ballungsräumen zu tauschen.

Warum aber war gerade der Wiener Raum so interessant, dass seit zwei Jahrtausenden, von der Römerzeit bis heute, hier wichtige Siedlungszentren angelegt wurden?

Wien befindet sich am nordöstlichen Ausläufer der Alpen im Wiener Becken direkt am Ufer der Donau, eine der bedeutendsten europäischen West-Ost-Verbindungen der Antike.

Die Donau durchbricht in der sogenannten „Wiener Pforte" bei Wien zwei Gebirgsketten: Die Alpen im Süden und die Berge der Klippenzone, die im Norden eine hügelige Verbindung zu den Karpaten darstellen.

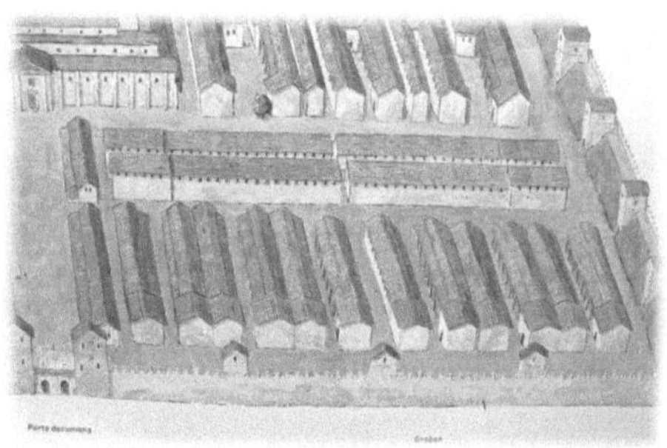

Römisches Militärlager Vindobona (Rekonstruktion im Römermuseum Wien)

Somit bildet sie ein Tal zwischen Leopoldsberg und Bisamberg, durch das der Handelsverkehr per Schiff und Straße hindurchmusste.

Wichtige Nord- Südverbindungen bestehen naturgemäß entlang des Ostrandes der Alpen, die man dort bequem umgehen kann. Dann ist da noch die Nähe der Marchmündung in die Donau. Entlang der March führten einst sehr wichtige Handelswege bis hinauf an die Ostsee.

Das Klima wurde zu allen Zeiten als angenehm im Vergleich zu den alpinen Regionen empfunden und die Umgebung im Wiener Becken, im Marchfeld und im Weinviertel besteht aus fruchtbaren Böden, die landwirtschaftlich intensiv genutzt werden können. Darüber hinaus ermöglichen die von Löss bedeckten Terrassen und Hänge am Rande des Wienerwaldes seit der Römerzeit bis heute den Anbau von Weinkulturen, deren Erträge in alle Welt exportiert werden.

Weinbau an den Hängen des Wienerwaldes

2. Im Fokus: Beiträge zu Themenschwerpunkten

2.1 Gründerzeit, Historismus und Jugendstil

Was ist anders an Wien?

„Wien ist anders", so lautete ein Slogan, der Touristen neugierig auf einen Wien-Besuch machen sollte. Warum, das wird, wie so oft in der Werbung, nicht näher erklärt. Ich habe mir trotzdem Gedanken gemacht, was in Wien vielleicht „anders" sein könnte als in sonstigen vergleichbaren Städten. Wenn man eine Stadt besucht, dann ja meistens deshalb, um etwas zu sehen oder zu erleben, was man daheim oder an anderen Orten nicht findet.

Auf den ersten Blick ist in Wien zunächst einmal vieles so, wie du es von anderen Städten auch kennst. Die Silhouette der Metropole ist gekennzeichnet von ein paar Hochhäusern, wie sie auch in Paris oder Düsseldorf stehen könnten.

Schon am Bahnhof oder am Flughafen begrüßen dich vertraute internationale Marken von Fast-Food-Ketten und Modehäusern. Und in den großen Geschäftsstraßen ist es auch nicht viel anders.

Die Ringstraßengalerien

*Die Donauufer Autobahn –
im Hintergrund die Donau City*

Die Menschen hasten zur Arbeit oder zu sonstigen Terminen und der Verkehr in den Straßen ist dicht wie in anderen Millionenstädten auch.

Hier nun ein paar Merkmale, wodurch sich Wien doch von vielen anderen Großstädten unterscheidet. Beginnen wir mit der Bausubstanz, die weiten Teilen Wiens ihr unverwechselbares Gepräge verliehen hat:

Bei einer ersten Fahrt durch die Bezirke Wiens innerhalb des Gürtels wird dir schon bald auffallen, dass in diesen Teilen der Stadt ungewöhnlich viel an alter Bausubstanz erhalten ist. Die meisten Gebäude sind drei- bis sechsstöckige Wohnhäuser mit reich verzierten Fassaden und historischen Stilformen an engen Straßen oder Gassen der Gassen.

In manchen Gegenden zeugen die gut renovierten Häuser vom Reichtum der Eigentümer und Mieter. In anderen Vierteln ist die Verzierung an den Fassaden eher bescheiden, der Zustand der Gebäude lässt oft zu wünschen übrig.

Schön renoviertes Wohnhaus aus der Zeit der Donaumonarchie

Beserlpark mit Spielplatz für Kinder

Dazwischen findest du immer wieder ganz kleine, unauffällige Parks, meist mit ein paar Sitzbänken, Spielplätzen für Kinder und umzäunten Flächen zum Auslauf für Hunde. Solche Grünanlagen werden in Wien oft als „Beserlparks" bezeichnet.

Fassade eines Wohnhauses mit Motiven aus früheren Stilepochen

Auf offenen Plätzen und breiten Boulevards stehen prunkvolle Bauwerke aus vergangenen Zeiten, deren Fassaden an griechische Tempel, mittelalterliche Kathedralen oder alte italienische Paläste erinnern.

Und hier sind wir schon bei einer ganz besonderen Eigenart Wiens:

✳ Das Erscheinungsbild der Stadt ist sehr stark von der Gründerzeit und den letzten Jahrzehnten der Donaumonarchie vor dem Ersten Weltkrieg geprägt.

✳ Den damals vorherrschenden Baustil nennt man wegen der Nachahmung historischer Baustile Historismus. Stilistische Unterarten sind u.a. der Neoklassizismus, die Neoromanik, die Neugotik, die Neorenaissance und der Neobarock.

Aber warum ist gerade in Wien so viel an Bausubstanz aus dieser Zeit erhalten?

✳ Das liegt einerseits daran, dass in Wien damals mehr gebaut wurde als jemals zuvor bzw. danach.

✳ Viele ältere Häuser, Bauwerke und ganze Stadtviertel (vor allem die Vorstädte) wurden niedergerissen und durch neue ersetzt.

✳ Im Zweiten Weltkrieg wurde in Wien durch Bombenangriffe und Kampfhandlungen deutlich weniger an Bausubstanz zerstört als in anderen europäischen Großstädten wie etwa in Berlin.

Die oben genannten Wohnviertel und Prunkbauten stammen aus der Zeit vor 100 bis 170 Jahren. Damals war Wien eine der größten Städte der Erde und die Hauptstadt eines Kaiserreiches, das weite Teile Mittel- und Südeuropas umfasste. Das damit verbundene rasante Wachstum der Stadt erzeugte einen enormen Bedarf an Wohnungen für wohlhabende Bürger und die Masse an bedeutend ärmeren Arbeitern und kleinen Gewerbetreibenden.

Der Abriss der Stadtmauer in Wien um 1860

Zwischen 1850 und 1861 wurden die Vorstädte als Bezirke II bis IX eingemeindet. Die Stadtmauern waren nun im Weg und wurden ab dem Jahre 1858 geschliffen. An ihrer Stelle entstand die heutige Ringstraße.

In der Folge wurde der Linienwall als äußere Befestigungsanlage aus Gräben, Erdwällen und Schanzen errichtet, welcher ab März 1894 ebenfalls abgetragen wurde. Es entstand der heutige Gürtel, eine 13 Kilometer lange, stark befahrene Straße. 1895 wurde mit dem Bau der Stadtbahn entlang des Gürtels begonnen. Die Stadtbahn ist die Vorläuferin der Wiener U-Bahn, die streckenweise bis heute auf den alten Trassen der Stadtbahn fährt.

Der Linienwall im Bereich des Währinger Gürtels (vor 1890)

Entlang der Ringstraße befinden sich viele der Hauptsehenswürdigkeiten Wiens. Zu diesen Prachtbauten zählen vor allem:

Die neue Hofburg (Klassizismus)

Naturhistorisches und Kunsthistorisches Museum (Neorenaissance)

Das Burgtheater (Neobarock)

Das Rathaus (Neugotik)

Das Parlament (griechisch-römischer Stil)

Die Staatsoper (Neorenaissance)

Die Wiener Oper zwischen 1890 und 1905 (koloriertes Foto)

Der Kaiser liebte den Historismus mit all seinen Verzierungen und Elementen aus längst vergangenen Zeiten.

Vielen Künstlern, Architekten und Bauherren war dieser Stil damals schon zu altmodisch und sie entwickelten parallel dazu neue Ideen. In der Folge entstand der Wiener Jugendstil, auch „Sezessionsstil" genannt.

Das Wort „Secessio" stammt aus dem Lateinischen und bedeutet so viel wie „Absonderung". Und tatsächlich hatte sich eine Gruppe von bildenden Künstlern im Jahre 1897 von der traditionellen Künstlervereinigung Österreichs abgesondert und ging neue Wege.

Die Maler Gustav Klimt und Koloman Moser sowie die Architekten Josef Hoffmann und Otto Wagner sind nur einige weltweit berühmte Wiener Kulturschaffende aus dieser Epoche.

Der Wiener Jugendstil war die ganz besondere Variante einer weltweiten „Modeströmung", die in anderen Ländern unter Bezeichnungen wie „Modernisme", „Modern Style", „Stile Floreale", „Liberty" oder „Fin de siècle" bekannt ist. Er erfasste nicht nur die Architektur und die Malerei, sondern auch die Gestaltung von Inneneinrichtungen und Gegenständen des täglichen Gebrauchs.

Von links nach rechts: „Der Kuss" – ein sehr berühmtes Gemälde von Gustav Klimt; ein Wohnhaus an der rechten Wienzeile beim Naschmarkt; Möbel und Glasgefäße

Die Architekten des Jugendstils verzichteten weitgehend auf unnötige Bauelemente. Die Gestaltung der Gebäude ließ von nun an viel mehr als bisher ihre eigentliche Funktion erkennen. Man legte keinen Wert auf symmetrische Fassaden und verzierte die Bauwerke mit geschwungenen Linien und bunten Pflanzenornamenten. Viele Zweckbauten, wie die Trassen und Brücken der Wiener Stadtbahn, erinnern bis heute an diese Zeit.

Von links nach rechts: Wandmalerei in der „Luegerkirche" (eigentlich Kirche zum Heiligen Karl Borromäus) am Wiener Zentralfriedhof; Kassenraum und Fassade der Postsparkasse; Fassade der Kirche am Steinhof inmitten einer psychiatrischen Klinik; Kuppel der „Luegerkirche"

Während viele Kirchenbauten immer noch historische Stilelemente besitzen, zeigen sich am Beispiel der Wiener Postsparkasse von Otto Wagner bereits Ansätze für jenen Funktionalismus, der bis heute unsere Architektur sehr stark beherrscht. Dabei bestimmt in erster Linie der Verwendungszweck die Gestaltung der Bauwerke.

Fassade der Postsparkasse

Die Fassade der Postsparkasse ist mit quadratischen Marmortäfelchen verkleidet, die an einen Geldspeicher erinnern sollen. Die Nieten, mit denen die Marmorplatten scheinbar an der Wand befestigt sind, dienen ausschließlich der Zierde. Rohre und Heizkörper werden betont.

Die zweckmäßige Gliederung der Arbeitsräume findet man bis heute in modernen Bürogebäuden. Der schlichte Kassenraum verfügt sogar über eine Klimaanlage! Die großen Aluminiumlüfter im Kassensaal sind besonders auffällig. Heute würde man sie eher „verstecken", aber damals war man noch ganz stolz auf die Errungenschaften der Technik.

Historismus und Jugendstil haben das Stadtbild Wiens wie keine andere Stilepoche davor oder danach bis heute geprägt. Es war die Zeit, in der die Stadt sehr rasch zu einer Zwei-Millionen-Metropole mit Weltgeltung heranwuchs.

Hunderttausende Menschen aus allen Teilen der Donaumonarchie suchten hier ihr Glück. Einige wenige gelangten zu Macht und großem Reichtum.

Frauen in einer Federnschmuckfabrik,
(1902; Gemälde von Johann Hamza)

Im krassen Gegensatz dazu mussten sich sehr viele der Zuwanderer ganz kleine und elende Wohnungen ohne Wasseranschluss, Strom und WC mit anderen teilen.

Blick vom Nussberg auf die bereits regulierte Donau
und die qualmenden Schlote von Fabriken;
Ausschnitt aus einem Gemälde aus dem Jahr 1884 von
Anton Hlavacek

Der Erste Weltkrieg setzte dem Wachstum Wiens ein jähes Ende. Das Kaiserreich zerbrach und die frühere Residenzstadt Wien wurde zur Hauptstadt eines vergleichsweise wenig bedeutenden Kleinstaates mit großen wirtschaftlichen und sozialen Problemen.

Blick auf das Zentrum von Wien während der Gründerzeit (Anton Hlavacek, 1884)

Das Wiener Opernhaus an der Ringstraße zwischen 1890 und 1900

2.2 Wohnungen für alle?

Was dir vielleicht auch schon aufgefallen ist, sind die vielen riesigen Wohnanlagen vor allem in den äußeren Bezirken, mit ihren kleinen Fenstern und Balkonen und ihren großzügigen Parkanlagen in den Innenhöfen. Ja, auch das ist etwas Typisches für Wien, das man sonst kaum irgendwo findet.

Hier ist nun die Story dazu:

Bei Ausbruch des Ersten Weltkriegs im Jahre 1914 lebten in Wien bereits mehr als 2 Millionen Menschen. Die Ärmeren von ihnen taten dies allerdings unter Bedingungen, die man sich heute kaum noch vorstellen kann.

Die dörfliche „Alt-Wiener" Vorstadtbebauung weicht zur Gründerzeit den neoklassizistischen Mietskasernen (Wien-Alsergrund um 1900).

Da gab es die sogenannten „Bettgeher/innen". Das waren Leute, die nicht einmal die Miete für ein kleines Zimmer bezahlen konnten. Daher teilten sie die Wohnung und sogar das Bett mit anderen. Für ein paar Stunden am Tag durften sie eine Liegestatt benutzen, um wieder zu Kräften zu kommen, denn die Arbeit in den Fabriken war hart und viele hatten über längere Zeit gar keinen Job.

Harte und schlecht bezahlte Arbeit in Fabriken: Der Streik (Gemälde von Robert Koehler 1886)

Untermieter/innen, die wenigstens einen kleinen Raum zur Verfügung hatten, lebten in Wohnungen ohne Wasser, ohne Toilette und ohne Licht. Oft gab es gar kein Fenster, die Räume waren schlecht belüftet und feucht, sodass sich Krankheiten rasch ausbreiten konnten.

Die Bassena ist eine öffentliche Wasserstelle am Gang. Man findet sie immer noch in vielen alten Wiener Mietshäusern, wo sie auch als allgemeiner Treffpunkt der Mieter beliebt war (und ist).

An der Bassena gedieh vor allem der Tratsch, *„Bassenatratsch"* genannt. Diese Gespräche führten oft zu Streit und Klagen wegen Ehrenbeleidigung. Die sogenannten *„Bassena-Prozesse"* waren bei den Zuschauern bei Gerichtsprozessen, den sogenannten *„Gerichtskiebitzen",* überaus beliebt.

Nach dem Ersten Weltkrieg erreichte das Wohnungselend seinen Höhepunkt. Kriegsbedingt wurden kaum Wohnungen gebaut und 1917 waren fast drei Viertel aller Wiener Wohnungen überbelegte Ein- und Zweizimmerwohnungen.

Wiener Bassena: Wasser am Gang

In der Zeit der Ersten Republik entstand in Wien etwas ganz Einzigartiges, um diesem Wohnungselend, das es damals ja auch in anderen Groß-städten gab, entgegenzuwirken. Von 1918 bis 1934 regierte in Wien die Sozialdemokratische Arbeiterpartei. Unter dieser Stadtverwaltung wur-den erschwingliche Gründe von der Gemeinde aufgekauft. Auf diesen Flächen entstanden 382 großzügige Wohnanlagen mit rund 65 000 Ge-meindewohnungen.

Bürgermeister Karl Seitz im Jahre 1925

Gemeindebauten? Die gibt es nicht nur in Wien und solche Bauten gehören gewiss nicht zu den Sehenswürdigkeiten, wegen denen man eine Reise in eine fremde Stadt auf sich nimmt.

Aber Stopp! In Wien gehören diese Anlagen zum Stadtbild und spielen eine ganz besondere Rolle. Gemeindebauten sind seit den 1920er Jahren ein wichtiger Bestandteil der Architektur Wiens geworden. Einige davon zählen zu Sehenswürdigkeiten von internationalem Rang. Wenn sie sprechen könnten, könnten sie dir sicher spannende Geschichten erzählen.

Gemeindebauten aus der Zeit des „Roten Wien": Von links nach rechts: Karl-Marx-Hof, Schlingerhof, Karl-Seitz-Hof, Sandleitenhof

Die größte derartige Wohnhausanlage ist der Karl-Marx-Hof im 19. Gemeindebezirk. Die Wohnungen wurden vorwiegend an kinderreiche Familien und einkommensschwache Bür-ger vergeben. So gelang es der Stadt Wien gerade in dieser wirtschaftlich schwierigen Zeit, gesunde Lebensbedingungen für etwa 220 000 Menschen aus ärmeren sozialen Schichten zu schaffen.

Die Wohnungen bestanden aus mehreren Räumen und verfügten über Wasseranschlüsse, Strom, WC und in vielen Fällen auch über Balkone. Für die damalige Zeit klingt das wie ein schöner Traum für Arbeiterfamilien, die sich solche Wohnungen sonst niemals hätten leisten können. Und dieser Traum wurde für viele von ihnen wahr.

Terrakottarelief an der Fassade des Käthe-Königstetter-Hofs: Es stellt eine Mutter mit Kind, einen Architekten (als „Arbeiter des Geistes") und einen Maurer (als „Arbeiter der Faust") dar und erinnert an die Bildsprache sakraler Darstellungen.

Gleichzeitig versuchte man erfolgreich, die triste Lage der unteren Einkommensschichten zu verbessern. So gab es Vergünstigungen bei der Gas- und Stromversorgung. Jeder Säugling bekam gratis ein Wäschepaket, damit *„kein Wiener Kind mehr in Zeitungspapier gewickelt werden musste".*

Müttern wurde es erleichtert, neben der Kindererziehung einem Beruf nachzugehen.

Man wollte der Verwahrlosung von unbeaufsichtigten Kindern auf der Straße vorbeugen. Zu diesem Zweck wurden Horte, Kindergärten und Kinderfreibäder eingerichtet. Die kostenlose medizinische Versorgung der Bevölkerung wurde erstmals in der Geschichte Wiens sichergestellt. Es gab Kuraufenthalte für Kranke, Ferienkolonien für ganze Familien sowie öffentliche Bäder und Sportanlagen zur körperlichen Ertüchtigung.

„Lernende Kinder": Mosaik von Johannes Wanke an der Fassade eines Gemeindebaus im 12. Gemeindebezirk (1955)

Otto Glöckel

Das Schulsystem wurde grundlegend reformiert. Der Präsident des Wiener Stadtschulrates, Otto Glöckel, war damals schon ein Verfechter der Gesamtschule und Gegner von Bildungsprivilegien sowie Kämpfer gegen die kirchliche Vormachtstellung in den öffentlichen Schulen.

Über diese Gemeindebauten gibt es aber auch eine grausige Geschichte zu erzählen:

Aufmarsch des Republikanischen Schutzbundes (1930)

Während der Zeit des Bürgerkriegs im Jahre 1934 wurden viele dieser Gemeindebauten vom Bundesheer beschossen, nachdem sich Anhänger der Sozialdemokratischen Arbeiterpartei mit ihren Waffen darin verschanzt hatten. Insgesamt forderten die Kämpfe damals mehr als 1 600 Tote und Verletzte.

Gedenktafel am Schlingerhof in Wien-Floridsdorf

Neun prominente Schutzbündler wurden nach dem Standrecht hingerichtet, einige von ihnen wurden schwer verletzt auf einer Krankentrage zum Galgen geschleppt.

Nach den Zerstörungen des Zweiten Weltkriegs war es wichtig, möglichst viele billige Wohnungen in kurzer Zeit zu errichten. Die Gemeindebauten zeichneten sich durch sehr schlichte Fassadengestaltung aus.

In den 1960er Jahren entstanden riesige Hochhaussiedlungen in Fertigteilbauweise, wie die Großfeldsiedlung in Leopoldau oder die Siedlung Am Schöpfwerk. Solche Siedlungen lagen weit ab vom Zentrum am Stadtrand und es gab kaum Geschäfte oder kulturelle Einrichtungen. Die Architektur wirkt bis heute schlicht und einfallslos.

Du kannst dir vorstellen, dass auch Jugendlichen dort ziemlich fad war. Viele von ihnen kamen aus Langeweile auf dumme Ideen und wurden sogar straffällig.

Heute hat man die Probleme solcher abgelegener Megasiedlungen erkannt. Man versucht, abwechslungsreicher zu bauen. Arbeitsplätze, Einkaufsmöglichkeiten, soziale Einrichtungen und Lokale werden innerhalb der Anlagen geschaffen und die Trabantensiedlungen an das U-Bahn-Netz angeschlossen.

Wohnhausanlage Trabrenngründe

Luftansicht des Wohnpark Alt Erlaa (links, fertiggestellt 1985) und Gemeindebauten am Rennbahnweg (rechts, fertiggestellt 1977)

Schon in den 70er-Jahren gab es Ansätze, die Ghettoisierung von Menschen in großen Stadtrandsiedlungen bereits im Planungsstadium zu unterbinden.

Wohnparkkirche Alt-Erlaa

Der Wohn- und Kaufpark Alt-Erlaa ist eine der größten Wohnanlagen Österreichs und stellt eine Stadt in der Stadt mit vollständiger Infrastruktur dar. Dort gibt es vieles, vom Einkaufszentrum bis hin zu medizinischen Einrichtungen. Die Anlage gilt als Vorzeigeprojekt einer funktionierenden Satellitenstadt der 1970er Jahre.

Ältere Plattenbausiedlungen, wie die Großfeldsiedlung in Wien-Floridsdorf, wurden in den letzten Jahren an das U-Bahn-Netz angebunden, um die Mobilität der Bewohner/innen zu verbessern. Im 22. Bezirk entsteht derzeit mit der „Seestadt" eine solche Stadtrandsiedlung für etwa 20 000 Menschen rund um einen großen künstlich angelegten See.

U-Bahn-Station bei der Großfeldsiedlung

Wien hatte seit der Zeit des Ersten Weltkriegs beständig an Einwohnern verloren. Seit kurzer Zeit wächst die Bevölkerung durch Zuzug von Menschen wieder deutlich an. Dies und die steigende Zahl an Single-Haushalten verschärfen den Druck auf den Wohnungsmarkt. Die Kosten für Wohnungen und Immobilien sind im Steigen begriffen.

Die Gemeinde reagiert mit zahlreichen geförderten Großprojekten, damit Wohnen auch in Zukunft erschwinglich bleibt. Wien ist bis heute Spitzenreiter bei Gemeindebauten und geförderten Wohnungen. In den etwa 220 000 Gemeindewohnungen und den mehr als 200 000 geförderten Wohnungen leben 60 Prozent der Bevölkerung. In Berlin sind es zum Beispiel weniger als 30 Prozent.

Seit 2006 muss man nicht mehr die österreichische Staatsbürgerschaft besitzen, um in einem Wiener Gemeindebau wohnen zu dürfen. Damit soll die Integration von Zuwanderern gefördert und die Bildung von typischen „Ausländervierteln", wie es sie in der Gürtelgegend gibt, unterbunden werden.

Hektische Bautätigkeit in den Stadterweiterungsgebieten am linken Donauufer (Wohnbauprojekt in der Wagramer Straße, Wien-Kagran).

Die folgende Grafik zeigt, dass sich im Laufe des 20. Jahrhunderts trotz sinkender Bevölkerungszahl die Anzahl der Wohnungen im Zeitraum zwischen 1900 bis 2011 von 392.572 auf 983.840 weit mehr als verdoppelt hat.

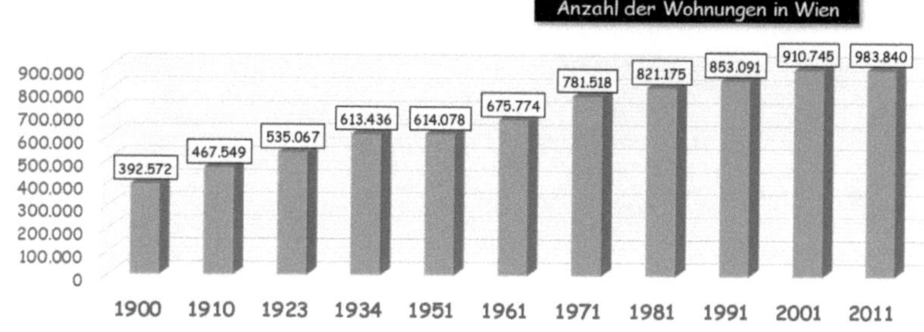

Aber das ist kein Grund, sich für alle Zukunft zufrieden zurückzulehnen.

Obdachloser in einer Wiener Parkanlage

Die Menschen in der Stadt werden immer mehr, die Wohnungs- und Immobilienpreise steigen und es wird sich weisen, ob die Verwaltung der Stadt Wien auch im 21. Jahrhundert den großen Herausforderungen des Wohnungsmarkts gewachsen ist. Immer noch gibt es viele, die sich überhaupt keine Wohnung leisten können.

Im 20. Jahrhundert hat Wien jedenfalls das Wohnungsproblem besser gemeistert als die meisten vergleichbaren Großstädte.

2.3 Die Bewohner Wiens und ihre Sprachen

Hier gleich am Anfang der Text eines Wienerliedes. Es stammt von einem sehr bekannten
Wiener Autor, Sänger und Komponisten.

Hast du etwas davon verstanden? Weißt du, was „Patschn strecken", „Bankl reißen", „die
Bock aufstellen", „die Stufn packen", „se d' Schleifn gebn", „umestehn" oder „an Wuaf an-
sagen" bedeuten?

Der Tod an der Kassa der Geisterbahn im Wiener Wurstelprater

Nun, all diese Redewendungen haben ein und dieselbe Bedeutung und sind Begriffe für *„sterben"*. Der *„Holzpyjama"* ist dann der *„Sarg"*. Und wenn einem *„ka Bah mehr weh tuat"*, dann hat man es hinter sich gebracht, ist tot und hat keine Schmerzen mehr.

Unglaublich, diese Vielfalt an Möglichkeiten, etwas im Dialekt aus-zudrücken!

Natürlich gibt es nicht für alle Wörter der Hochsprache so viele Sy-nonyme wie für *„sterben"*. Zum Tod und allem, was drum herum ist, hatten die Wiener allerdings schon immer ein fast liebevolles Ver-hältnis.

Beisetzungen waren etwas ganz Besonderes und der *„Pomfüneberer"* (Leichenbestatter) hatte für *„a schöne Leich"* (ein feierliches Begräbnis) zu sorgen. Wien hat mit dem Zentralfriedhof einen der größten Friedhöfe Europas mit aufwendig gestalteten Grüften, Mausoleen und eindrucksvollen Prachtbauten aus der Zeit des Jugendstils.

Grüfte und Mausoleen auf dem Wiener Zentralfriedhof

Alle Versuche, den Wienern ihren aufwendigen Toten-kult auszutreiben, sind bisher gescheitert. Kaiser Joseph II. ordnete um 1785 den sogenann-ten „Sparsarg" an. Dieser hatte am Boden eine Klappe, durch die der Tote ins Grab fiel. Der Sarg konnte somit wiederverwendet werden. Die Bevölkerung war darüber derart entrüstet, dass der Kaiser seine Anordnung schon sehr bald wieder zurücknahm. Einen solchen Spars-arg kann man noch heute im Bestattungsmuseum besichtigen.

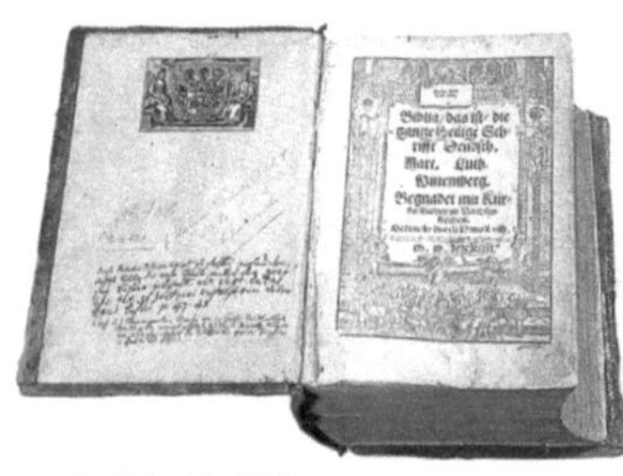

Lutherbibel (1534)

Die deutsche Hochsprache ist sehr nützlich. Sie wurde entwickelt, damit sich Schriftgelehrte über alle lokalen Dialekte hinweg verständigen konnten.

Ein wichtiger Meilenstein in der Vereinheitlichung des Deutschen war die Übersetzung der Bibel durch Martin Luther. Diese Bibel erschien bereits im Jahre 1534. Aber erst im 17. Jahrhundert kam es zur Entstehung der ein-heitlichen deutschen Literatursprache.

Diese einheitliche Sprache basierte zum großen Teil auf der ostmitteldeutschen Variante des Deutschen. Daneben entwickelten sich bis heute zahlreiche lokale Dialekte ungehindert weiter.

Das Wienerische gehört zu den bairischen Dialekten. Weite Teile Österreichs wurden ja be-reits im Hochmittelalter unter der Herrscherdynastie der Babenberger (976 bis 1246) von Bayern aus kolonisiert. Doch bereits im Spätmittelalter war die Bevölkerung Wiens ein Ge-misch aus vielen Einwanderern unterschiedlicher Regionen.

Wien als Schmelztiegel europäischer Völker

Von da an zogen viele Menschen aus dem Umland der Stadt sowie vorwiegend aus den östlichen und südlichen Gebieten des heutigen Österreich nach Wien. Aus dem Westen kamen immer wieder Bayern, Franken und Alemannen hinzu. Nachdem Wien bereits im Jahre 1155 das Stadtrecht erhalten hatte, war es ein beliebter Handelsplatz geworden, was viele Menschen aus Italien anzog.

In den folgenden Jahrhunderten wanderten vor allem Menschen aus allen Teilen der Habsburger-Monarchie ein, allen voran Tschechen, Ungarn und Slowaken. Französisch war die Sprache des kaiserlichen Hofes und der Aristokratie und hat bis heute zahlreiche Wörter und Redewendungen im Wiener Raum hinterlassen (z.B.: der *„Fauteuil"* – ein Lehnsessel).

Jiddisch

Eine ganz wichtige Rolle bei der Entwicklung der Wiener Umgangssprache spielten die in der Stadt vorwiegend als Händler und Geldverleiher ansässigen Juden. Viele von ihnen wurden im 15. Jahrhundert vertrieben, einige dieser Familien kehrten im Laufe des 16 Jahrhunderts zurück und mussten 1670 wieder auswandern. Erst durch das von Kaiser Joseph II. im Jahre 1781 erlassene Toleranzpatent erhielten sie Bürgerrechte und konnten endlich in Wien Fuß fassen.

Die wechselhafte Geschichte der Wiener Juden und die immer wiederkehrenden Vertreibungen bedingten, dass sie ihre ursprünglich aus dem Hebräischen und Aramäischen abgeleitete Sprache mit vielen Vokabeln aus dem Polnischen, dem Weißrussischen, den baltischen Sprachen sowie aus den Dialekten der nicht sesshaften Roma angereichert haben.

Juden beim Gebet in der Synagoge (1878)

Aus alldem entstand eine sehr wortschatzreiche Mischsprache, das sogenannte „Jiddisch". Es wurde nicht nur gesprochen, sondern auch mit hebräischen Schriftzeichen geschrieben. Bis heute werden in der Wiener Umgangssprache zahlreiche jiddische Ausdrücke verwendet. So ist zum Beispiel ein Freund im Wienerischen ein „Haberer".

Orthodoxe Juden in der Wiener Leopold-stadt (1915)

Das Wort stammt von dem Hebräischen Begriff *„Khaver"* für "Freund" bzw. „Kumpel". Geschrieben wurde es in hebräischer Schrift:

Khaver: 

Jüdischer Tempel in der Leopoldstadt (1860)

Bei der letzten Volkszählung im Jahre 2001 haben 6.988 Wiener/innen angegeben, dass sie sich zur jüdischen Religion bekennen. Vor dem Zweiten Weltkrieg im Jahre 1934 waren es noch 176 034 Menschen gewesen. Allerdings gaben bereits im Jahre 1934 nur noch 518 Personen an, „Jiddisch" als Umgangssprache zu sprechen.

Deportation von Juden in Wien (1942)

Der Grund für den Schwund an jüdischer Bevölkerung ist ein ganz finsteres und grauenhaftes Kapitel der Neuesten Geschichte Wiens. Während der Zeit des Nationalsozialismus (1938 bis 1945) wurde ein Großteil der Wiener Juden in Konzentrationslager eingeliefert und ermordet. Manche von ihnen konnten noch rechtzeitig ins Ausland fliehen. Synagogen wurden niedergebrannt, jüdische Mitbürger/innen verloren ihr Eigentum und die jüdische Kultur wurde vollständig vernichtet.

Nach dem Krieg kamen nach und nach einige von ihnen wieder nach Wien zurück. Außerdem sind vor allem Juden aus der ehemaligen Sowjetunion nach Österreich gekommen, weil sie sich in ihrer Heimat verfolgt gefühlt hatten.

Der Wiener Stadttempel, die einzige erhaltene historische Synagoge Wiens

Jiddisch als Umgangssprache ist in Wien so gut wie ausgestorben. Varianten des Jiddischen konnten vor allem in den USA (speziell New York) und in Israel bis heute überleben und haben sich dort sogar weiterentwickelt.

Keine andere Volksgruppe hat das Geistesleben und die Kultur der Stadt so sehr beeinflusst wie die Jüdische Gemeinde.

Sigmund Freud (1926)

Hier ein paar Beispiele von berühmt gewordenen Wienern aus jüdischen Familien:

✻ Begründer der Psychotherapie: Viktor E. Frankl, Sigmund Freud, Alfred Adler

✻ Rechtsgelehrte: Hans Kelsen (Schöpfer der österreichischen Verfassung)

✻ Naturwissenschaftler und Ingenieure: Siegfried Marcus (Erfinder des Automobils), Wolfgang Pauli (Quantenmechanik – Nobelpreis 1945), Max F. Perutz (Biochemie – Nobelpreis 1962), Samuel Oppenheim (Astronom);

✻ Komponisten: Gustav Mahler, Arnold Schönberg, Emmerich Kalmán

✻ Schriftsteller: Arthur Schnitzler, Hermann Bahr, Hugo von Hofmannsthal, Karl Kraus, Jakob Wassermann, Alfred Polgar, Franz Werfel, Stefan Zweig, Franz Kafka, Friedrich Torberg, Hans Weigel, Elias Canetti, Fritz Hochwälder, Josef Roth, Hilde Spiel, Jura Soyfer

✻ Kabarettisten: Karl Farkas, Gerhard Bronner, Fritz Grünbaum, Hermann Leopoldi, Georg Kreisler, Hugo Wiener

✻ Regisseure: Max Reinhardt, Billy Wilder, Fred Zinnemann

✻ Politiker: Viktor Adler, Otto Bauer, Bruno Kreisky (Bundeskanzler), Theodor Herzl

Die Gaunersprache (Rotwelsch)

Ein Gauner am Pranger wird von der Bevölkerung beschimpft und verhöhnt (zwischen 1840 und 1850).

Ab dem Hochmittelalter entwickelte sich unter den niedersten sozialen Schichten der Stadt eine eigene Wiener Gaunersprache. Eigentlich war es eine Geheimsprache, die sich sehr rasch veränderte, weil sie ja immer wieder von den Gesetzeshütern aufgeschlüsselt wurde und man daher neue Wörter und Redewendungen erfinden musste. Die einmal verwendeten Redewendungen flossen dann in die Umgangssprache ein und prägen bis heute sehr stark den Dialekt.

Die Wörter der Wiener Gaunersprache stammen aus verschiedensten Sprachen, allen voran Jiddisch und aus romanische Sprachen. Ab dem 15. Jahrhundert ist auch der Einfluss des Romani, der Sprache der „herumfahrenden" Roma (im Volksmund „Zigeuner"), sehr stark.

Zu den Roma ist anzumerken, dass die meisten von ihnen seit Jahrhunderten sesshaft leben, aber immer wieder aufgrund von Vertreibungen und Aufenthaltsverboten zum Herumziehen gezwungen waren. Dieses Schicksal der Dauermigration teilten sie mit den Juden, die ebenfalls immer wieder verfolgt wurden und auswandern mussten. Die Roma wurden fälschlicherweise für Nomaden gehalten und an den Rand der Gesellschaft gedrängt. Dabei unterstellte man ihnen unglaubliche Dinge, sogar Kindesentführungen und Menschenfresserei traute man ihnen zu.

Kinder werden von „Nomaden" entführt (19. Jhdt.)

Über Jahrhunderte etikettierte die Polizei jene Menschen, die in ihren Augen unangepasst, unstet, arm und daher angeblich asozial und kriminell sowie der Obrigkeit missliebig waren, als „Zigeuner". Nur ein Teil dieser Menschen waren tatsächlich Roma und verwendeten die Sprache Romanes. Laut Volkszählung im Jahre 2001 lebten in Österreich etwa 6.273 Personen, die sich selbst als Roma bezeichneten.

1443 erschien die „Wiener Bettlerordnung", eine Sammlung von Wörtern der Wiener Gaunersprache, die der Polizei und anderen Behörden dabei helfen sollte, Bettler und das „fahrende Volk" (Händler, Handwerker, Gaukler, Gauner, Spielleute, Prostituierte etc.) leichter verstehen und kontrollieren zu können.

Ölgemälde: „Wer war der Thor, wer Weiser, wer Bettler oder Kaiser? Ob arm, ob reich, im Tode gleich" – undatiert (links); Obdachloser Bettler (Wienerisch „Sandler") auf der Wiener Friedensbrücke (rechts).

Acht Bettler; Wenceslaus Hollar (1607–1677)

Der Wiener Dialekt heute

Aber wie wichtig ist die Wiener Mundart heutzutage überhaupt noch?

Dialekte verändern sich rascher als die geschriebene Sprache und sind Ausdruck dessen, was die Menschen in ihrem Alltag wirklich bewegt.

Daher sind Dialekte im Vergleich zur Hochsprache sehr präzise, aktuell und reichhaltig. In vielen Fällen gibt es mehrere Begriffe für dieselbe Sache.

Manchmal sind die Wiener ganz schön eingebildet.

Der folgende Witz erzählt davon, dass sogar der liebe Gott im Wiener Dialekt redet.

Einflüsse aus Deutschland

Der Gebrauch des Wienerischen ist trotzdem im Schwinden begriffen. Das liegt vor allem an den Medien. Die meisten Filme und Dokumentationen für Fernsehen und Kino werden in Deutschland hergestellt oder synchronisiert. Dasselbe gilt für die Werbung. Texte im Internet, Computerprogramme, Bücher und Zeitschriften sind meist in der Hochsprache gehalten. Dort, wo die Umgangssprache trotzdem einfließt, handelt es sich meistens um lokale Sprachvarianten aus Deutschland.

Anglizismus – Englische Begriffe in der modernen Wiener Umgangssprache

Souvenirläden in der Wiener Innenstadt mit Aufschriften in englischer Sprache

Das Englische wird seit dem Ende des Zweiten Weltkriegs zunehmend zur Sprache der Eliten und zum hauptsächlichen internationalen Verständigungsmittel in den Wissenschaften, im Handel und in der Technik. Mode und Musik sind in höchstem Ausmaß vom anglo-amerikanischen Sprachraum geprägt.

Auch in Wien wird man heute wesentlich häufiger mit „Hallo" oder „Hi" begrüßt als mit dem bisher üblichen Gruß „Servus". Somit hat das Englische nicht nur jenen Platz eingenommen, den für die Schriftgelehrten bis zum Mittelalter das Lateinische und zur Zeit der absolutistischen Herrscherhäuser das Französische als Hof- und Diplomatensprache innehatten. Englische Begriffe werden heute von allen Schichten der Bevölkerung aufgenommen.

Zuwanderung und Dialekt

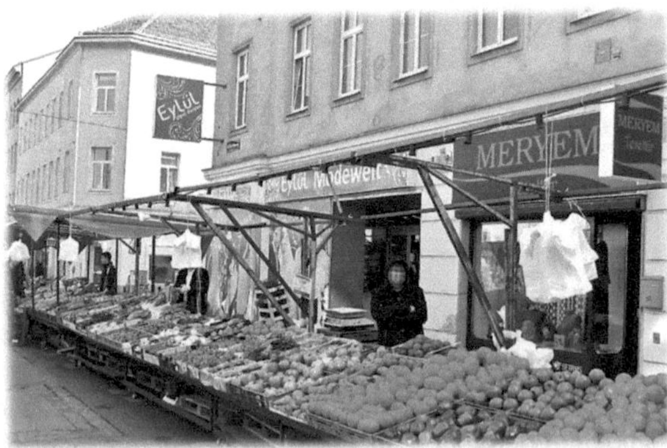

Läden am Wiener Brunnenmarkt

Und dann spielen nach wie vor Einflüsse aus jenen Regionen eine große Rolle, aus der gerade die meisten Einwanderer in die Stadt kommen. Hier vermischen sich Einwandererdialekt und regionaler Dialekt zu neuen Formen der Sprache.

Die größten Gruppen von Einwanderern kamen zwischen den 50er- und 80er-Jahren des 20. Jahrhunderts aus den Gebieten des heutigen Kroatien, Serbien, Bosnien, Mazedonien und der Türkei nach Wien.

Seit etwa 1990 stammen nach dem Zerfall des Ostblocks und der Erweiterung der Europäischen Union auch immer mehr Zuwanderer aus Osteuropa. Die meisten dieser Zuwanderer
waren sogenannte „Gastarbeiter". Das abwertende Wort „Tschusch" stammt ebenfalls aus
dieser Zeit.

Viele dieser Familien blieben in Wien und haben das Bild der Stadt maßgeblich mitgeprägt.
Natürlich haben auch sie den Wiener Dialekt mit ihren Sprachen bereichert. Zum Beispiel
gibt es im Türkischen keine Artikel und Vorwörter (Präpositionen).

Und so wird bei jugendlichen Wienern mit türkischen Wurzeln aus Sätzen wie *„Gemma in
Prater" „Gemma Prater"*. Solche verkürzten Sätze haben viele Kinder und Jugendliche von
ihren türkischstämmigen Mitschüler/innen übernommen.

2012 stammte mehr als ein Drittel der Wiener Bevölkerung (39 Prozent) aus Zuwandererfa-
milien. Das bedeutet, dass zumindest beide Elternteile im Ausland geboren wurden.
Im Vergleich: In ganz Österreich kamen nur 19 Prozent aus Familien mit
Migrationshintergrund.

Neben den Zuwanderern aus dem
Ausland sind auch noch hunderttausende Menschen aus anderen österreichischen Bundesländern in die
Hauptstadt gekommen, um hier zu
wohnen und zu arbeiten.

*Moschee in Wien Floridsdorf
(Vienna Islamic Centre)*

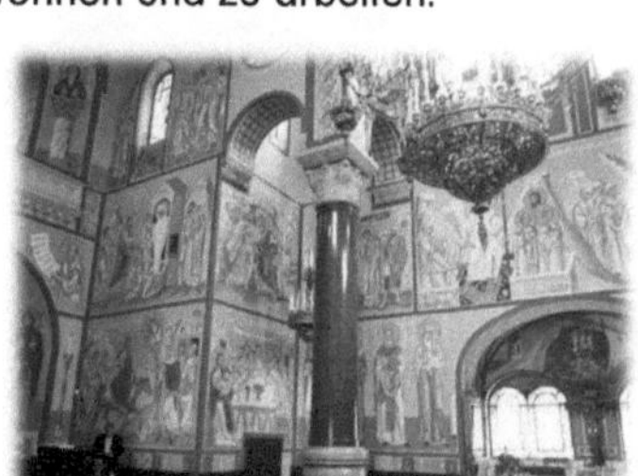

*Russisch-orthodoxe Kathedrale
St. Nikolaus in Wien*

Sie alle sind Wie-
ner/innen und ha-
ben ihre Beiträge zu Kultur, Lebensweise und Umgangssprache geleistet. Was nun ein „echter Wiener"
ist, ist angesichts der Vielfalt an Kulturen, Lebenswei-
sen, Religionen und sozialen Schichten unmöglich zu
beantworten. Und so war es auch schon in vergangenen Zeiten.

Varianten des Wiener Dialekts nach sozialem Stand und Wohngegend

Die früheren Unterschiede zwischen den Stadtteilen, vor allem in der Aussprache, sind weitgehend verschwunden, da die meisten Menschen heute nicht mehr ihr ganzes Leben in nur
einem bestimmten *„Grätzl"* (Wohngegend) verbringen. Außerdem sind Wohn- und Arbeitsplatz heute meist weit voneinander entfernt.

Trotzdem bestehen immer noch vielfältige Unterschiede, je nach sozialem Stand, Beruf, Bildung oder Anlass. Vor allem gebildetere Personen können jederzeit zwischen den Varianten
der Mundart wechseln, je nachdem, welchen Gesprächspartner sie in welcher Situation vor
sich haben.

Ein Blick in die Zukunft

Oftmals wird der Verlust des alten Dialekts unserer Großeltern beklagt. Wer versteht heute noch Wörter wie *„Kombinege"* (für Unterrock), *„Bluzer"* (für Kopf) oder *„Tschopperl"* (für Depp bzw. Dummkopf)?

Dabei wird meist vergessen, dass Dialekte viel mehr als die offiziellen Schriftsprachen einem ständigen Wandel unterliegen, wie Mode und Zeitgeist ja auch. Das gilt ganz besonders für große Ballungsräume, in denen Menschen aus unterschiedlichen Regionen zusammentreffen. Das war schon immer so. Unsere Großeltern hätten den Dialekt ihrer Vorfahren auch nur schwer verstanden.

Wiener Regenbogenparade 2007

Insofern wird es auch in Zukunft im Wiener Raum irgendeine lokale Variante des Deutschen geben. Ob wir diese andere Wiener Mundart in 100 Jahren noch verstehen würden…? Wohl kaum, der Wandel vollzieht sich heute noch viel ra scher als in vergangenen Zeiten!

*Wienerlied von Alexander Krakauer: „Du guater Himmelvater",
erschienen im Verlag Doblinger, Wien um 1900.*

Der Wiener Dialekt hat viele Wörter aus anderen Sprachen übernommen:

Malör	Unglück	franz: malheur = Mißgeschick
Marie	Geld	Roma: maro = Brot
Massl	Glück	Hebräisch: masol = Glücksstern
Meschugge	Verrückt	Hebräisch: m´schuggah = verrückt
Mischpoche	Verwandtschaft	Hebräisch: mischpaha = Familie
Tescheck	Verlierer	Ungarisch: tesék = bitte
Tschako	Hut	Ungarisch: csáko = Hut
Tschick	Zigarette	Italienisch: cicca=Zigarettenstummel
Plazn	Weinen	Tschechisch: plac = weinen
Frnjak	Lange Nase	Tschechisch: frnak = große Nase

Hier noch ein paar Begriffe, die wohl nur sehr dialekterfahrene Wiener/innen verstehen:

a Bakkl Hausdetschen gebn ...	jemandem eine Ohrfeige geben
a Eitrige mit an Bugl ...	Käsekrainer (Wurst) mit Brot
an Elefantn auf da Blosn haben ...	dringend urinieren müssen
Da foin da di Kipfla auße! ...	Du wirst überrascht sein!
in Orsch gehen ...	verschwinden
si an eineschraubn ...	sich betrinken
si wos hinter die Kulissen schiabn ...	essen
an Hund einedrahn ...	einen Fehler begehen
aufpassn wia a Haftlmocher ...	sehr vorsichtig sein
fett wia a Tschik ...	stark betrunken
Hupf in Gatsch und schlog a Wöln ...	Verschwinde!
Moch kane Sperenzerln ...	Mach keine Schwierigkeiten!

Kreuzworträtsel:

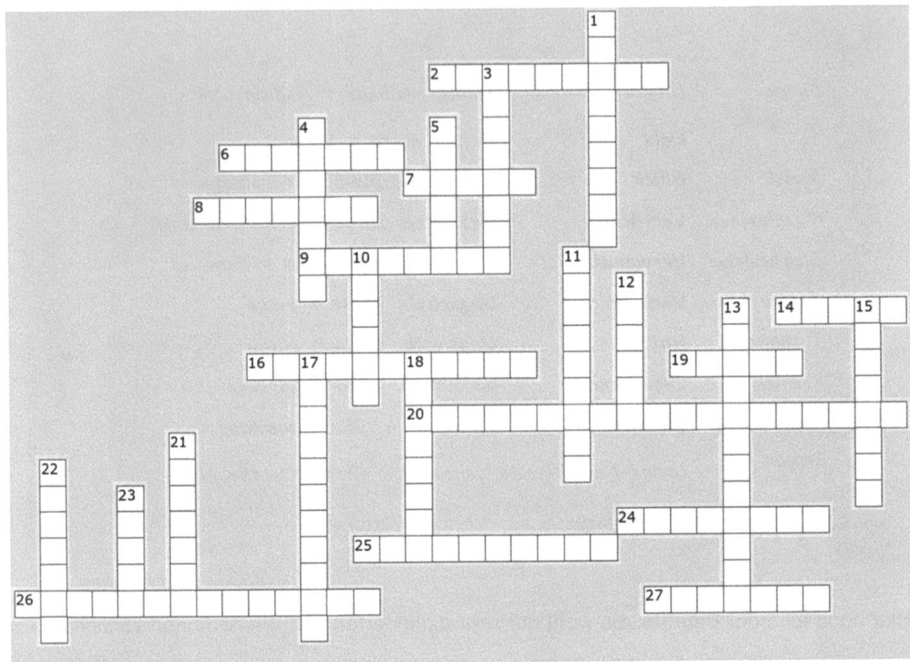

Zeilen

2. Gaunersprache
6. Sprache der Roma
7. Begründer der Psychotherapie und prominenter jüdischer Bürger Wiens (Nachname)
8. Anderer Begriff für „Mundart"
9. Was ist heute die am meisten verbreitete Weltsprache?
14. Begriff für „weinen" im Wiener Dialekt
16. Welche Sprache wurde früher hauptsächlich von Aristokraten und Diplomaten gesprochen?
19. Was bedeutet *„si wos hinter die Kulissen schiabn"* in der Hochsprache?
20. Menschenverachtende Ideologie zur Zeit des Anschlusses Österreichs an Deutschland zwischen 1938 und 1945
24. Frühere Umgangssprache der Juden in Mitteleuropa
25. Anderer Begriff für die Wiener Mundart bzw. den Wiener Dialekt
26. Im Spätmittelalter erschien eine Sammlung von Wörtern der Wiener Gaunersprache. Dabei handelt es sich um die „Wiener ....".
27. Was bedeutet *„a Bankl reißen"* in der Hochsprache?

Spalte"

1. Begriff für *„verrückt"* im Wiener Dialekt
3. Beleidigendes Wort für *„Gastarbeiter"* in der Wiener Umgangssprache
4. „Freund" bzw. „Kumpel" im Wiener Dialekt (das Wort stammt aus dem Hebräischen)
5. Berühmter jüdischer Kabarettist aus Wien
10. Wiener Bezeichnung für Wohngegend bzw. Stadtteil
11. Anderer Begriff für „Zuwanderer"
12. Begrüßung in der traditionellen Wiener Umgangssprache
13. Geringschätziger Begriff für Arbeitsimmigranten
15. Umgangssprachlicher Begriff für die Volksgruppe der Roma
17. Den Einfluss des Englischen auf die deutsche Sprache bezeichnet man als „ .... ".
18. Gebäude, in dem Mitglieder einer jüdischen Gemeinde ihren Gottesdienst abhalten
21. „Obdachloser" in der Wiener Umgangssprache
22. Volksgruppen ohne festen Wohnsitz bezeichnet man als „ .... ".
23. Welches Buch hat Martin Luther in die deutsche Sprache übersetzt?

Kreuzworträtsel - Lösungen:

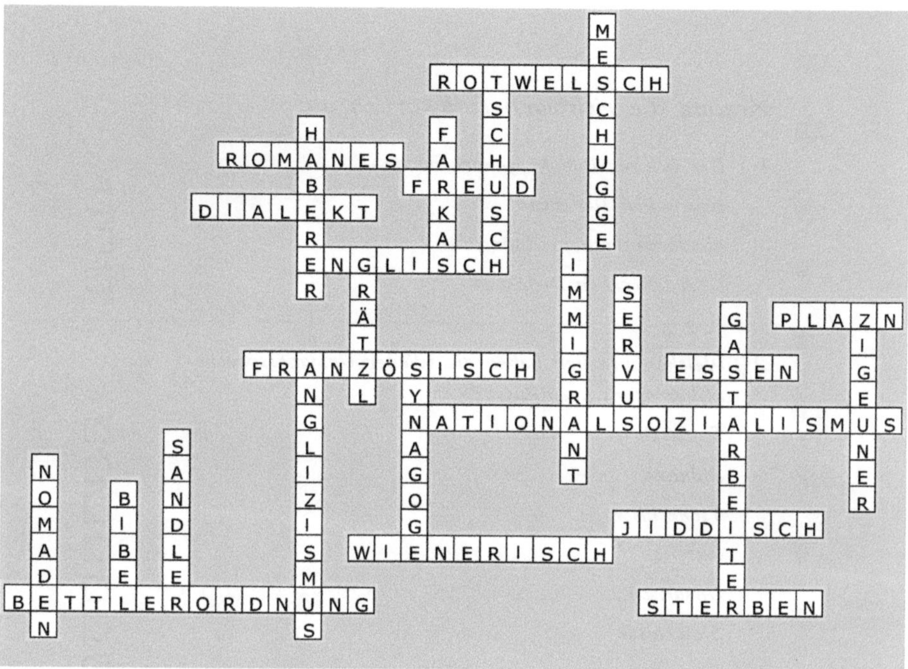

Zeilen

2. ROTWELSCH – Gaunersprache
6. ROMANES – Sprache der Roma
7. FREUD – Begründer der Psychotherapie und prominenter jüdischer Bürger Wiens (Nachname)
8. DIALEKT – Anderer Begriff für „Mundart"
9. ENGLISCH – Was ist heute die am meisten verbreitete Weltsprache?
14. PLAZN – Begriff für "weinen" im Wiener Dialekt
16. FRANZÖSISCH – Welche Sprache wurde früher hauptsächlich von Aristokraten und Diplomaten gesprochen?
19. ESSEN – Was bedeutet *„si wos hinter die Kulissen schiabn"* in der Hochsprache?
20. NATIONALSOZIALISMUS – Menschenverachtende Ideologie zur Zeit des Anschlusses Österreichs an Deutschland zwischen 1938 und 1945
24. JIDDISCH – Frühere Umgangssprache der Juden
25. WIENERISCH – Anderer Begriff für die Wiener Mundart bzw. den Wiener Dialekt
26. BETTLERORDNUNG – Sammlung von Wörtern der Wiener Gaunersprache
27. STERBEN – *„Bankl reißen"*

Spalten

1. MESCHUGGE – Begriff für *„verrückt"* im Wiener Dialekt
3. TSCHUSCH – Beleidigendes Wort für Gastarbeiter
4. HABERER – „Freund" bzw. „Kumpel" im Wiener Dialekt
5. FARKAS – Berühmter jüdischer Kabarettist aus Wien
10. GRÄTZL – Wiener Bezeichnung für Wohngegend
11. IMMIGRANT – Anderer Begriff für „Zuwanderer"
12. SERVUS – Begrüßung in der traditionellen Wiener Umgangssprache
13. GASTARBEITER – Geringschätziger Begriff für Arbeitsimmigranten
15. ZIGEUNER – Umgangssprachlicher Begriff für die Volksgruppe der Roma
17. ANGLIZISMUS – Den Einfluss des Englischen auf die deutsche Sprache bezeichnet man als „ .... ".
18. SYNAGOGE – Gebäude, in dem Mitglieder einer jüdischen Gemeinde ihren Gottesdienst abhalten
21. SANDLER – „Obdachloser" in der Wiener Umgangssprache
22. NOMADEN – Volksgruppen ohne festen Wohnsitz
23. BIBEL – Welches Buch hat Martin Luther in die deutsche Sprache übersetzt?

Multiple Choice

Kreuze die richtigen Antworten an:

1.) Der Wiener Dialekt gehört zu den

Bayrischen Dialekten ☐

Niederdeutschen Mundarten ☐

Oberdeutschen Dialekten ☐

2.) Welche Sprachen haben die Wiener Umgangssprache bisher stark beeinflusst?

Spanisch ☐

Jiddisch ☐

Tschechisch ☐

Russisch ☐

Ungarisch ☐

Slowenisch ☐

Romanes ☐

Italienisch ☐

Polnisch ☐

Englisch ☐

Französisch ☐

3.) Die Umgangssprache der jüdischen Wiener war zur Zeit der Donaumonarchie

Hebräisch ☐

Jiddisch ☐

Romanes ☐

Multiple Choice

Kreuze die richtigen Antworten an:

4.) *Die Umgangssprache der Roma war über
viele Jahrhunderte*

Sinti ☐

Romanes ☐

Aramäisch ☐

5.) *Was versteht man unter „Rotwelsch"?*

Sprache der walisischen Volksgruppe in Wien ☐

Geheimsprache der Revolutionäre von 1848 ☐

Gaunersprache ☐

Deutscher Dialekt des Spätmittelalters ☐

6.) *Wie viele Wiener haben sich bei der letzten
Volkszählung zur jüdischen Religion bekannt?*

6 988 Personen ☐

176 034 Personen ☐

21 325 Personen ☐

7.) *Wie groß ist der Anteil der Wiener aus
Zuwandererfamilien?*

19 Prozent ☐

39 Prozent ☐

6 Prozent ☐

62 Prozent ☐

Multiple Choice - Lösungen:

Kreuze die richtigen Antworten an:

1.) Der Wiener Dialekt gehört zu den
Bayrischen Dialekten ☒

2.) Welche Sprachen haben die Wiener Umgangssprache
bisher stark beeinflusst?

Jiddisch ☒

Tschechisch ☒

Ungarisch ☒

Romanes ☒

Italienisch ☒

Englisch ☒

Französisch ☒

3.) Die Umgangssprache der jüdischen Wiener war
zur Zeit der Donaumonarchie

Jiddisch ☒

4.) Die Umgangssprache der Roma war über
viele Jahrhunderte

Romanes ☒

5.) Was versteht man unter „Rotwelsch"?

Gaunersprache ☒

6.) Wie viele Wiener haben sich bei der letzten
Volkszählung zur jüdischen Religion bekannt?

6 988 Personen ☒

7.) Wie groß ist der Anteil der Wiener aus
Zuwandererfamilien?

39 Prozent ☒

Wörter suchen:

Markiere Wörter aus dem Wiener Dialekt, die in dem Buchstabenwirrwarr versteckt sind:

XVIGFRASTÜGOSCHNOPZHAWARAQÖKIEBARAÄOIDADESLOARSCHKREULASTRIZI8Z6T
ZWIEDAWURZNTQWATSCHNÜMDERSCHLAPFNSCHEPPARAYELPLUTZERQXPATSCHERT
ANDERRISCHßINATURTROTTEL7SFLADERNSACKLPICKER3ESCHASTROMMELUNGUSTLI
WAPPLA7UWATSCHENX2RDRECKANTENPÜEITRIGE1E9XHERGWANDLAUSIT8OWEZARA
ORÜBENZUZLERKE7NUDELAUGZUNACHTSCHERBENERKASLERAMACHELOIKESQLRTZI

Wörter suchen - Lösungen:

Markiere Wörter aus dem Wiener Dialekt, die in dem Buchstabenwirrwarr versteckt sind:

XVIGFRASTÜGOSCHNOPZHAWARAQÖKIEBARAÄOIDADESLOARSCHKREULASTRIZI8Z6T
ZWIEDAWURZNTQWATSCHNÜMDERSCHLAPFNSCHEPPARAYELPLUTZERQXPATSCHERT
ANDERRISCHßINATURTROTTEL7SFLADERNSACKLPICKER3ESCHASTROMMELUNGUSTLI
WAPPLA7UWATSCHENX2RDRECKANTENPÜEITRIGE1E9XHERGWANDLAUSIT8OWEZARA
ORÜBENZUZLERKE7NUDELAUGZUNACHTSCHERBENERKASLERAMACHELOIKESQLRTZI

Übersetzungen:

GFRAST ... Nerviges Kind	FLADERN ... stehlen
GOSCHN ... Mund	SACKLPICKER ... Häftling
HAWARA ... Freund, Kumpel	SCHASTROMMEL ... ekelhafte Frau
KIEBARA ... Polizist	UNGUSTL ... unappetitliche Person
OIDA ... Freund, Freundin, Nachbar	WAPPLA ... dumme, hilflose Person
OARSCHKREULA ... Schleimer	WATSCHEN ... Ohrfeige
STRIZI ... Zuhälter, Gauner	DRECKANTEN ... unordentliche Frau
ZWIEDAWURZN ... mürrischer Mensch	EITRIGE ... Käsekrainer
WATSCHN ... Ohrfeige	GWANDL ... Kleidung
SCHLAPFN ... Hausschuh, üble Frau	OWEZARA ... fauler Mensch
SCHEPPARA ... Autounfall	RÜBENZUZLER ... Landbewohner
PLUTZER ... Kopf	NUDELAUG ... dummer Mensch
PATSCHERT ... ungeschickt	NACHTSCHERBEN ... Nachttopf
DERRISCH ... schwerhörig	KASLER ... Schweißfüße
NATURTROTTEL ... dummer Mensch	MACHELOIKES ... Betrügerei

2.4 Wiens einzigartige Küche

Fast Food: Kleine Mahlzeiten für zwischendurch

Eine Studie hat ergeben, dass die Wiener mehr Fertiggerichte zu sich nehmen als die Bewohner in anderen österreichischen Bundesländern. 45 Prozent gaben an, mindestens einmal pro Woche auswärts zu essen. Das Mittagessen hat dabei keine große Bedeutung mehr. Unter der Woche werden sehr oft mehrmals am Tag kleinere Portionen gegessen. Dabei

Asiatisches Wok-Haus

spielt Fast Food heutzutage eine große Rolle – und hier nicht mehr nur die allseits bekannten Filialen amerikanischer Fast-Food-Ketten mit Hamburger, Hot Dogs & Co. In den letzten Jahren sind viele asiatische Schnellimbisslokale hinzugekommen.

Wiener Würstelstand

Oder man lässt sich an einem der traditionellen Wiener Würstelstände bedienen. Der Würstelstand ist eine Einrichtung aus der Zeit der k. u. k. Monarchie, um Kriegsinvaliden ein Einkommen zu sichern. Dabei handelte es sich ursprünglich um fahrbare Verkaufsstände mit Kocheinrichtungen. Erst in den 1960er Jahren wurden in Wien fixe Stände erlaubt.

Für Nicht-Wiener sind die Bezeichnungen für Imbisse am Würstelstand oft ziemlich unverständlich. Die Wiener Umgangssprache hat hier eigene Begriffe entwickelt. Hier zwei Beispiele:

Die „Eitrige" (Käsekrainer)

„Burenhäutl" bedeutet Burenwurst. „Eitrige" steht für Käsekrainer. Wenn man hineinbeißt, quillt der heiße Käse aus der Wurst und erinnert den „echten Wiener" an Eiter, das aus einer Wunde spritzt ... Na Mahlzeit!

Kebabverkäufer

Konkurrenz hat der Würstelstand seit einigen Jahren durch die wachsende Anzahl an türkischen Kebabständen bekommen. Manchmal werden an solchen Ständen neben Kebab auch gleich Burger, Pizza und Wiener Schnitzel angeboten. Somit hat man internationale, türkische und Wiener Fast Food an einem Ort und jeder kann sich je nach Geschmack und Laune bedienen lassen.

Wenn man überhaupt eine Hauptmahlzeit zu sich nimmt, dann meistens am Abend. Somit unterscheidet sich das Essverhalten der Wiener nicht wesentlich von dem in anderen großen Ballungszentren der Welt.

Selbst gekocht wird vor allem an Wochenenden und an Feiertagen. Dazu steht ein enormes Angebot an internationalen Lebensmitteln in Supermärkten und kleinen Läden zur Verfügung. Was speziell in Wien noch hinzukommt, sind die vielen Straßenmärkte mit ihren Verkaufsständen.

Hier bekommt man unter Umständen das, was man sonst nirgendwo gefunden hat: Kochbananen, Süßkartoffel, Taro- und Maniokwurzeln, Jackfrucht, Tamarinde, Drachenfrucht, Chirimoya, Topinambur.

Schon von diesen Früchten gehört? Nein? Dann schau doch mal am Wiener Naschmarkt vorbei! Dort findest du auch so ziemlich alle Gewürze, die du sonst nirgendwo in Österreich bekommst.

Der Wiener Naschmarkt

Bei besonderen Gelegenheiten besucht man Restaurants, Heurigenlokale oder eines der zahlreichen Wiener Wirtshäuser. Das Angebot an gastronomischen Betrieben, in denen man Speisen und Getränke konsumieren kann, ist enorm. Da findet man je nach Bedarf so ziemlich alles für den kleinen Imbiss oder raschen Drink für zwischendurch oder für einen gemütlichen Abend mit Freunden oder Kollegen.

Die Auswahl reicht von Restaurants und Hotelrestaurants über Bars, Bierlokale, Weinstuben/Vinotheken, Heurige, Stadtheurige, Buschenschänken, Trinkstuben oder Stehschenken bis hin zu Kaffeekonditoreien, Eissalons, Kaffee-Restaurants und Espressi.

Restaurants mit österreichischer Küche liegen stärker im Trend als Gasthäuser und einfache Beisln. Bei Lokalen mit ausländischer Küche findet die asiatische Kost den stärksten Zuspruch.

Mehr als 6 000 Betriebe bieten in Wien Speisen und Getränke an.

Aber gibt es nicht auch ganz besondere Speisen und Getränke, die nur für Wien typisch sind?

Natürlich gibt es sie, in Form von einfacher Hausmannskost zur Hauptmahlzeit zu Hause oder in den zahlreichen kleineren Gasthäusern und als gehobene Küche („Haute Cuisine") in vornehmeren und teuren Restaurants.

Woher stammen die typischen Gerichte der Wiener Küche?

Die Wiener Küche beruht, wie auch der Dialekt, in erster Linie auf vielfältigen Einflüssen von Zuwanderern aus anderen Teilen Europas. Viele Speisen und Essgewohnheiten hat man sich von anderen Regionen „abgeschaut". Manchmal haben sogar unerwünschte Eindringlinge, wie die Osmanen während ihrer Eroberungszüge bis vor die Tore Wiens, ihre Spuren in der Wiener Esskultur hinterlassen.

Der italienische Einfluss ist seit der Zeit der Renaissance ab dem 16. Jahrhundert feststellbar. Damals gingen wesentliche Neuerungen, auch in der Tafelkultur, von den blühenden Stadtstaaten Italiens aus. Die ersten Essbestecke mit Gabel stammen aus dieser Zeit, haben sich in Mitteleuropa aber erst im 19. Jahrhundert in bürgerlichen Kreisen endgültig durchsetzen können.

Reisebesteck (16. Jhdt.)

Hier einige Beispiele für italienische Bezeichnungen für Gerichte und Zutaten der Wiener Küche:

Risibisi

Risibisi (Venezianisch risi e bisi – Reis mit Erbsen), Melanzani, Maroni (Edelkastanie), Biskotte (löffelförmiges Biskuit).

Im 18. Jahrhundert begann sich der französische Einfluss durchzusetzen. Französisch war damals die Sprache der Aristokraten, Diplomaten und all jener, die einen vornehmen Lebensstil zur Schau stellen wollten. So wurde damals etwa die Bezeichnung *„Bouillon"* für Suppe üblich.

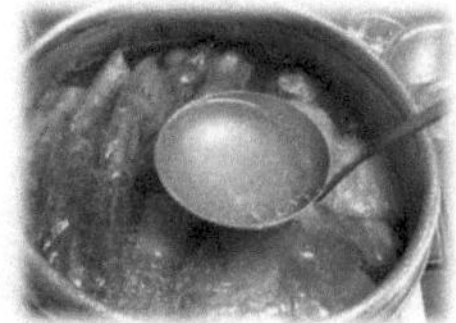
Bouillon de Volaille
(Geflügelsuppe)

Mailänder Kotelett und Wiener Schnitzel (rechts)

Costoletta alla milanese (das Mailänder Kotelett) ist ein paniertes und gebratenes Kotelett aus Kalbfleisch und gilt als Vorbild des Wiener Schnitzels.

Katharina Prato

Erst Ende des 18. Jahrhunderts wurden Kochbücher mit Rezepten der „Wiener Küche" veröffentlicht. Im Jahre 1858 erschien in Graz ein Kochbuch mit dem Titel *„Die Süddeutsche Küche"* von Katharina Prato. Das Kochbuch sollte eine praktische Anleitung für angehende Hausfrauen aus dem Mittelstand sein. Neben ihrem Kochbuch verfasste sie auch einen der ersten Haushaltsratgeber mit dem Titel *„Die Haushaltungskunde – Ein Leitfaden für Frauen und Mädchen aller Stände"*.

Das Kochbuch wurde in mehrere Sprachen übersetzt und das Bemerkenswerte daran war, dass neben der österreichischen und speziell der Wiener Küche zum ersten Mal auch ungarische, südslawische, polnische, italienische, jüdische und böhmische Speisen miteinbezogen wurden.

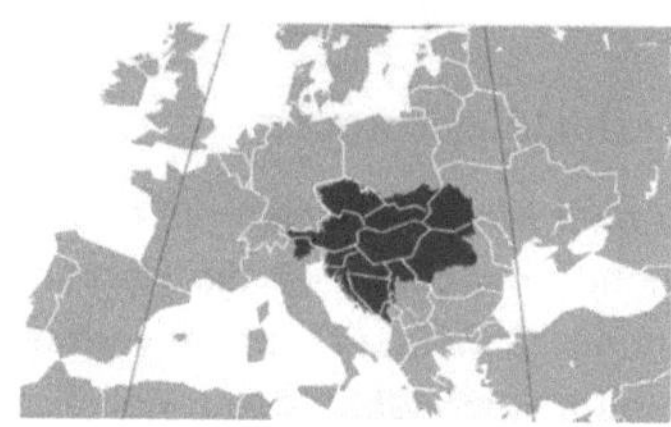
Die Donaumonarchie im Jahre 1914

Die heutige Wiener Küche ist geprägt von den Einflüssen der Zuwanderer aus allen Gebieten der Donaumonarchie, welche an der Wende zum 20. Jahrhundert weite Teile Mitteleuropas umfasste. 1910 lebten dort mehr als 51 Millionen Einwohner. Während andere Metropolen Europas, wie London oder Paris, ihre Einwanderer hauptsächlich aus den Kolonien in Übersee bezogen, waren es in Wien vor allem Menschen aus unterschiedlichen Kulturen des Kaiserreiches.

Aus Ungarn stammen zum Beispiel die vielen Varianten des *Gulasch* (das Wiener-, Fiaker- und Zigeuner-Gulasch). Das *Letscho* (ungarisch Lecsó) ist ein Schmorgericht der ungarischen Küche, das mit Speck, gelben Paprika, Tomaten und Zwiebeln zubereitet wird.

Gulasch

Türkisches Baklava und Wiener Apfelstrudel

Der *Strudel* mit seinem hauchdünnen Teig stammt ursprünglich aus der türkischen Küche, kam aber über ungarische Einflüsse nach Wien. Die Ungarn wiederum hatten im Laufe der Feldzüge des osmanischen Heeres und als damalige Verbündete der Türken den Strudelteig in ihre Küche übernommen.

Aus diesem Grund erinnert ein Strudel an das extrem süße türkische *Baklava*, das man heute in vielen türkischen Lebensmittelläden in Wien kaufen kann.

Aus Böhmen und Mähren stammen vor allem Mehlspeisen, wie verschiedene *Golatschen* und *Palatschinken*, *Tatschkerl*, aber auch die *Knödel*, die als Zutaten zu zahlreichen Speisen serviert werden.

Palatschinken

Buchumschlag des Kochbuches „Die Wiener Mehlspeisköchin" von J. Heller (1910).

Topfengolatsche, Powidltatschkerl, Schweinsbraten mit Kartoffelknödel (von links nach rechts)

Gugelhupf und Kaiserschmarrn – Speisen in der Wiener Umgangssprache

Andere Wörter für Gerichte der Wiener Küche beruhen auf älteren Wurzeln aus der deutschen Sprache. Manchmal ist die Herkunft auch nicht ganz klar. Die Bezeichnung „Gugelhupf" kommt vermutlich vom *Lupfen* des *Gugels*, also dem Hochheben des rundlichen (Kugel) Napfes oder Kessels, nachdem der fertig gebackene Kuchen umgedreht worden war.

Gugelhupf

An und für sich ist der Gugelhupf ein Kuchen aus Hefeteig, oft mit Rosinen, wie er in anderen Regionen Europas in ähnlicher Form auch vorkommt. Das Einzigartige am Wiener Gugelhupf ist jedoch seine charakteristische Form. Rezepte für Gugelhupf und Napfkuchen existieren seit dem 17. Jahrhundert. Seit damals wurden Backformen aus Metall neben solchen aus Holz oder Keramik verwendet.

Diese traditionelle Mehlspeise ist aus der Wiener Konditorei- und Kaffeehauskultur kaum wegzudenken und so hat der Begriff Gugelhupf auch andere Bedeutungen bekommen:

Der „Gugelhupf": Narren-turm aus der Zeit Josef II. im Wiener AKH

„*Gugelhupf*" wurde zur umgangssprachlichen Bezeichnung für Nervenklinik. Wenn jemand sagt, dass ihn eine Sache bald in den Gugelhupf bringen werde, dann meint er, dass ihn diese Angelegenheit noch verrückt machen werde.

Der Kabarettist Gerhard Bronner

Der Narrenturm war die erste Klinik für psychisch kranke Patient/innen aus der Zeit von Joseph II. in der zweiten Hälfte des 18. Jahrhunderts. Seine runde Form erinnerte die Wiener/innen immer wieder an ihre beliebteste Mehlspeise, eben den Gugelhupf.

„*Der Gugelhupf*" war auch der Titel einer Kabarettsendung mit Gerhard Bronner, die vom Rundfunk über viele Jahrzehnte hindurch mehr als tausend Mal ausgestrahlt wurde.

Keiner weiß, warum der Kaiserschmarrn nach Kaiser Franz Joseph I. benannt ist. Dazu gibt es nur Anekdoten.

Hier eine der vielen überlieferten Geschichten, vielleicht war es ja auch so:

Kaiser Franz Joseph I. (1910)

Kaiserschmarrn

Als ein Hofküchen-Pâtissier, der für die notorisch linienbewusste Kaiserin Elisabeth gerne besonders leichte Desserts kreierte, mit einer neuen Komposition aus Omelettenteig und Zwetschkenröster in der kulinarischen Gunst der Kaiserin gar nicht zu landen vermochte, sprang seine Majestät in die Bresche und aß die Portion der Kaiserin mit den Worten „Na geb' er mir halt den Schmarren her, den unser Leopold da wieder z'sammenkocht hat" auf.

Zur Erläuterung: Das Wort „*Schmarren*" steht in der Wiener Umgangssprache für eine geschmacklose oder minderwertige Ware, für Dreck, Kitsch, Schund und Blödsinn.

Fischspeisen

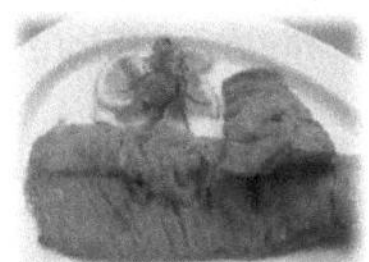
Gebackener Karpfen

Obwohl Wien an keinem Meer liegt, spielen Fischgerichte in der Wiener Küche eine große Rolle. Fischmärkte hatten in Wien eine lange Tradition.

Dem Karpfen kommt seit jeher die größte Bedeutung in der Wiener Küche zu. Aus dessen Kopf, Gräten, Milchner (Sperma) und Roggen (Eier) bereitete man die Fischbeuschelsuppe zu.

In Wien gab es früher auch einen Fischmarkt am Ufer des Donaukanals, wobei die noch lebenden Fische in Behältern in dem durch Abwässer verschmutzten Wasser des Donaukanals gehalten wurden. Dies wurde im Jahre 1972 vom Wiener Magistrat aus hygienischen Gründen untersagt.

Fischhalle am Donaukanal (1905)

Das Wiener Kaffeehaus

Das Wiener Kaffeehaus ist eine ganz charakteristische Wiener Institution. Um das Kaffeehaus herum bildete sich eine eigene Wiener Kaffeehauskultur, die seit 2011 sogar zum immateriellen Kulturerbe der UNESCO gehört.

Kaffeepflanze und geröstete Kaffeebohnen

Georg Franz Kolschitzky habe die Säcke an sich genommen und das erste Kaffeehaus gegründet. Diese Geschichte ist jedoch erfunden und wurde von einem Historiker namens Gottfried Uhlich 1783 in seiner Chronik *„Geschichte der zweyten türkischen Belagerung Wiens, bey der hundertjährigen Gedächtnißfeyer"* in die Welt gesetzt.

Die ersten Kaffeehäuser Wiens stammen tatsächlich aus dieser Zeit. Es wird berichtet,

Eine Anekdote besagt, dass die Wiener nach dem Abzug des osmanischen Heeres nach der Zweiten Türkenbelagerung im Jahre 1683 einige Säcke mit ganz merkwürdigen Bohnen vorfanden. Zunächst glaubten sie, dass es sich dabei um Kamelfutter handle. Der polnische Offizier und Dolmetscher

Schlacht bei Wien im Jahre 1683 gegen die Türken

dass eines davon im Jahre 1685 von einem Armenier namens Johannes Theodat gegründet wurde. Später erhielten die in Wien lebenden Griechen das Monopol zum Ausschank von Kaffee.

Kaffee war bei der Wiener Bevölkerung bald sehr beliebt. Im Jahre 1819 gab es schon 150 Kaffeesieder und um 1900 gab es in Wien 600 Kaffeehäuser. Diese Kaffeehäuser mit ihren Spiel- und Rauchsalons waren damals fast ausschließlich Treffpunkte für Männer. Damen durften diese Räume ausschließlich in männlicher Begleitung betreten.

Peter Altenberg im Café Central (1907)

In Wiener Kaffeehäusern; Abbildung aus der Zeitschrift „Die Gartenlaube" (1876).

Viele berühmte Persönlichkeiten hatten ihre Stammcafés, verbrachten dort viel Zeit, tauschten ihre Ideen mit anderen aus und schrieben an ihren Werken.

Schriftsteller wie Arthur Schnitzler, Hugo von Hofmannsthal, Karl Kraus, Stefan Zweig, Friedrich Torberg und Peter Altenberg konnte man tagsüber oft im Kaffeehaus antreffen.

Dasselbe gilt für bekannte Künstler, Wissenschaftler und Politiker, darunter Gustav Klimt, Egon Schiele, Adolf Loos, Oskar Kokoschka, Theodor Herzl (Begründer der Idee eines jüdischen Nationalstaats) oder auch der russische Revolutionär Leo Trotzki.

Zeitung lesender Mann im Café (um 1900)

Das Aufkommen von Espresso-Bars und der Siegeszug des Fernsehens als abendliche Unterhaltung bewirkten seit den 50er-Jahren, dass viele der Kaffeehäuser schließen mussten. Trotzdem gibt es auch heute noch etliche dieser typischen Wiener Lokale, die sich ihren ursprünglichen Charme bewahrt haben und wo man bei einem Kaffee und einem Glas Wasser so lange sitzen bleiben kann, wie man möchte. Für ein ausreichendes Angebot an kostenlosen Zeitungen und Zeitschriften ist immer gesorgt.

Kaffee in rauchfreien Fast-Food-Lokalen

Seit den 90er-Jahren ist einerseits ein vermehrtes Interesse an den traditionellen Kaffeehäusern feststellbar. Andererseits sehen sich die Kaffeehausbetreiber mit einer steigenden Konkurrenz durch FastFood-Ketten konfrontiert, die ebenfalls Kaffee anbieten und vor allem bei Jugendlichen sehr beliebt sind.

Zeitung lesen im Stammcafé: Café Westend und Café Central (von links nach rechts).

Heurige und Buschenschänke

Weinschänke gibt es in vielen Landstrichen Europas. Im deutschsprachigen Raum existieren dafür je nach Region Begriffe wie *„Straußenwirtschaft"*, *„Besenwirtschaft"*, *„Besenschänke"*, *„Rädlewirtschaft"* sowie *„Hecken"*- oder *„Häckerwirtschaft"*.

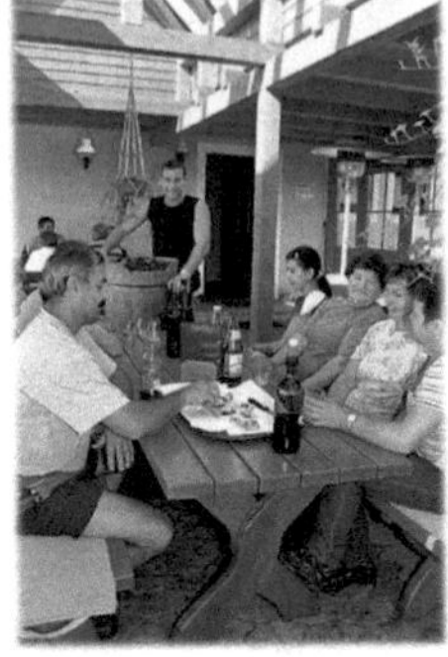

Wie manche dieser Namen andeuten, handelt es sich dabei um Lokale, die mit einem vor die Türe gehängten Buschen signalisieren, dass sie gerade geöffnet haben.

In Wien können solche Weinschänke als Buschenschänke geführt werden. In diesem Fall ist der Ausschank von Getränken aus eigener Produktion auf bestimmte Zeiten im Jahr beschränkt. Ein echter Heuriger wird wie ein Gastgewerbebetrieb geführt, kann jederzeit offen haben und darf den Gästen auch warme Speisen anbieten.

Das Wort *„Heuriger"* stammt von dem süddeutschen Begriff *„heuer"* (in diesem Jahr) ab. Man sitzt beim Heurigen und trinkt Heurigen Wein vom aktuellen Jahrgang, der traditionell bis zum 11. November, dem Martinitag, so genannt werden darf.

Heuriger mit Getränken und Jause vom Buffet

Wie das Kaffeehaus sind Heurige und Buschenschänke in Wien zur Institution geworden und aus der Lebenskultur der Stadt nicht wegzudenken. Um den Heurigen ranken sich zahlreiche Wienerlieder und viele Filme haben Heurigenlokale als Kulisse verwendet.

Heurigenbuffet

Der Filmschauspieler und Sänger von Wienerliedern Hans Moser (1880 bis 1964) war wohl der berühmteste Heurigenfan Wiens. In seinem Lied *„Die Reblaus"* hat er der Wiener Weinkultur ein Denkmal gesetzt.

Hier die erste Strophe:

„Ich muss im früh´ren Leben a Reblaus g´wesen sein,
sonst wär´ die Sehnsucht nicht so groß nach einem Wein,
drum tu den Wein ich auch nicht trinken, sondern beißen,
und hab´ den Roten grad so gern als wie den Weißen"·

Hans Moser (1902)

Die Reblaus ist zwar ein Schädling, steht aber hier für eine starke Verbundenheit mit dem Wein. Tatsächlich spielt der Weinbau für die Bevölkerung des Wiener Raumes seit Jahrtausenden eine große Rolle. 

Schon zur Zeit der Römer wurde an den fruchtbaren Lössböden am Ostrand des Wienerwaldes Wein kultiviert und in großen Gefäßen aus Ton exportiert. Zur Zeit des Mittelalters war die Stadt sogar noch ganz von Weingärten umgeben, die allerdings der zunehmenden Verstädterung zum Opfer fielen und gerodet wurden.

Römische Amphoren zum Transport von Wein

Ein Mönch probiert Wein (13. Jahrhundert)

Die Eigenvermarktung von Wein geht in Europa bereits auf die Zeit des Frankenreiches im frühen Mittelalter zurück. Das wissen wir aus einem Erlass von Karl dem Großen aus dem Jahre 795, dem *„Capitulare de villis"* (Kapitular für die Krongüter und Reichshöfe). Darin finden sich ausführliche Angaben zu Weinbau, Weinpflege und Weinrecht.

Entscheidend für die heutige Marktordnung in Wien ist eine Zirkularverordnung Kaiser Josephs II. aus dem Jahre 1784. Darin wurde jedermann gestattet, bestimmte selbst hergestellte Lebensmittel wie Wein und Obst zu allen Zeiten zu verkaufen und auszuschenken. Anlass für diese Verordnung waren Beschwerden der Gastwirte eines kleinen Dorfes in der Grafschaft Görz, die es satt hatten, von ihrem Herrn, Graf Delmetri, gezwungen zu werden, ausschließlich dessen Wein auszuschenken.

Weinverkoster in einem Keller; Gemälde von Johann Peter Hasenclever (1810 bis 1853)

Heuriger mit warmer Küche

Heute sind es vor allem einzelne Winzer (Weinbauern) und mancherorts auch Genossenschaften, die ein Lokal führen, das die einzelnen landwirtschaftlichen Betriebe für einige Wochen im Jahr pachten können. Wenn das Lokal geöffnet ist, prangt traditionellerweise vor dem Eingang ein Buschen aus den Zweigen eines Nadelbaumes und es leuchtet eine Laterne.

Stelze mit Sauerkraut

Beim Heurigen braucht man heutzutage seine Jause nicht mehr selbst mitzunehmen. Getränke werden serviert und daneben steht ein reichhaltiges Buffet mit Fleischspeisen und Salaten zur Verfügung. Typische Speisen sind Geselchtes, Schweinsbraten, Schinken, Surbraten, Schweinsstelze, Speck, geselchtes Fleisch, Geflügel und diverse Brotaufstriche.

Das Angebot an Heurigen und Buschenschänken reicht von den gerne von Reisegruppen besuchten „Nobelheurigen", speziell in den nahe dem Wienerwald gelegenen Stadtteil Grinzing, bis hin zu weniger bekannten „Geheimtipps" an oft kleinen, gemütlichen und kostengünstigen Lokalen, die eher von der ansässigen Bevölkerung frequentiert werden.

Größere Heurige bieten ihren Gästen musikalische Unterhaltung, meist in Form von Wienerliedern. Dieses Genre ist bis heute in fast allen Schichten der Bevölkerung sehr beliebt, weil es für Jung und Alt sowie für unterschiedliche Geschmäcker Traditionelles und durchaus auch Avantgardistisches zu bieten hat.

Nobelheuriger in Wien Grinzing

Einige Interpreten und Liedermacher vermitteln weinselige Gemütlichkeit, andere wiederum beißende Kritik an gerade herrschenden sozialen Missständen in der Stadt.

Lieder im Wiener Dialekt: Texas Schrammeln, 16er Buam, Roland Neuwirth (von links nach rechts)

Bilder zuordnen:

Versuche, die Speisen richtig zu beschriften!

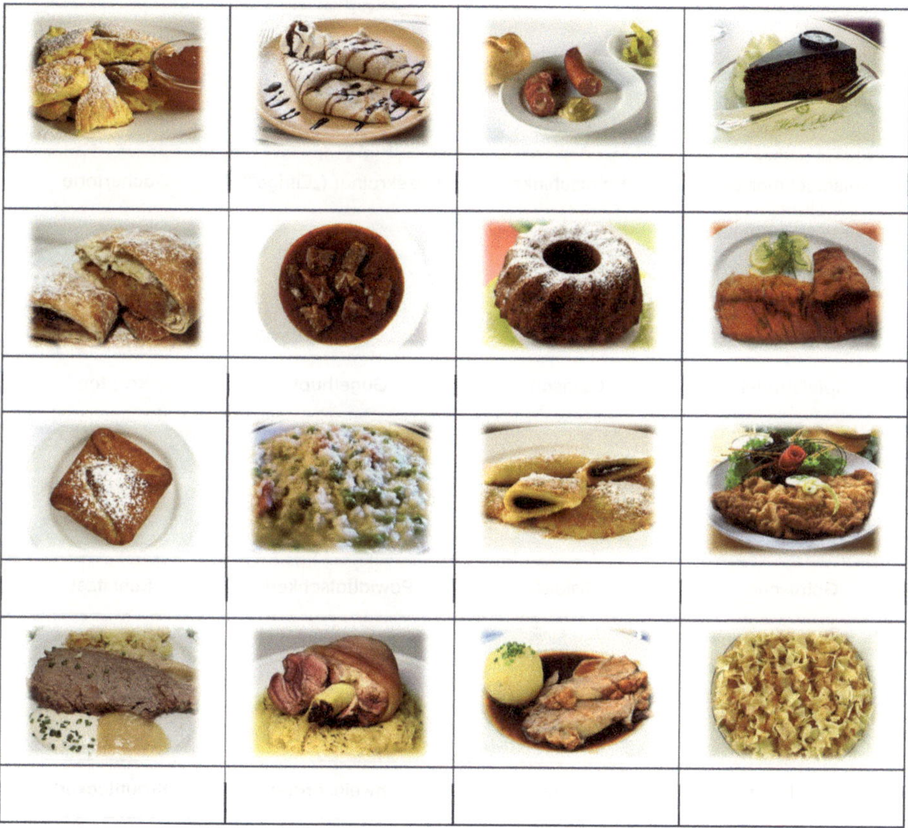

Mögliche Antworten

Apfelstrudel	Kaiserschmarren	Palatschinke	Schnitzel
Golatsche	Karpfen	Powidltatschkerl	Schweinsstelze
Gugelhupf	Käsekrainer („Eitrige")	Risibisi	Schweinsbraten
Gulasch	Krautfleckerl	Sachertorte	Tafelspitz

Bilder zuordnen (Lösungen):

Versuche, die Speisen richtig zu beschriften!

Kaiserschmarren	Palatschinke	Käsekrainer („Eitrige")	Sachertorte
Apfelstrudel	Gulasch	Gugelhupf	Karpfen
Golatsche	Risibisi	Powidltatschkerl	Schnitzel
Tafelspitz	Schweinsstelze	Schweinsbraten	Krautfleckerl

Mögliche Antworten

Apfelstrudel	Kaiserschmarren	Palatschinke	Schnitzel
Golatsche	Karpfen	Powidltatschkerl	Schweinsstelze
Gugelhupf	Käsekrainer („Eitrige")	Risibisi	Schweinsbraten
Gulasch	Krautfleckerl	Sachertorte	Tafelspitz

Begriffe nach Regionen zuordnen:

Ordne die Speisen möglichst genau Herkunftsregionen zu! Trage die richtigen Ziffern ein.

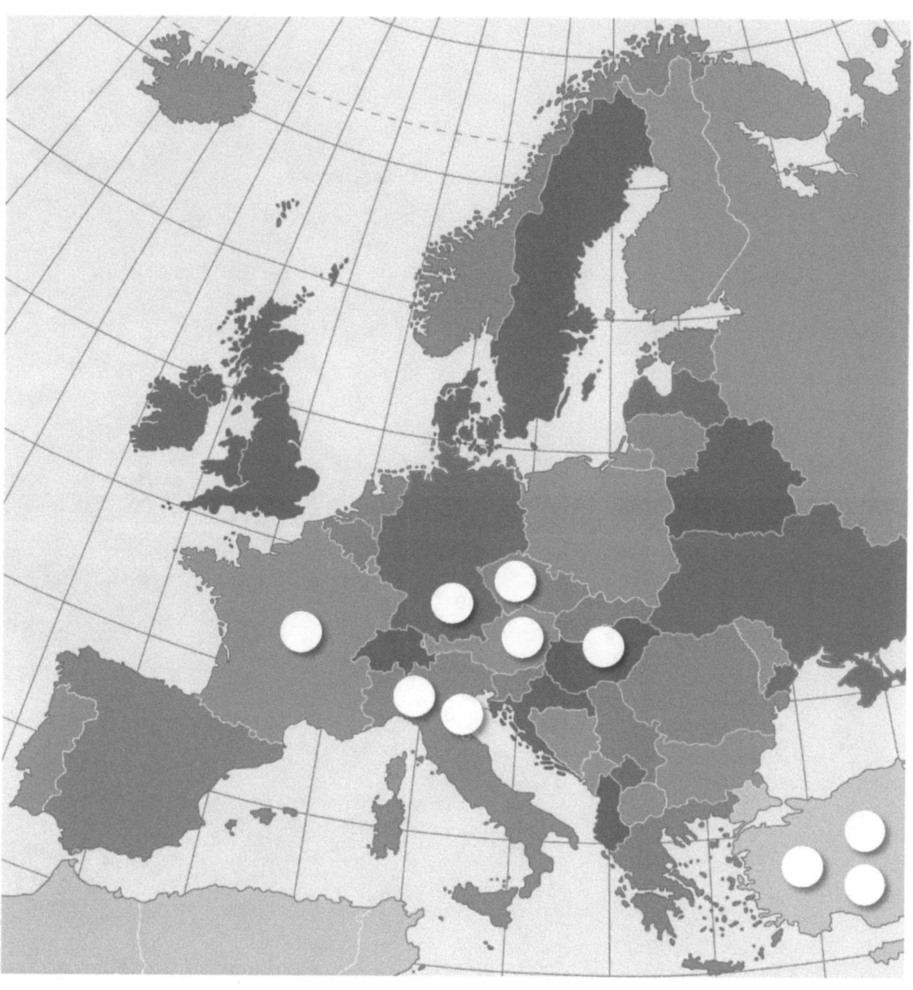

① Knödel   ⑤ Bouillon mit Ei   ⑧ Risibisi

② Gulasch   ⑥ Schnitzel   ⑨ Schweinsbraten

③ Kaiserschmarren   ⑦ Kaffee   ⑩ Baklava

④ Strudel

Begriffe nach Regionen zuordnen – Lösungen

Ordne die Speisen möglichst genau Herkunftsregionen zu! Trage die richtigen Ziffern ein.

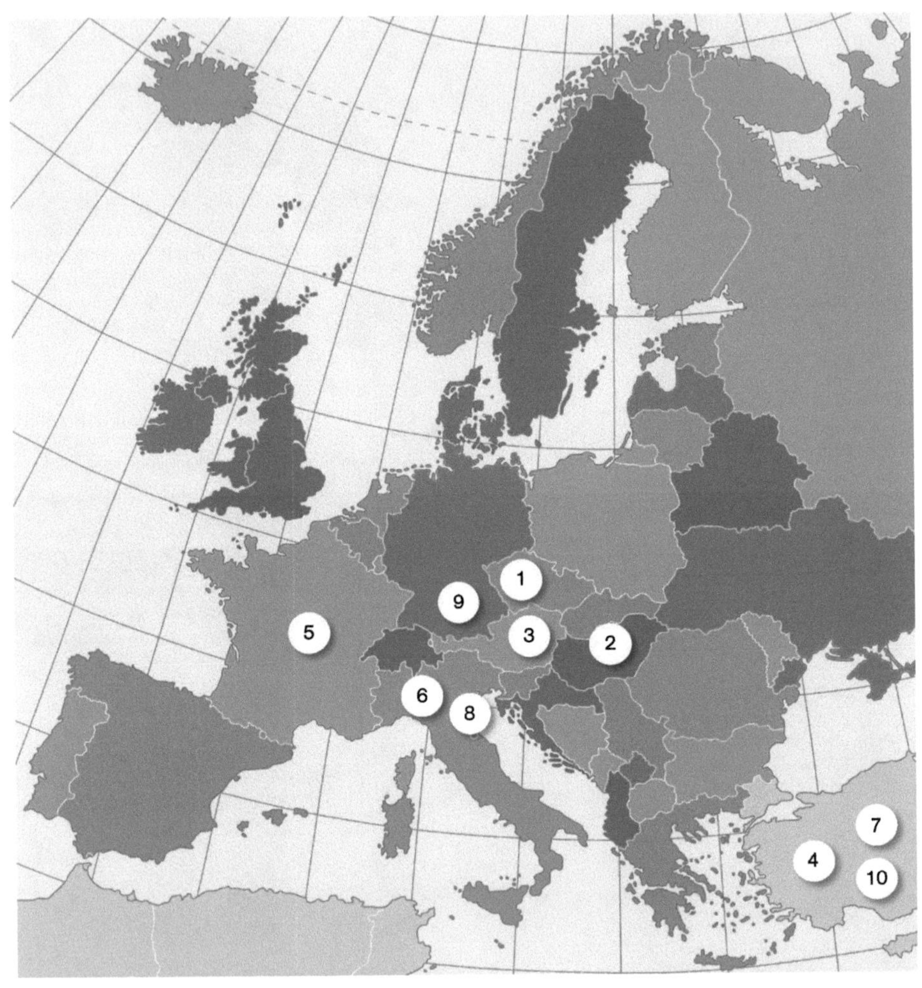

① Knödel

② Gulasch

③ Kaiserschmarren

④ Strudel

⑤ Bouillon mit Ei

⑥ Schnitzel

⑦ Kaffee

⑧ Risibisi

⑨ Schweinsbraten

⑩ Baklava

2.5 Wiens einzigartige Lage an der Donau

Donauwalzer, Erstausgabe von Carl Anton Spina. Das Bild zeigt einen Blick auf Wien und die noch unregulierte Donau vom Kahlenberg aus (1867).

Dass Wien an der angeblich so blauen Donau liegt, weiß fast jeder auf der Welt, der irgendwann einmal etwas von Wien gehört hat. „Schuld" an dieser Klischeevorstellung ist vor allem der berühmte Donauwalzer von Johann Strauss, der alljährlich zu Neujahr im prunkvollen Musikvereinssaal von den Wiener Philharmonikern gespielt und per Satellit auf Fernsehschirme in über neunzig Länder der Welt übertragen wird.

Berühmt wurde der Walzer über die blaue Donau auch durch die Verwendung in Stanley Kubricks Science-Fiction-Klassiker *„2001: Odyssee im Weltraum".* Selbst chinesische Fluglinien spielen ihn als Beruhigung bei der Landung.

Neujahrskonzert im Jahre 2013 im Wiener Musikvereinssaal

Aber ist die Donau nun wirklich blau und liegt Wien wirklich an der Donau?

Die Antwort auf die erste Frage ist nein. Der Fluss ist normaler Weise braun.

Die zweite Frage bedarf einer ausführlicheren Betrachtung.

Der gebändigte Strom

Kurz vorweg: Das Stadtzentrum liegt heute an einem regulierten Nebenarm der Donau, dem sogenannten Donaukanal. Das Hauptbett des Stromes befindet sich weit weg vom Zentrum und trennt die inneren Inselbezirke Leopoldstadt und Brigittenau von den aufstrebenden Stadterweiterungsgebieten am linken Donauufer (Floridsdorf und Donaustadt).

Der künstliche Hauptstrom der Donau durchzieht das Stadtgebiet fast geradlinig von Nordosten nach Süd-

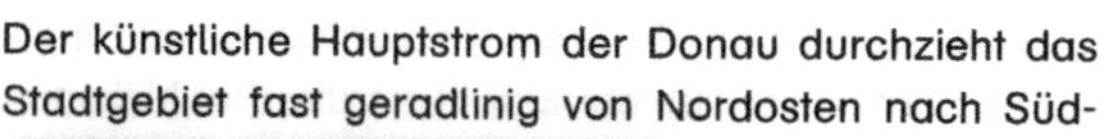

Der Donaukanal bei der Urania in der Wiener City

westen. In Wien besteht dieser Hauptstrom eigentlich aus zwei Rinnen, in deren Mitte eine 21 Kilometer lange und bis zu 250 Meter breite künstliche Insel, die sogenannte „Donauinsel", liegt.

Die Donauinsel besteht seit dem Jahre 1988 und ist zu einem beliebten Erholungsgebiet der Wiener Bevölkerung geworden. Und durch sie hat Wien etwa 20 Kilometer Badestrand gewonnen, wohl mehr als jede andere Binnenstadt der Welt, die keinen Zugang zum Meer hat.

Personenschifffahrt in der rechten Rinne der Donau

Die beiden Gerinne der Donau; dazwischen die Donauinsel

Die rechte Rinne ist der eigentliche Fluss. Aber Halt! Eigentlich ist es seit einigen Jahren ein riesiger Stausee zur Stromerzeugung. Das Wasser fließt schon längst nicht mehr. Die linke Rinne wird „Neue Donau" genannt, fließt auch nicht und dient als ruhiger und sauberer Badesee mit vielen gastronomischen Lokalen und Sporteinrichtungen an seinen Ufern.

Allerdings kann diese Idylle ein jähes Ende nehmen, wenn der Wasserpegel der Donau nach heftigen Regenfällen zu Hochwasser angestiegen ist. Dann werden die Schleusen am oberen Einlauf geöffnet. Braune Wassermassen schießen durch das Gerinne, überfluten die Lokale und Wege entlang der Ufer und führen ganze Baumkronen, Einrichtungsgegenstände und eben alles mit sich, was das Hochwasser der Donau oberhalb von Wien mitgerissen hat.

Hochwasser 2013:
Die überflutete Uferpromenade entlang
der Neuen Donau

Im Gegensatz zu vielen andern Städten, deren Zentren manchmal im Hochwasser versinken, kann die Wiener Bevölkerung einem solchen Schauspiel der Natur ganz gelassen zusehen.

Neben dem Entlastungsgerinne der Neuen Donau verläuft ein massiver Hochwasserschutz, der selbst dem größten jemals in Mitteleuropa gemessenen Hochwasser von 1501 standhalten würde.

Donauinselfest

Auf der Donauinsel findet seit 1984 alljährlich das Donauinselfest statt. Die Veranstaltung dauert drei Tage und gilt als das größte Freiluft-Musikfestival Europas. Dabei kommen bei freiem Eintritt an die drei Millionen Besucher.

Zum Bau der Neuen Donau wurden innerhalb von 16 Jahren fast 30 Millionen Kubikmeter Schotter und Erde ausgehoben und auf der Donauinsel angeschüttet. Mehr als 60 Kilometer Dämme wurden gebaut oder verstärkt.

Doch weshalb wurde gerade in Wien ein derartiger Aufwand betrieben, um die Bevölkerung vor Hochwasser zu schützen?

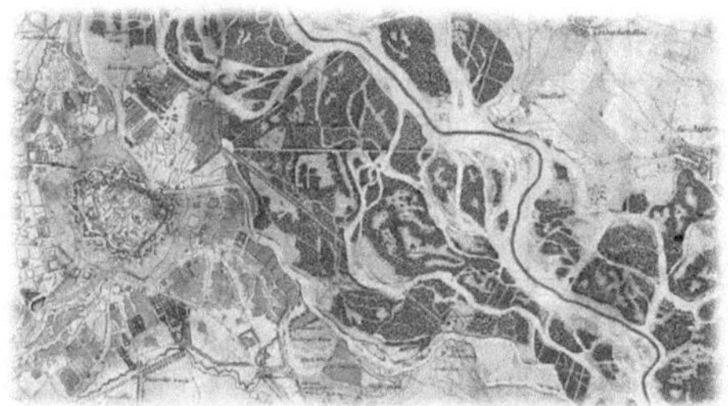

Wien zwischen 1764 bis 1780: Lage der Stadt abseits der zahlreichen Auwälder und unregulierten Donau-

Die Donau war seit Jahrtausenden ein wichtiger Handelsweg, dem das heutige Wien zumindest seit der Römerzeit seine große Bedeutung als zentraler Siedlungsraum verdankt. Andererseits waren die tiefergelegenen Teile der Stadt immer wieder von schweren Hochwassern betroffen.

Weite Gebiete im Osten Wiens bestanden aus Donauarmen und urwaldähnlichen Auwäldern und konnten aufgrund der häufigen Überflutungen gar nicht erschlossen werden. Das ursprünglich von Stadtmauern umgebene Zentrum der Stadt (der heutige erste Bezirk) lag etwas erhöht auf einer Schotterterrasse neben einem Donauarm, dem heutigen Donaukanal, und blieb daher von den Überschwemmungen verschont.

Donauauen – Blick auf den Leopoldsberg (etwa 1820)

Überschwemmung in den Donauauen (2013)

Bis zum Jahre 1870 war die Donau im Raum Wien vollkommen unreguliert. Der Fluss und seine zahlreichen Arme suchten sich ihr Bett selbst. Die angrenzenden Vorstädte und Dörfer lagen nahe am damaligen Hauptarm der Donau und wurden immer wieder überflutet.

In den Jahren 1776 bis 1785 wurde unter Ingenieur Johann Sigismund Hubert ein Schutzdamm am linken Ufer errichtet. Dem nächsten Hochwasser im Jahr 1787 hielt er allerdings nicht stand. Der heutige Hubertusdamm ist nach Ingenieur Hubert benannt.

Wien war mittlerweile zur rasch anwachsenden Metropole geworden. Industrie, Handel und die steigende Zahl an Einwohnern verlangten nach Ansiedlungsflächen für die Stadterweiterung, nach Brücken, Verkehrswegen für die Schifffahrt und Hafenanlagen.

Ab 1850 beriet eine „Donauregulierungskommission" über die Durchführung eines Hochwasserschutzes. Schließlich wählte

Plan der ersten Donauregulierung (1870 bis 1875)

man eine Variante weitab vom Stadtzentrum. Die Arbeiten wurden in den Jahren 1870 bis 1875 durchgeführt. Dabei wurde am linken Ufer ein 450 m breites Überschwemmungsgebiet mit dem Hubertusdamm geschaffen. Das neue künstliche Hauptgerinne, das auch der Schifffahrt dient, wurde 280 m breit gestaltet.

Ein Teil des bisherigen Hauptstroms blieb bis heute als stehendes Gewässer erhalten und bildet die Alte Donau, die immer noch ein beliebtes Erholungsgebiet ist. Eine Insel, das sogenannte Gänsehäufl, bildet das größte Freibad der Stadt.

Blick vom Donauturm auf die „Alte Donau", einem stehenden Altarm der Donau

Die Regulierungsarbeiten waren eine weltweit beachtete Pionierleistung des Kanalbaus. Sie wurden von der französischen Firma Castor, Couvreux et Hersent durchgeführt, die auch am Suezkanal gearbeitet hatte und die entsprechenden Maschinen nach Wien mitbrachte. Im Zuge der Regulierung wurden auch fünf neue Donaubrücken gebaut.

Die Donau während der ersten Regulierung mit dem Gelände der Weltausstellung und dem Donaukanal (1873)

Trotzdem wurde ein Großteil der Arbeiten von Arbeitern händisch durchgeführt. Diese kamen vor allem aus Böhmen, Mähren, der Slowakei, Polen und Italien. Ihre Lebens- und Arbeitsbedingungen waren katastrophal. Viele von ihnen hausten in Erdhütten. Erst vor Einbruch des Winters wurden primitive Baracken aufgestellt. Daher kam es auch zu Typhusepidemien, die zahlreiche Todesopfer forderten.

Selbst nach der Regulierung führten extreme Hochwasser immer wieder zu Überschwemmungen, die vor allem den Handelskai am rechten Donauufer betrafen. Nach langjährigen Studien wurde 1972 die zweite große Donauregulierung begonnen. Entlastungsgerinne (Neue Donau) und Donauinsel wurden im Jahre 1988 fertiggestellt. Heute kann man selbst großen Hochwassern von den Ufern und Brücken aus gelassen zusehen, ohne Angst vor schweren Überflutungen ganzer Stadtviertel haben zu müssen.

Die wohl bekannteste Donaubrücke ist die Wiener Reichsbrücke. Die erste Brücke wurde im Jahre 1876 eröffnet und erhielt den Namen „Kronprinz-Rudolf-Brücke".

Kronprinz-Rudolf-Brücke (1876)

Die zweite Reichsbrücke wurde 1937 eröffnet. Sie war eine Kettenbrücke mit zwei 30 Meter hohen Tragekonstruktionen (Pylonen) und wurde zu einem Wahrzeichen der Stadt Wien.

Nach dem Zweiten Weltkrieg war sie der einzige intakte Donauübergang in Österreich stromabwärts von Linz und entwickelte sich zum meistbefahrenen Straßenstück Österreichs.

Ein Albtraum wird wahr:
Der Einsturz der Wiener Reichsbrücke

Die zweite Reichsbrücke

Am Sonntag dem 1. August 1976 passierte dann das Unglück: Die Reichsbrücke, der wichtigste Donauübergang Ostösterreichs in guten und schlechten Zeiten, brach in den frühen Morgenstunden in sich zusammen. Dabei kam ein Mensch ums Leben.

Wäre die Katstrophe drei Stunden später im Morgenverkehr geschehen – die Folgen wären wohl verheerend gewesen.

Tagelang fanden sich unzählige Schaulustige ein, die es einfach nicht fassen konnten. Das „Brückenschauen" wurde später Thema des Volkslieds „Reichsbrückenmarsch" der beiden Wiener Liedersänger Kratochwil und Napravnik. Über den Brückeneinsturz erschienen ein Roman von Ludwig Roman Fleischer, *„Die Reichsbrücken-Rhapsodie",* und ein Gedicht der Lyrikerin Christine Busta *(„Nachruf einer Brücke").*

Der Einsturz der Reichbrücke 1976. In der Mitte ein Linienbus.
Der Fahrer war allein im Fahrzeug und hat das Unglück überlebt.

Die neue Reichsbrücke; im Hintergrund
die Donau City

Die Eröffnung der heutigen neuen Reichsbrücke erfolgte am 8. November 1980 vor einem Publikum von etwa 10.000 Menschen. Die sechsspurige Autobrücke führt über beide Gerinne der Donau und über die Donauinsel und verbindet den inneren Bezirk Leopoldstadt mit dem modernen Stadterweiterungsbezirk Donaustadt. Die markante Kettenbrücke von einst ist für immer aus dem Stadtbild verschwunden.

Der Donaukanal: Ein Flussarm durch die City

Und was ist nun mit dem Donaukanal, dem alten Donauarm, an dem ja eigentlich seit jeher das Zentrum der Stadt lag?

Ferdinandsbrücke über den Donaukanal (1825)

Einlaufwerk des Donaukanals mit Schleusen

Auch dieser wurde seit dem 16. Jahrhundert immer wieder reguliert. Im Zuge der ersten großen Donauregulierung in den Jahren 1868 bis 1875 wurde der Donaukanal in seinem heutigen Verlauf in ein Gerinne gezwungen.

Um die anliegenden Stadtviertel vor Hochwasser zu schützen, wurde an seinem oberen Ende ein Einlaufwerk mit Schleusen für die Schifffahrt errichtet. Noch heute wird man bei einer Donaurundfahrt auf dem Schiff durch dieses alte Einlaufwerk geschleust.

Der Donaukanal im Zentrum von Wien

Der Wienfluss: Eine Reise durch die Wiener Unterwelt

In den Donaukanal mündet der Wienfluss, der in historischer Zeit auch immer wieder für Überschwemmungen gesorgt hat. Von diesem Wasserlauf sieht man heute im Wiener Stadtgebiet kaum noch etwas. Er wurde fast vollständig überbaut und fließt seit 1899 durch unterirdische Tunnel.

Der Wienfluss und die parallel dazu angelegten Sammelkanäle sind, wie auch viele andere unterirdisch fließende Bäche Wiens, Bestandteile eines ausgeklügelten unterirdischen Kanalsystems. Dort fließen alle Abwässer der Stadt zusammen und werden in eine Kläranlage im Bezirk Simmering geleitet. Wien verfügt über ein 2.300 km langes Kanalnetz.

Der Wienfluss tritt im Wiener Stadtpark aus seinem Tunnel.

Heute gibt es Führungen durch die Wiener Kanalisation. Natürlich riecht es dort unten nicht gerade gut, aber du erfährst viel Interessantes über eine der wichtigsten Einrichtungen einer Großstadt. Vor dem Ausbau der Kanalisation waren die umliegenden Gebiete immer wieder von Hochwassern betroffen.

Bei einer Führung durch das Wiener Kanalnetz

Man leitete die stinkenden und verunreinigten Abwässer in die Bäche und Flüsse. Ratten fühlten sich entlang der schmutzigen Wasserläufe recht wohl und übertrugen tödliche Krankheiten auf die Menschen.

Übrigens: Die Wiener Kanalisation wurde durch einen Filmklassiker aus dem Jahre 1949 weltweit bekannt. Dabei handelt es sich um den britischen Spionagethriller „Der Dritte Mann".

Die seltsame Unterwelt des Kanalnetzes der Stadt hat auch andere Regisseure dazu verleitet, dort Szenen für ihre Filme zu drehen. Die Kommissare der Krimiserien „Kottan ermittelt" und „Kommissar Rex" haben ebenfalls im übelriechenden Wiener Untergrund nach Verbrechern gesucht.

Obdachloser in der Wiener Kanalisation (um 1900)

Bis heute stößt man im Wiener Kanalnetz gelegentlich auf Obdachlose, die sich vor allem während der kalten Jahreszeit dorthin zurückziehen, um sich aufzuwärmen und um die Nächte dort zu verbringen.

2.6 Wiens einzigartige Umgebung

Verkehrsknoten an der Wiener Südosttangente

Wien verdankt seine Existenz seiner einzigartigen Lage an einem der bedeutendsten Verkehrsknoten Europas. Der städtische Ballungsraum befindet sich am nordöstlichen Ausläufer der Alpen im Wiener Becken direkt an beiden Ufern der Donau, einer der bedeutendsten europäischen West-Ost-Verbindungen seit der Zeit des Römischen Imperiums.

Die Donau durchbricht in der sogenannten „Wiener Pforte" bei Wien zwei Gebirgsketten: Die Alpen im Süden und die Berge der Klippenzone, die im Norden eine hügelige Verbindung zu den Karpaten darstellen.

Somit bildet sie ein Tal zwischen Leopoldsberg und Bisamberg, durch das der Handelsverkehr per Schiff und Straße hindurchmusste.

Wichtige Nord-Süd-Verbindungen bestehen naturgemäß entlang des Ostrandes der Alpen, die man dort bequem umgehen kann. Dann ist da noch die Nähe der Marchmündung in die Donau. Entlang der March führten einst sehr wichtige Handelswege bis an die Ostsee.

Die Wiener Pforte (1679) zwischen Leopoldsberg und Bisamberg

Heuriger (Buschenschank) an den Hängen des Wienerwaldes. Im Hintergrund der Leopoldsberg

Das Klima wurde zu allen Zeiten als angenehm im Vergleich zu den alpinen Regionen empfunden und die Umgebung im Wiener Becken, im Marchfeld und im Weinviertel besteht aus fruchtbaren Böden, die landwirtschaftlich intensiv genutzt werden können.

Darüber hinaus ermöglichen die von Löss bedeckten Terrassen und Hänge am Rande des Wienerwaldes seit der Römerzeit bis heute den Anbau von Weinkulturen, deren Erträge in alle Welt exportiert werden.

Für Ausflüge hat die Wiener Umgebung sehr viel zu bieten. In nur einer Stunde Fahrzeit ist man im Gebiet von Schneeberg und Rax mitten im Hochgebirge auf über 2 000 Meter.

Der Schneeberg. An klaren Tagen kann man ihn von Wien aus sehen.

Wem das Klima in den Bergen zu rau ist, der kann in Richtung Tiefebene zum Neusiedler See, einem der letzten flachen und leicht salzhaltigen Steppenseen der Welt, mit seinem einmaligen Schilfgürtel und seinen Naturreservaten fahren.

Der Neusiedler See mit seinem Schilfgürtel im Winter

Wenn du wenig Zeit hast, bist du im Nu im Wienerwald mit seinen ausgedehnten Laubwäldern und naturbelassenen Blumenwiesen. Wenn du einen richtigen Urwald mit urtümlichen Flussarmen und exotisch wirkenden Tier- und Pflanzenarten sehen möchtest, setz dich einfach aufs Fahrrad und fahr die Donau entlang nach Südosten in die Lobau.

Mit viel Glück wirst du dort Wildschweine, Wasserschildkröten, Biber, Reiher und andere selten gewordene Vogelarten beobachten können.

Im Folgenden sollen all diese unterschiedlichen Landschaften beschrieben werden.

Lobau (Donauauen), Lainzer Tiergarten (Wienerwald) und Pustalandschaft (Nationalpark Seewinkel)

Skizze der Landschaften in der Umgebung von Wien

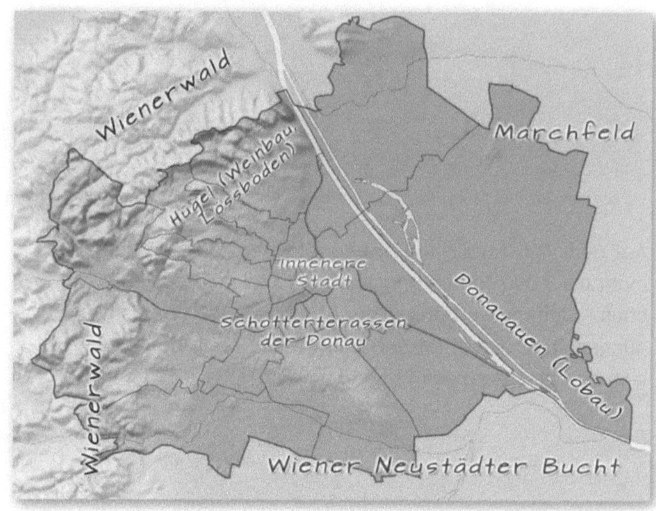

Der Wienerwald

Blick über den Wienerwald auf die südlichen Vororte der Stadt im Wiener Becken

Der Wienerwald ist der östlichste Ausläufer der Nordalpen. Das 45 km lange und 20 bis 30 km breite Bergland ist großteils bewaldet und bildet ein beliebtes Naherholungsgebiet der Wiener Bevölkerung. Die Berge um Wien bestehen aus weichem Sandstein (Flysch) und erreichen Höhen zwischen 300- und 500 Meter. Der südliche Teil des Wienerwaldes gehört bereits zu den nördlichen Kalkalpen.

Das Gebiet ist ein einzigartiges, dünn besiedeltes Erholungsgebiet, wie es wohl kaum eine zweite Stadt in der Größenordnung von Wien in ihrer Umgebung hat. Der Wienerwald ist dicht mit Laubbäumen (hauptsächlich Buchen) bewaldet. Dazwischen liegen ausgedehnte und naturbelassene Blumenwiesen. Die westlichen Bezirke Wiens reichen bis auf die Hänge des Wienerwaldes.

Die der Sandsteinzone vorgelagerten sanften Hügel dehnen sich weit in das Stadtgebiet hinein aus. Zum Teil sind sie mit fruchtbarem Löss bedeckt.

Dieser Löss ist ein feiner Staub aus den Vorlandgebieten der alpinen Gletscher. Er wurde von den Winden während des Eizeitalters abgelagert und bietet seit Jahrtausenden einen idealen Boden für den Weinbau.

Die markantesten Erhebungen am Westrand Wiens sind der Leopoldsberg, der Kahlenberg, der Vogelsangberg und der Hermannskogel.

Blick vom Wiener Donauturm nach Westen auf den Wienerwald, den Donaudurchbruch der Wiener Pforte und den Bisamberg (2013)

Auf dem 425 Meter hohen Leopoldsberg wurden seit mehr als 3 000 Jahren immer wieder von unterschiedlichen Stammesverbänden und Herrschern Befestigungsanlagen errichtet und noch heute noch befindet sich dort eine Burg samt Kirche.

Stift Klosterneuburg

Kirche auf dem Leopoldsberg

Auf der westlichen Seite des Berges liegt Klosterneuburg mit seinem berühmten Stift, einer Gründung der Babenberger aus dem Hochmittelalter.

1872 wurde anlässlich der Wiener Weltausstellung auf den einmaligen Aussichtsberg eine der ersten Seilbahnen der Welt gebaut. Heute kann man den Gipfel zu Fuß über den steilen „Nasenweg" und mit dem Auto über die Höhenstraße erreichen.

Die Wiener Höhenstraße ist eine beliebte Aussichtsstraße und führt über die Berghänge des Wienerwaldes. Die Straße wurde in den Jahren 1932 bis 1938, also zur Zeit der schlimmsten Wirtschaftskrise, erbaut. Im Kampf gegen die damalige Massenarbeitslosigkeit wurde der Einsatz von Maschinen stark eingeschränkt

Die Wiener Höhenstraße mit den alten Pflastersteinen aus den 1930er Jahren

und die Arbeiten mussten von den Menschen mit einfachen Werkzeugen verrichtet werden.

Dabei wurden zunächst Männer des Arbeitsdienstes eingesetzt. Die Arbeiter lebten in Lagern und mussten graue Uniformen tragen. Die Arbeiten an der Höhenstraße kamen aber erst so richtig in Schwung, als nach und nach 74 Firmen mit 600 Mitarbeitern mit dem Bau beauftragt wurden.

Die Zahnradbahn auf den Kahlenberg auf einer alten Ansichtskarte (1905)

Auf den Kahlenberg führte in der Zeit zwischen 1874 und 1919 eine dampflokgetriebene Zahnradbahn. Auch diese Attraktion gehört längst der Vergangenheit an. Das heutige Wahrzeichen des Kahlenberges ist ein 165 m hoher Sendemast, der zur Verbreitung von TV- und UKW-Programmen sowie für Richtfunkzwecke dient.

Der Kahlenberg mit Sendemast

Außerdem befinden sich auf diesem markanten Aussichtsberg ein Restaurant und ein modernes Veranstaltungszentrum.

Das Wiener Becken

Der Großteil des Ballungsraumes von Wien liegt im Wiener Becken, welches östlich des Alpenostrandes liegt und aus Ebenen und sanften Hügellandschaften besteht. Begrenzt wird es im Osten von den Kleinen Karpaten in der Slowakei und dem Leithagebirge entlang der Grenze zum Burgenland. Richtung Ungarn geht es fließend in die Pannonische Tiefebene über.

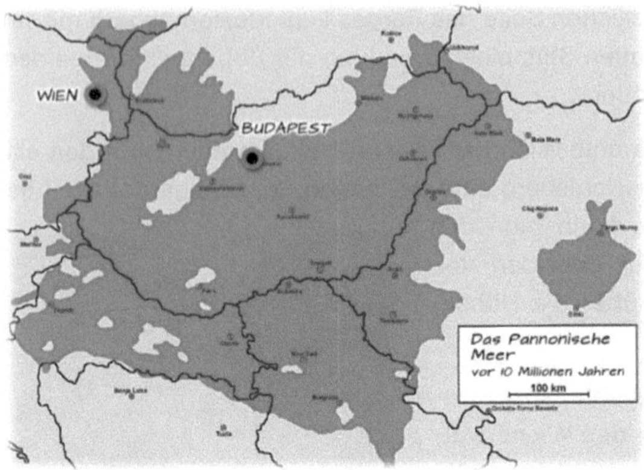

Das Pannonische Meer vor etwa 10 Millionen Jahren

Kaum vorzustellen, aber diese Beckenlandschaft war im Tertiär etwa 50 Millionen Jahre lang eine mehrere hundert Meter tiefe Meeresbucht. Sie wurde langsam von den Ablagerungen der einmündenden Flüsse zugeschüttet und ist heute bis zu sechs Kilometer tief mit Flussablagerungen bedeckt. Als sich das Wasser vor 5 bis 10 Millionen Jahren zurückzog, hinterließ es zwei riesige, nur etwa ein Meter tiefe Steppenseen, den Neusiedler See und den Balaton in Ungarn.

Das Wiener Becken hat eine Ausdehnung von etwa 50 × 200 km und liegt zu etwa 80 Prozent in Niederösterreich und Wien, der nördlichste Teil hingegen in Tschechien und der Slowakei.

Die großen, fruchtbaren und landwirtschaftlich intensiv genutzten Ebenen erstrecken sich nördlich und südlich der Donau. Der südliche, dreieckförmige Teil wird auch als „Wiener Bucht" bezeichnet und reicht bis hin zum Bergland der „Buckligen Welt" südlich von Wiener Neustadt.

Zu den Hauptsehenswürdigkeiten in der Wiener Bucht zählen das romantische Wasserschloss von Laxenburg mit seinem riesigen Schlosspark und die Reste der alten römischen Großstadt Carnuntum, welche die Hauptstadt der römischen Provinz Pannonien war und zu ihrer Blütezeit im 3. Jahrhundert n. Chr. etwa 50 000 Einwohner zählte.

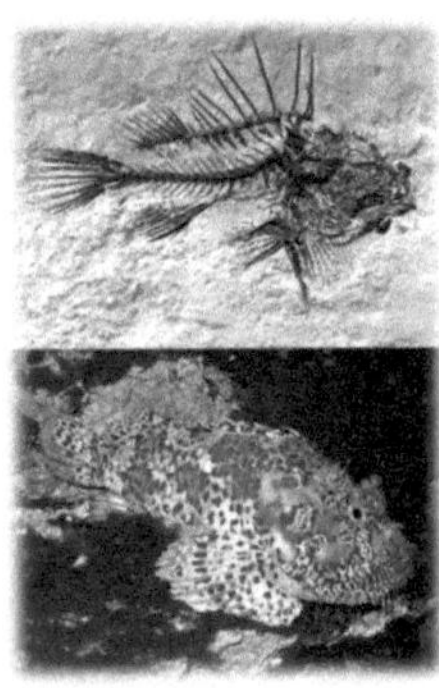

Fossiler Skorpionfisch aus dem Pannonischen Meer; St. Margarethen (Burgenland)

Schloss Laxenburg (links); Rekonstruktion der römischen Therme in Carnuntum (rechts)

Die nördlich an die Donau angrenzende Ebene wird Marchfeld genannt. Das Marchfeld wird von einer flachen, etwa 40 Meter hohen alten Schotterterrasse der Donau aus der letzten Eiszeit durchzogen. Diese Geländestufe ist der mit fruchtbarem Löss bedeckte Wagram, auf dem Trauben, Marillen und Kirschen sehr gut gedeihen. Das Marchfeld gilt als die „Kornkammer Österreichs".

Weingärten am Wagram bei Stetteldorf

Erbsenernte im Marchfeld

Es herrschen Monokulturen auf riesigen Feldern vor, die intensiv gedüngt und künstlich bewässert werden müssen.

Das Marchfeld ist nämlich mit einem durchschnittlichen Jahresniederschlag von unter 550 Millimetern das trockenste Gebiet Österreichs.

Die Donau-Auen

Altarm der Donau in der Lobau

Der Nationalpark Donau-Auen erstreckt sich über 38 Kilometer entlang der Donau von Wien bis zur Mündung der March an der Grenze zur Slowakei. Er ist eine der größten weitgehend intakten Aulandschaften Mitteleuropas. Das Gebiet hat eine Länge von 38 Kilometern. Die breiteste Stelle beträgt kaum vier Kilometer. Im Stadtgebiet von Wien trägt diese Aulandschaft die Bezeichnung „Lobau".

Da die Donau auf ihrer gesamten Strecke reguliert und in Wien außerdem noch aufgestaut wurde, sind die zahlreichen alten Flussarme zu stehenden Altwässern ohne Verbindung zur Donau geworden. Im Jahre 1984 verhinderten massive Proteste und Aubesetzungen von Umweltschützer/innen, dass die Donau bei Hainburg ein weiteres Mal aufgestaut wurde. 1996 wurde das Gebiet zum Nationalpark erklärt. Teile des alten Hochwasserschutzes wurden rückgebaut, sodass die Altarme bei einem hohen Wasserstand der Donau wieder geflutet werden.

Wasserlilien

Seerosen

In diesem Nationalpark wurden bisher mehr als 700 Pflanzenarten, mehr als 30 Säugetier- und 100 Brutvogelarten, 8 Reptilien- und 13 Amphibienarten sowie an die 50 Fischarten festgestellt. Nun, ein reiner Urwald sind die Donauauen auch wieder nicht, obwohl man manchmal im dichten Gestrüpp und an den urtümlich wirkenden Gewässern diesen Eindruck bekommt. Der Nationalpark wird von einem Wegenetz durchzogen, auf dem man ausgedehnte Wanderungen unternehmen oder Radfahren kann. Wenn man möchte, kann man auch an von Nationalpark-Rangern geführten Wanderungen und Bootstouren teilnehmen.

An einigen Eingängen zum Park befinden sich Besucherzentren, in denen die Lebensräume sowie Tiere und Pflanzen der Nationalpark-Region präsentiert werden. Eine besondere Attraktion ist dort eine begehbare Unterwasserstation mit heimischen Fischen.

Einige der zahlreichen Fischarten in den Altarmen der Donau-Auen

Inmitten der Donauauen liegt das berühmte Schloss Eckartsau. Es diente dem letzten Habsburger Kaiser Karl I. im Jahre 1918 nach dem Zusammenbruch der Donaumonarchie als Zufluchtsstätte, bevor er von der neuen Regierung unter Dr. Karl Renner für immer aus Österreich verbannt wurde.

In den Wiener Donau-Auen fand im Jahre 1809 die Schlacht bei Aspern zwischen den Heeren Napoleons und österreichischen Truppen statt. Dieses Massaker forderte auf beiden Seiten etwa 55 000 Todesopfer. Diesmal konnte Napoleon besiegt werden.

Schloss Eckartsau

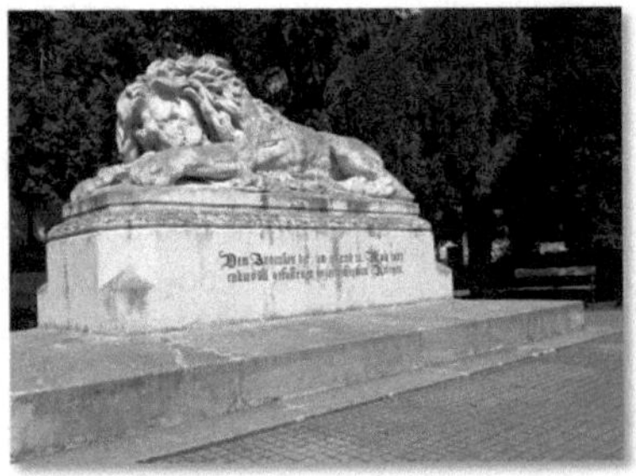

Erzherzog Karl mit seinem Stab in der Schlacht bei Aspern am 22. Mai 1809 (links);
Der Löwe von Aspern soll den besiegten Kaiser der Franzosen, Napoleon Bonaparte, darstellen (rechts).

Die Freude der Österreicher sollte jedoch nicht lange andauern. Nur sechs Wochen später wurde die österreichische Armee in der Schlacht bei Deutsch-Wagram, nur wenige Kilometer von Aspern entfernt, im Marchfeld geschlagen. In der Folge konnten Napoleons Truppen Wien besetzen. Diesmal kamen an die 78 000 Soldaten ums Leben.

Karte des Nationalparks zwischen Wien und der Marcheinmündung in die Donau

Satellitenbild der Lobau in Wien. Rechts erkennt man die Pisten des Flughafens Wien-Schwechat.

Wildschwein, Ringelnatter und Teichfrosch in den Donau-Auen

2.7 Politik und Szene

Die aktuelle parteipolitische Landschaft Wiens

Bürgermeister
Dr. Michael Häupl

Wie du vielleicht im Abschnitt zur Neueren Geschichte gelesen hast, wurde Wien seit dem Entstehen der Republik Österreich nach dem Ersten Weltkrieg immer von Sozialdemokraten regiert. Manchmal stimmte eine absolute Mehrheit der Wähler für „Rot", manchmal mussten die Sozialdemokraten Koalitionen eingehen. In der Vergangenheit fanden sie ihren Koalitionspartner immer in der Wiener ÖVP, die im politischen Spektrum als christlich-sozial bzw. konservativ ausgerichtet gilt.

Derzeit wird Wien erstmalig von einer Rot-Grünen-Koalition verwaltet. Die SPÖ (Sozialdemokratische Partei Österreichs) stellt nach wie vor den Bürgermeister (Michael Häupl). Die zweitstärkste Fraktion in der Koalition sind die Grünen. Deren Parteichefin Maria Vassilakou ist gleichzeitig Vizebürgermeisterin und Stadträtin für Stadtentwicklung, Verkehr, Klimaschutz, Energieplanung und Bürger/innenbeteiligung.

Vizebürgermeisterin
Maria Vassilakou

Wie haben aber die Ergebnisse der letzten Wahlen ausgesehen? Welche Parteien sind in Wien angetreten und wie viele Stimmen haben sie bekommen?

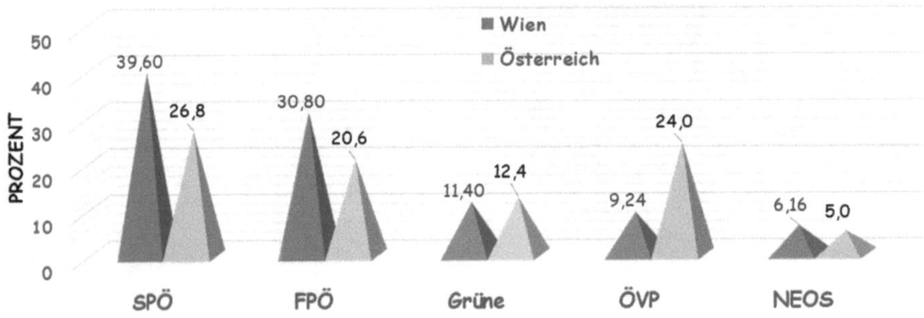

Wahlergebnisse der letzten Gemeinderatswahlen in Wien 2015 und der Nationalratswahlen in ganz Österreich 2013

Wie du siehst, haben in Wien die Sozialdemokraten (SPÖ) und die Freiheitlichen (FPÖ) mehr Stimmen bekommen, als dies bei der letzten Nationalratswahl in ganz Österreich der Fall war.

Die Österreichische Volkspartei hat in Wien nur 9,24 Prozent der Stimmen erhalten und schneidet daher viel schlechter ab als in den übrigen Bundesländern.

Was bedeuten die Abkürzungen für die einzelnen Parteien in der Grafik? Hier die Erklärung:

Sozialdemokratische Partei Österreichs (SPÖ)
Freiheitliche Partei Österreichs (FPÖ
Österreichische Volkspartei (ÖVP)

Die Grünen – Die Grüne Alternative (GRÜNE)
Das Neue Österreich und Liberales Forum (NEOS)

Der traditionelle Maiaufmarsch der Sozialdemokraten in Wien am 1. Mai 2012. Er fand zum ersten Mal im Jahre 1921 statt und ist immer noch eine der größten derartigen Veranstaltungen einer Arbeiterbewegung weltweit.

Politik und Alternativkultur abseits der großen Institutionen

Politik besteht nicht nur aus Parteipolitik. Gerade in einer Großstadt gibt es zahlreiche Vereine und Initiativen, die unsere Gesellschaft mitgestalten wollen. Diese Interessenverbände reichen von den Vertretungen internationaler Organisationen (Nichtregierungsorganisation, im Englischen auch *„non-governmental organisation"* bzw. „NGO" genannt) bis hin zu kurzlebigen Bürgerinitiativen und Zusammenschlüssen von Menschen, denen es um die Erreichung ganz spezieller Ziele geht.

Die ersten Vorläufer der Nichtregierungsorganisationen finden sich bereits im 19. Jahrhundert. 1839 wurde die erste Menschenrechtsorganisation, die *„Foreign Anti-Slavery Society"* (Anti-Sklaverei-Gesellschaft), gegründet.

Mit dem Roten Kreuz entstand 1863 die erste humanitäre Organisation der Welt.

NGOs sind Vereinigungen, die sich insbesondere sozial- und umweltpolitisch engagieren und zwar unabhängig von einer Beziehung zur UNO oder zu einem Staat.

Die Bezeichnung NGO hat sich jedoch erst seit 1945 durchgesetzt. Weitere bekannte Beispiele für NGOs sind Greenpeace, Global 2000, die Caritas oder Human Rights Watch.

Bürgerinitiativen organisieren sich meist auf lokaler Ebene und richten sich häufig gegen Bauprojekte, die von den Anrainern als störend empfunden werden.

Aktuelle Beispiele sind:

„Rettet den Augartenspitz", „BI Gegen das Komet-Hochaus", „Hochhaus Monte Laa", „Mehrwert Simmering ohne B228", „BI Rettet die Lobau – Natur statt Beton", „Steinhof erhalten", „BI Flötzersteig gegen Müllverbrennungsanlage" ...

Wiener Regenbogenparade

Eine Großstadt bietet auch viel Platz für Initiativen, die sich für bessere Lebensbedingungen von Menschen einsetzen, die immer wieder Diskriminierungen ausgesetzt waren und es bis heute sind.

Bürgerinitiative: Aktivistin gegen die Verbauung von Grünland im Augarten (Augartenspitz)

Hier sei zum Beispiel die Homosexuelle Initiative Wien (HOSI Wien) genannt, die auch die jährliche Regebogenparade von Lesben und Schwulen auf der Wiener Ringstraße organisiert. Diese bunte Demonstration ist auch bei vielen Wien-Besuchern sehr beliebt.

Demonstration der Initiative „Stopp ACTA" gegen die Verschärfung des Urheberrechts im Internet

Oder die Arbeitsgemeinschaft umweltfreundlicher Stadtverkehr (ARGUS), die bessere Bedingungen im Stadtverkehr für Radfahrer/innen erreichen möchte.

Gelegentlich wurden auch Gesetze verletzt, um politische Ziele zu erreichen. Das ist nichts Neues in der Geschichte der Menschheit. Manchmal werden geltende Bestimmungen den Anforderungen der Zeit nicht mehr gerecht. Es ist kein Zufall, dass Revolten und Revolutionen meistens von großen Ballungszentren ausgegangen sind.

Nun, wir leben in einem demokratischen Rechtsstaat, der im Laufe der Geschichte schwer erkämpft werden musste. Wenn es in Wien in den letzten Jahren zu Konflikten kam, dann wurde zumindest versucht, eine möglichst friedliche Lösung zu finden. Vor allem, wenn die „Gesetzesbrecher" Rückhalt in breiteren Schichten der Bevölkerung fanden.

Beispiele dafür sind zahlreiche Hausbesetzungen und die Okkupation des Schlachthofs St. Marx durch Kulturschaffende.

Beispiel Arena:

1976 wurden Teile des aufgelassene Schlachthofs St. Marx illegal besetzt. Die Gebäude mit ihrer interessanten Industriearchitektur aus dem 19. Jahrhundert sollten abgerissen werden. An der mehr als drei Monate andauernden Besetzung beteiligten sich auch bekannte Persönlichkeiten aus der Austropop-Szene mit Auftritten und der Forderung, die Arena als ständiges Kulturzentrum zu erhalten.

Graffiti an den Wänden der Arena

Politisches Engagement, künstlerische Kreativität und unterschiedliche Lebensstile vermischen sich zur „Szene" einer Großstadt. Wie schon in vergangenen Zeiten wird bisher Unbekanntes oft als Provokation empfunden und bewegt sich häufig am Rande dessen, was die gerade bestehenden Gesetze erlauben.

Die Arena, der ehemalige Inlandschlachthof von Wien, ist heute ein Kulturzentrum.

Im Oktober 1976 eskalierte die Lage und die Gebäude des Auslandsschlachthofes wurden schließlich doch abgerissen, wobei die Besetzung insgesamt relativ gewaltfrei und ohne große Polizeieinsätze verlief.

Auftritt der US-amerikanische Musikerin, Lyrikerin und Kabarettistin Amanda Palmer in der Wiener Arena

Schließlich unterbreitete die Stadt Wien den Aktivisten das Angebot, die „Arena", den benachbarten ehemaligen Inlandschlachthof, zur Verfügung zu stellen. Dieser Vorschlag wurde von manchen Besetzern aufgegriffen, für die Radikaleren unter ihnen waren jegliche Verhandlungen darüber „Verrat". Im Juli 1977 kam es schließlich zu einer Einigung, sodass die Arena seither auf dem dortigen Gelände untergebracht ist und heute aus der Kulturszene der Stadt kaum noch wegzudenken ist.

The Bottrops (links) und Biedermann (rechts) in der Arena (2010)

Beispiel Ernst-Kirchweger-Haus:

Das Ernst-Kirchweger-Haus (EKH) in Wien-Favoriten wurde 1990 durch linke bzw. autonome Aktivisten und den türkischen Verein ATIGF besetzt. Zum Zeitpunkt der Besetzung war ein Großteil des Gebäudes bereits seit Jahren unbenutzt.

2004 verkaufte die Eigentümerin, die KPÖ (Kommunistische Partei Österreichs), das Ernst-Kirchweger-Haus an eine Immobiliengesellschaft, deren Geschäftsführer Kontakte zur rechtsextremen Szene hatte. Das löste ei-

Das Ernst-Kirchweger-Haus

nen Sturm der Entrüstung aus und auch die spätere Literaturnobelpreisträgerin Elfriede Jelinek sprach sich damals für den Weiterbestand des autonomen Hauses aus.

Im Jahre 2008 wurde der Konflikt endgültig gelöst, nachdem alle im Haus vertretenen Gruppen Mietverträge unterzeichnet hatten. Die Besetzung wurde für beendet erklärt. Heute ist dort ein weit über die Grenzen Wiens hinaus bekanntes Zentrum der autonomen Szene und beherbergt einige politisch, kulturell und sozial engagierte Gruppierungen und Projekte.

Klärung einiger Begriffe:

Die Menschen, von denen hier in Zusammenhang mit der Kultur- und Hausbesetzerszene erzählt wurde, gehören unterschiedlichen politischen Gruppierungen bzw. Interessensgruppen an. Trotzdem werden sie immer der linken Szene zugeordnet. Und es werden Bezeichnungen wie „autonom" und „alternativ" verwendet.

Hier ein Versuch, diese Begriffe in Kürze zu erklären:

* „Links":

Unter der politisch Linken versteht man ein sehr breit gefächertes Spektrum an weltanschaulichen Strömungen. Alle haben sie gemeinsam, dass sie von einer Gleichheit der Menschen ausgehen und eine Politik zu Gunsten der sozial Benachteiligten betreiben wollen.

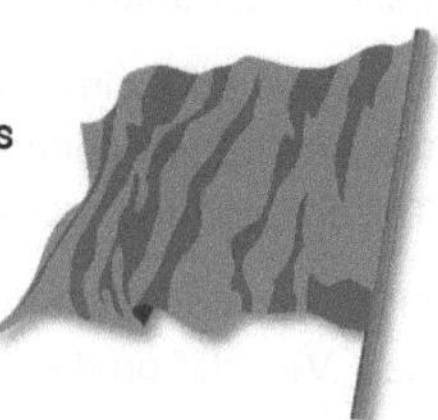

Der Begriff „links" stammt aus der Zeit nach der Französischen Julirevolution von 1830. Damals saßen Abgeordnete der antimonarchistisch, liberal und republikanisch eingestellten Opposition im Parlament.

Später wurde der Begriff der „Linken" auf alle sozialistischen, sozialdemokratischen, kommunistischen und anarchistischen Parteien und Gruppierungen übertragen. Symbol der sozialistischen und der kommunistischen Bewegung ist die rote Fahne.

* „Autonom":

Als „Autonome" gelten heute Mitglieder bestimmter unabhängiger linksradikal-libertärer beziehungsweise anarchistischer Bewegungen. Sie sind nicht zentral und straff organisiert, wie etwa politische Parteien, sondern in sogenannten Bezugsgruppen. Diese stehen untereinander in loser Verbindung und bauen je nach Bedarf Netzwerke auf. Autonome streben nach selbstbestimmten Freiräumen, die unabhängig von der bestehenden Gesellschaftsordnung sind. Daher verfolgen sie antiautoritäre, sozialrevolutionäre und dem Anarchismus nahestehende Ideale. Ein häufig benutztes Logo von Anarchisten und Autonomen ist der Buchstabe A in einem Kreis. Anarchisten lehnen jede Herrschaft von Menschen über andere Menschen und jede Art von Hierarchie als Form der Unterdrückung von Freiheit ab.

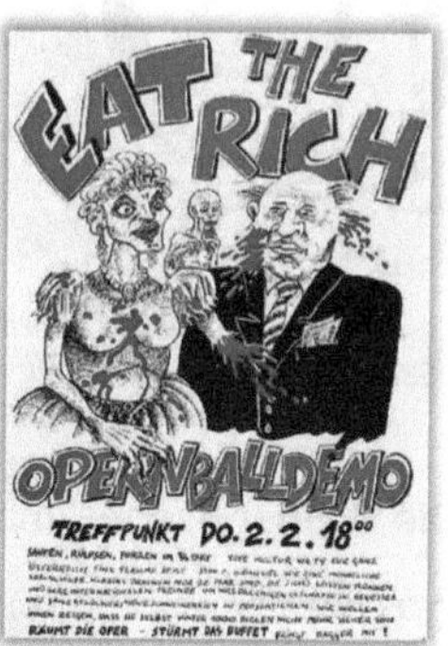

Plakat: Aufruf zu einer Demonstration gegen den Wiener Opernball

* „Alternativ":

Das ist ein Sammelbegriff für gesellschaftliche Strömungen und Gruppierungen, die starr empfundene gesellschaftliche Normen und Prozesse verändern wollen. Ihre Reformen möchten sie unabhängig vom etablierten Parteien- und Institutionensystem umsetzen. Die 68er-Bewegung in Europa und den USA gilt vielen „Alternativen" als Vorbild.

Alternative Kulturen umfassen unterschiedliche politische, gesellschaftliche und kulturelle Ansätze, wie die Ökologiebewegung, Frauenbewegung, Hippiebewegung oder die „Flower-Power-Bewegung" sowie diverse Jugend- und Subkulturen.

Die klassische Linke, wie sie vor allem in den traditionellen Arbeiterbewegungen zum Ausdruck kommt, wird zum Teil als „veraltet" abgelehnt.

Oder noch deutlicher: Man bezichtigt den Sozialismus des „Verrats" an dessen eigenen ursprünglichen Idealen.

Aktionstag anlässlich des Internationalen Frauentages vor dem Parlament

Insofern ist die „Alternativszene" etwas relativ Neues. Der Begriff „alternativ" wurde erst im letzten Viertel des 20. Jahrhunderts geprägt.

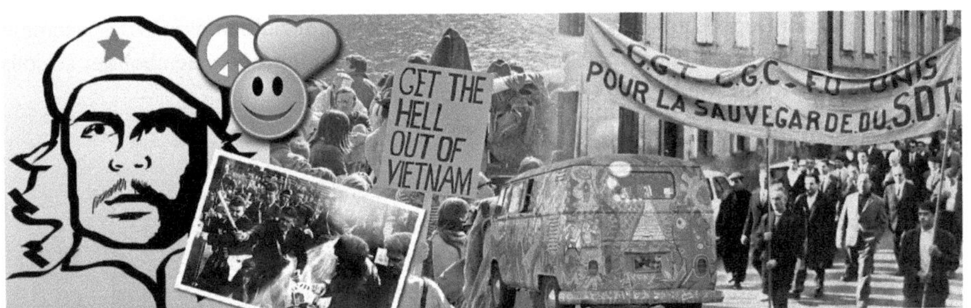

Große Teile der alternativen Szenekultur beruhen auf Vorbildern und Symbolen der sogenannten 68er-Generation. Diese Zeit war weltweit von Auflehnung gegen die Elterngeneration, Demonstrationen gegen die herrschenden politischen Systeme, Revolten und Protesten gegen Krieg und Gewalt geprägt.

Die Wiener Szene- und Jugendkultur heute

Was heißt hier Szene? Eigentlich sind es viele Szenen, in denen sich die heutige Jugendkultur abspielt. Seit den 70er Jahren war sie fast ausschließlich von der linken alternativen Szene, von Punks und Autonomen geprägt. Aber gab es nicht auch so etwas wie eine rechte Jugendkultur?

Die Antwort ist: Ja! Gegner der Punks und Alternativen waren zum Beispiel die sogenannten Skinheads. Der Name stammt von der nackten Haut auf ihren Köpfen. Sie hatten nämlich eine Glatze oder zumindest sehr kurz geschorene Frisuren.

Nun darf man nicht alle Skinheads in einen Topf werfen. Da gab und gibt es linke, unpolitische und rechte Skins. Speziell in Europa, also auch in Wien, wurde die Skinhead-Szene seit den

1980er Jahren sehr stark von sogenannten „Naziskins", also rechtsextremen und rassistischen Jugendlichen, dominiert, die sich auch gerne im Umfeld der Hooligan-Szene aus gewaltbereiten Fußballfans bewegten.

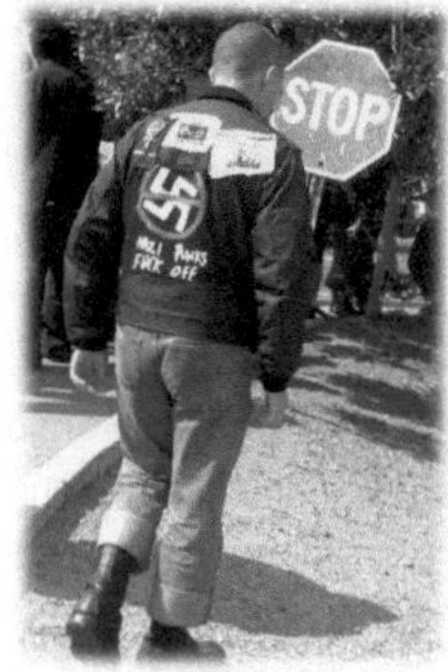

Naziskinhead

Die Medien berichteten fortan hauptsächlich über diese rechtsextremen Skins und nicht lange danach begannen Neonazis, die vorher nichts mit der Skinheadkultur zu tun hatten, den Skinhead-Look zu übernehmen.

Die Neonaziszene selbst soll hier nicht ausführlicher beleuchtet werden.

Nur so viel: Rechtsextremistisches Gedankengut findet sich nicht nur in der Jugendkultur und reicht bis hinein in die politische Parteienlandschaft und in rechte Burschenschaften, wo immer wieder einzelne Personen durch entsprechende Äußerungen bzw. Verhaltensweisen auffallen. Zahlreiche neonazistische Organisationen bezeichneten sich als „Wehrsportgruppen", die das staatliche Gewaltmonopol nicht anerkannten.

Polizeieinsatz gegen Hooligans vor dem Ernst-Happel-Stadion

Skinheads bei einem Konzert

Gottfried Küssel

In diesen Vereinigungen fanden sich auch viele Jugendliche. In Österreich waren es vor allem die Wehrsportgruppe Trenck und die *„Volkstreue außerparlamentarische Opposition"* (VAPO) unter Gottfried Küssel, die immer wieder Aufsehen erregten.

In den 1960er- und 70er-Jahren war die Jugendkultur rebellisch. Sie ging zur etablierten Kultur auf Konfrontationskurs. Unangepasste Kleidung und Aufbegehren gegen die Werte der Generation des Wiederaufbaus nach dem Zweiten Weltkrieg gehörten dazu.

Heute hat sich einiges geändert. Die Jugendkultur führt kaum noch einen offensiv geführten Kulturkampf gegen

Punkrock: Billy Idol beim Donauinselfest

die Welt der Mütter und Väter. Die Eltern selbst sind ja bereits zu Zeiten der 68er-Generation geprägt worden und haben damals gegen die gesellschaftlichen Normen aufbegehrt. Viele von ihnen waren auch Teil der damaligen Alternativszene. Ein Großteil ihrer Forderungen wurde bereits von der etablierten Politik umgesetzt.

Deshalb konnten sie aus ihren subkulturellen Nischen heraustreten und ihre Gesinnungen sind über weite Strecken mehrheitsfähig geworden.

Den „typischen Erwachsenen" gibt es heute ebenso wenig wie den „typischen Jugendlichen". Ein vielfältiges Gemenge aus Weltanschauungen und Lebensstilen bestimmt immer mehr die Freizeitkultur aller Menschen, ob jung oder alt.

Ausschreitungen autonomer Gruppen in der Wiener City (2014)

Natürlich gibt es immer noch kleine Gruppen, die in einer radikalen Opposition zu den geltenden Normen und Konventionen stehen. Im Übrigen hat sich die Jugendkultur aber zu einer vielfältigen Freizeitwelt gewandelt. Sie ist in weiten Bereichen Ausdruck einer Konsumkultur geworden. Die alten politischen Kategorien von links und rechts beherrschen nicht mehr in dem Maß

Donauinselfest 2006

das Selbstverständnis der unterschiedlichen Szenen.

Aber von welchen Szenen ist hier die Rede? Und wie hat sich all das auf das Freizeitverhalten von Wiener Jugendlichen ausgewirkt?

Gegenwärtig bestimmen drei große Themen die Wiener Jugendkultur:

MUSIK, SPORT und MEDIEN

Als bedeutsame Szenen werden heute die Hip-Hop-Szene, die Techno-Szene, die Snowboarder- bzw. Skateboarder-Szene sowie die Szene der Computerspieler genannt. Einer Szene anzugehören, ist für Wiener Jugendliche ziemlich normal. Etwa drei Viertel aller 12- bis 19-Jährigen sind Szenemitglieder oder Sympathisanten.

Die Wiener Hip-Hop-Band Trackshittaz (Wiener Stadtfest 2012)

*** Musikszene:**

Zu diesen gehören neben musikalischen Darbietungen auch Graffiti, also Schriftzüge und Bilder an den Wänden, die nur der wirklich versteht, der den entsprechenden Szene-Code kennt.

Die Moral der Hip-Hopper dreht sich um Schlüsselbegriffe wie „Realness", „Competition" und „Respect". Sonst wollen Hip-Hopper vor allem Spaß haben und „Fame"

(Ruhm und Anerkennung in der Szene) genießen.

Techno prägte vor allem die Party- und Disco-Szene der 90er-Jahre. Man war offen

für neue Technologien und liebte die synthetische Produktion von Musik.

In starkem Gegensatz zu den Alternativbewegungen der frühen 80er-Jahre und zu Punk war Techno eine unpolitische und konsumorientierte Jugendbewegung. Man wollte einfach nur Spaß haben und mit *„Partying"* (= Party feiern) dem grauen Alltag entfliehen.

Der Flex Club am Donaukanal

Wer Lust auf Hip-Hop bzw. Rap oder Techno hat, findet diese Musikrichtungen in so ziemlich allen Diskotheken Wiens vor. Außerdem finden häufig Auftritte von entsprechenden Musikgruppen statt, vor allem in Lokalen der Clubszene, wie dem B72, dem Flex Club oder dem alten Kulturzentrum WUK (Werkstätten- und Kulturzentrum).

„A.geh wirklich?": Rap im Wiener Dialekt (Donauinselfest 2013)

✱ Funsportszene:

Das zweite große Szenethema der Gegenwart ist die Funsportszene. Vor allem die Brettsport-Szenen, Snowboard und Skateboard, liegen momentan auch in Wien im Trend. Hier stehen ebenfalls Spaß und Konsumorientierung im Vordergrund.

Politische Orientierungen spielen kaum eine Rolle. Die einfache Formel der Szenen lautet: Funsports = Bewegung + Lifestyle. Die Faszination, die von den Funsports ausgeht, liegt in ihrer Mischung aus körperlicher Aktivität, Mode, Marken und Musik. Wer in Funsport-Szenen unterwegs ist, hat nicht nur Fertigkeiten („Skills"), sondern auch „Style". Und das macht sie für Jugendliche attraktiv. In Wien sind es vor allem die Sportarten Skateboard, Beachvolleyball, Basketball und Inline, die viele Jugendliche in ihren Bann gezogen haben.

Skateboarding

Beachvolleyball

Skateboard ist, wenn man Umfragen unter Jugendlichen glaubt, die beliebteste Funsportart der Stadt. In Wien wurde viele Jahre lang nicht besonders auf die wirklichen Bedürfnisse der Skateboarder eingegangen. Zwar wurden kleine Skate-Parks angelegt, die überall in den Bezirken und

Skaten im Park

auf der Donauinsel zu finden sind, oft aber nur deswegen auffallen, weil sie mit großen Graffiti besprüht und verlassen sind.

Einige Brettsportler griffen zur Selbsthilfe und errichteten ihren eigenen Skatespot am Rande von Wien. Die Gemeinde war darüber nicht sehr glücklich und der Skatespot wurde aus „Haftungsgründen", wie es hieß, verboten. Vor allem im Winter war es für Brettsportler lange Zeit schwierig, da kaum überdachte Sportstätten existierten.

Zwar gibt es in Wien seit 2007 die durch die Stadt subventionierte Skatearea23. Zunächst war die Freude riesig, so konnte man das erste Mal seit Jahren wieder im Winter skaten. Doch schon sehr bald stellte sich heraus, dass die 500 m² Halle für die ständig wachsende Szene der Skater in der Stadt nicht ausreichte.

Alles verboten:
Schild in einer Wiener
Wohnhausanlage

Zahlreiche Vereine und Initiativen, teils auf Bezirksebene, versuchen, auf den Magistrat der Stadt Wien einzuwirken, um eine Verbesserung für die Skateboard-Szene zu bewirken.

Skatehallen in der Umgebung von Wien gibt es mittlerweile in Leobersdorf ("SK8 Indoor Skate Zone") und Wiener Neustadt (Skatehalle Wiener Neustadt).

Andere Funsportarten haben es da leichter. Für die Kletterszene ist beispielsweise gut gesorgt. Die Kletterhalle Wien verfügt allein indoor über 2.000m² Kletterfläche und bietet laufend Kurse, auch für Kinder und Jugendliche, an.

Die Kletterhalle Wien

✴ Medienszene:

Die dritte große Strömung der zeitgenössischen Jugendkultur ist die Medienszene. Die neuen Medien bieten vielfältige und noch nie in der Geschichte der Menschheit dagewesene Möglichkeiten der Kreativität, der Information und der Kommunikation.

Die Computer-Szene zählt weltweit zu den größten Jugendszenen der Gegenwart und ist ein Sammelbecken für computer- und kommunikationsbegeisterte Jugendliche. Ein Versuch, diese Szene bestimmten Weltanschauungen oder Lifestyles zuzuordnen, ist wohl zum Scheitern verurteilt. Es gibt zig Szenen in der Szene.

Gemeinsam ist den Anhängern der Medienszene nur eines: Sie sind den sogenannten „Neuen Medien" gegenüber sehr aufgeschlossen. Computer, Internet und Mobiltelefonie sind aus ihrem Alltag nicht mehr wegzudenken.

Trotz all der Vielfältigkeit der Szene hier ein Versuch, bestimmte Trends aufzuzeigen:

Da gibt es beispielsweise die „Gamer" oder die „Chatter" und „ICQ-Freaks", zu denen vor allem auch Mädchen und junge Frauen Zugang finden.

Darüber hinaus finden sich in der Computer-Szene ganz unterschiedliche Typen von Jugendlichen: Die einen sind fun- und actionorientiert und schätzen vor allem die schillernden und bunten Seiten der Jugend- und Popkultur. Einige von ihnen unterstützen durchaus auch politische oder soziale Anliegen. Andere wiederum vertreten ein eher konservatives Weltbild und wirken erstaunlich angepasst.

Für Computer- und Medienfreaks findet jährlich im Wiener Rathaus eine Großveranstaltung bei freiem Eintritt statt, die sogenannte „Gamecity". Im Jahr 2013 zählten die Veranstalter an die 63 000 Besucher.

Näheres zur Wiener Gamecity findest du unter http://www.game-city.at

Sportarten	Sport- und Fun-Hallen		
	Dusika	Ottakring	Donaustadt
Badminton	👍	👍	👍
Beachvolleyball	👍	👍	👍
Inlinehockey	👍	✗	✗
Streetbasketball	👍	👍	👍
Streetsoccer	👍	👍	👍
Tischfußball	👍	👍	👍
Tischtennis	👍	👍	👍
Kunstrasensoccer	✗	👍	👍
Outdoor-Skaten	✗	✗	👍
Indoor-Klettern	✗	✗	👍

Fun- und Sporthallen in Wien

Weitere Infos zum Thema Sport und Fun findet ihr unter http://www.sportundfun.at

Was passt zusammen und was stößt sich ab? Was ist näher beisammen, was ist weiter voneinander entfernt? Was sind deine Einschätzungen?

Versuche, die Kärtchen auf der nächsten Seite ungefähr so aufzulegen, dass alle Jugendszenen an ihrem richtigen Platz sind.

Für Szenen, die männlich dominiert sind, verwende bitte die grauen Kärtchen, wo Frauen vorherrschen, nimm bitte die schwarzen.

Lege jetzt bitte die Kärtchen an ihren richtigen Platz!

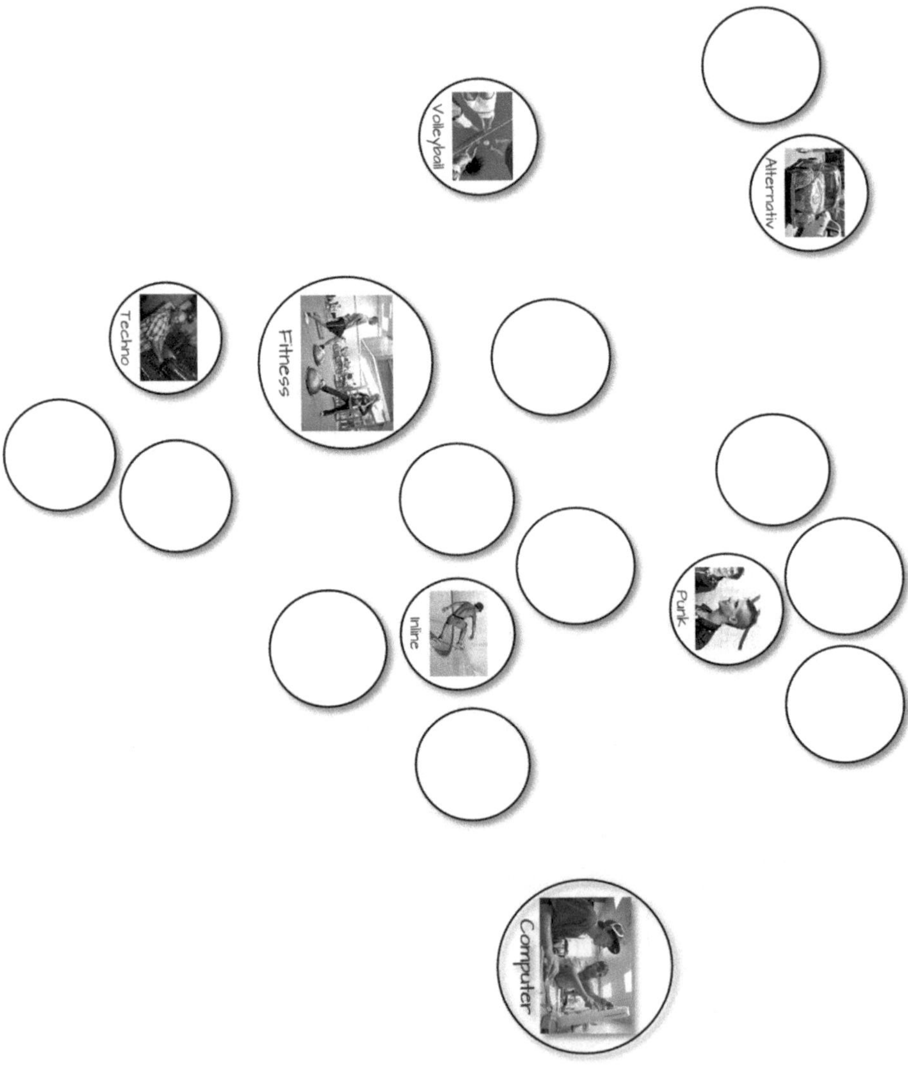

Hast du einigermaßen richtig geschätzt? Anhand der Ergebnisse einer Studie (Befragung von Jugendlichen) wurden die Szenen so angeordnet, wie du sie hier siehst!

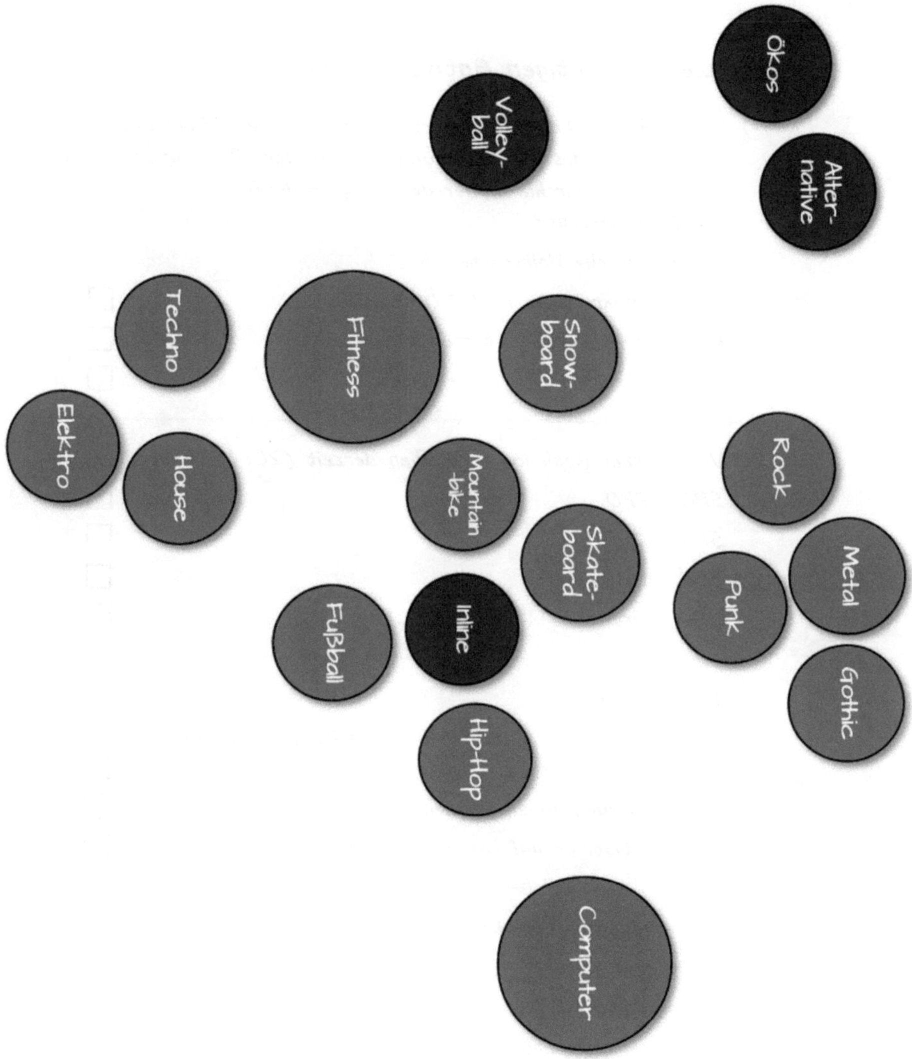

Die Ergebnisse zeigen auch, dass in den meisten Szenen Burschen in der Mehrheit sind (orange Kärtchen).

Nach einer Grafik von M. ZENTNER (2013; S. 3)

Multiple Choice

Kreuze die richtigen Antworten an:

1.) Welche Partei hat mit Unterbrechungen in den 30er- und
40er-Jahren des 20. Jahrhunderts seit dem Zusammenbruch der
k. und k. Monarchie immer den Bürgermeister
von Wien gestellt?

Österreichische Volkspartei

Sozialdemokratische Partei Österreichs ☐

Freiheitliche Partei Österreichs ☐

Sozial Liberale Partei Österreichs ☐

2.) Von welcher Koalition wird Wien derzeit (2014) regiert?

SPÖ - FPÖ ☐

SPÖ - ÖVP ☐

SPÖ - BZÖ ☐

SPÖ - Grüne ☐

3.) Was sind NGOs?

Vertretungen der einzelnen Staaten bei den Vereinten
Nationen in Wien ☐

Nichtregierungsorganisationen ☐

Bürgerinitiativen auf kommunaler Ebene ☐

4.) Was sind Bürgerinitiativen?

Volksbegehren ☐

Volksbefragungen ☐

Interessensvereinigungen zur Erreichung konkreter Ziele ☐

Multiple Choice:

Kreuze die richtigen Antworten an:

5.) Was bedeutet politisch links?

Das Selbstbestimmungsrecht aller Völker wird angestrebt ☐

Die Gleichheit aller Menschen wird angestrebt ☐

Nationalistisch ☐

Liberal ☐

Demokratisch ☐

6.) Was sind in der Jugendszene die „Autonomen"?

Politische Partei zur Durchsetzung der Interessen von
jungen Menschen ☐

Außerparlamentarische Interessensgemeinschaft von
unabhängigen Minderjährigen ☐

Anarchisten ☐

Rechtsradikale ☐

Netzwerk unabhängiger linksradikal-libertärer Gruppen ☐

7.) Was sind Alternativbewegungen?

Soziale Bewegungen, die politische Reformen unabhängig
vom etablierten Parteien- und Institutionensystem
umzusetzen versuchen ☐

Linksradikale außerparlamentarische Oppositionsgruppen ☐

Ökologiebewegungen ☐

Umweltschutzorganisationen im Rahmen der NGOs ☐

Überbegriff für Hippies, Indies und Flower-Power-
Bewegungen ☐

Multiple Choice - Lösungen:

Kreuze die richtigen Antworten an:

1.) Welche Partei hat mit Unterbrechungen in den 30er- und 40er-Jahren des 20. Jahrhunderts seit dem Zusammenbruch der k. und k. Monarchie immer den Bürgermeister von Wien gestellt?

Sozialdemokratische Partei Österreichs ☒

2.) Von welcher Koalition wird Wien derzeit (2016) regiert?

SPÖ - Grüne ☒

3.) Was sind NGO?

Nichtregierungsorganisationen ☒

4.) Was sind Bürgerinitiativen?

Interessensvereinigungen zur Erreichung konkreter Ziele ☒

5.) Was bedeutet politisch links?

Die Gleichheit aller Menschen wird angestrebt. ☒

6.) Was sind in der Jugendszene die „Autonomen"?

Netzwerk unabhängiger linksradikal-libertärer Gruppen ☒

7.) Was sind Alternativbewegungen?

Soziale Bewegungen, die politische Reformen unabhängig vom etablierten Parteien- und Institutionensystem umzusetzen versuchen ☒

2.8 Der Wiener Raum in Zahlen und Fakten

Der Ballungsraum Wien umfasst die Stadt Wien mit dem angrenzenden suburbanen (vorstädtischen) Umland, dem sogenannten engeren Verflechtungsraum. Im Jahre 2012 betrug die Einwohnerzahl, die dort ihren Hauptwohnsitz hatte, 2 635 990 Personen.

Wien im engeren Sinne ist gleichzeitig Stadt und österreichisches Bundesland. Dort leben derzeit (2016) 1.848.656 Einwohner. Damit ist Wien die siebtgrößte Stadtgemeinde Europas.

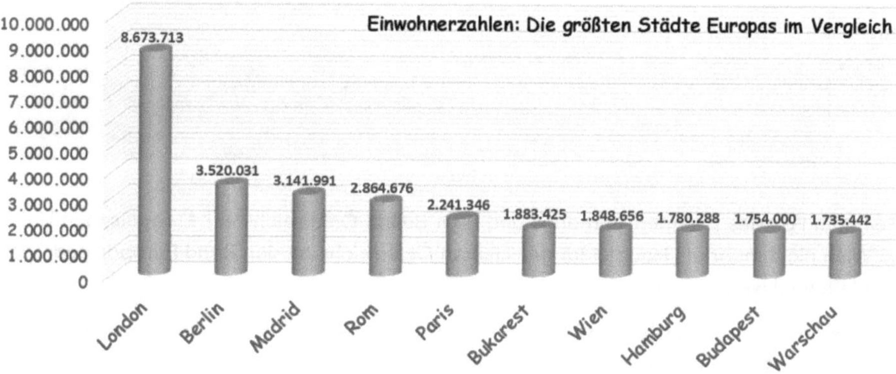

Wien wächst stärker als viele andere vergleichbare europäische Großstädte und die übrigen österreichischen Bundesländer.

Im Städtevergleich ist Wien, was das Bevölkerungswachstum betrifft, mit Berlin vergleichbar. Beide Städte liegen hier im europäischen Spitzenfeld und haben im Jahr 2016 mehr als 2 Prozent an Bevölkerung dazugewonnen.

Der Vergleich mit anderen österreichischen Regionen zeigt, dass Wien viel stärker wächst als Bundesländer, die weniger verstädtert sind.

Wie andere Großstädte verdankt Wien sein Bevölkerungswachstum nicht der natürlichen Geburtenrate (diese liegt zurzeit bei weniger als 1,4 Kinder pro Frau), sondern der Zuwanderung. Im Jahr 2016 hatten 27,4 Prozent der Wiener keine österreichische Staatsbürgerschaft.

Im 20. Jahrhundert ist Wien nicht immer gewachsen. Vor Beginn des Ersten Weltkrieges lebten hier sogar mehr als 2 Millionen Menschen. Damals war Wien die Hauptstadt eines großen Reiches und die viertgrößte Metropole der Welt.

Wie die Grafik zeigt, ist die Einwohnerzahl nach dem Zusammenbruch der Donaumonarchie ständig gesunken und erreichte in den 80er-Jahren ihren Tiefststand.

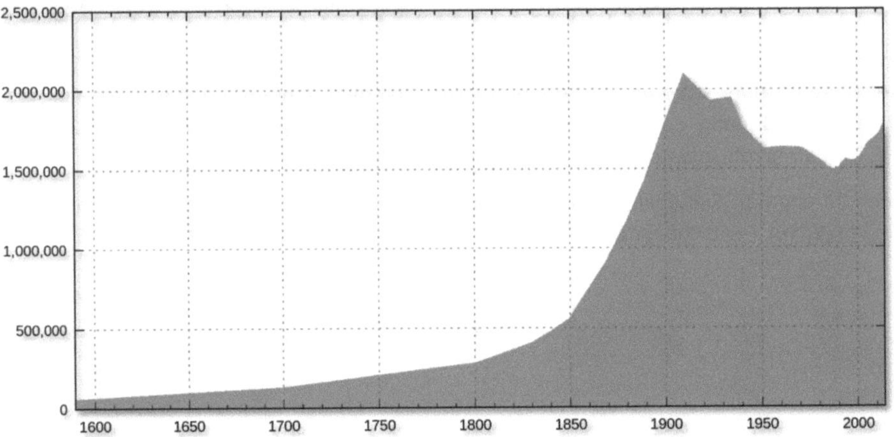

Seit dem Fall des Eisernen Vorhangs und dem Beitritt Österreichs zur Europäischen Union ist Wien nicht mehr als Hauptstadt des kleinen Österreichs an den Rand Europas gedrängt, sondern liegt wieder in dessen Mitte.

In kaum einer anderen Großstadt Europas wird seitdem so viel gebaut und investiert. Dieser Boom zieht Menschen aus dem Ausland und aus den anderen Bundesländern Österreichs an, hier zu leben und zu arbeiten.

Religion:

Die Religionszugehörigkeit der Wiener Wohnbevölkerung setzt sich laut Volkszählung 2001 wie folgt zusammen:

49,2 %	römisch-katholisch
25,6 %	ohne Bekenntnis
7,8 %	islamisch
6,0 %	orthodox
5,7 %	sonstige Religionen
4,7 %	evangelisch
0,5 %	altkatholisch
0,5 %	jüdisch

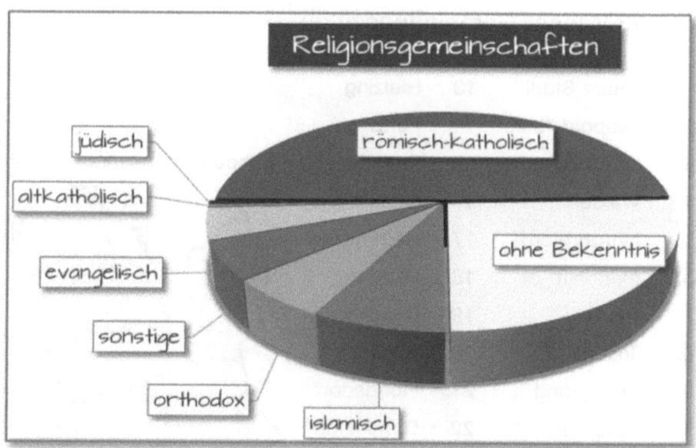

Staatsangehörigkeit:

Der hohe Anteil an Zuwanderern zeigt sich auch am relativ hohen Prozentsatz der Personen, die noch keine österreichische Staatsbürgerschaft besitzen. Für Wien beträgt dieser Anteil 27,4 Prozent, für ganz Österreich nur 14,6 Prozent.

Die folgende Grafik zeigt die Verteilung der Personen ohne österreichische Staatsbürgerschaft nach ihren Herkunftsländern im Jahre 2016.

Personen nichtösterreichscher Staatsbürgerschaft in Prozent

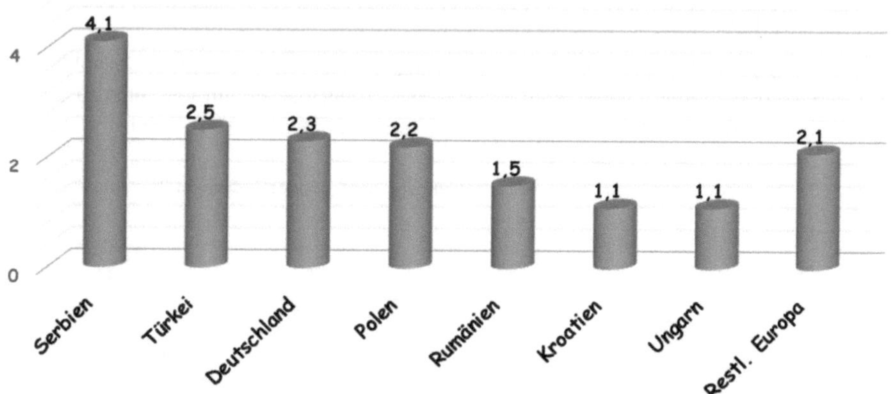

Verwaltung:

Der Magistrat der Stadt Wien besteht aus dem Bürgermeister, den amtsführenden Stadträten sowie dem Magistratsdirektor und den ihm unterstellten Bediensteten. Wien besteht aus 23 Gemeindebezirken. Jeder Bezirk besitzt ein magistratisches Bezirksamt und einen Bezirksvorsteher.

Die 23 Wiener Gemeindebezirke:

1.	Innere Stadt	13.	Hietzing
2.	Leopoldstadt	14.	Penzing
3.	Landstraße	15.	Rudolfsheim-Fünfhaus
4.	Wieden	16.	Ottakring
5.	Margareten	17.	Hernals
6.	Mariahilf	18.	Währing
7.	Neubau	19.	Döbling
8.	Josefstadt	20.	Brigittenau
9.	Alsergrund	21.	Floridsdorf
10.	Favoriten	22.	Donaustadt
11.	Simmering	23.	Liesing
12.	Meidling		

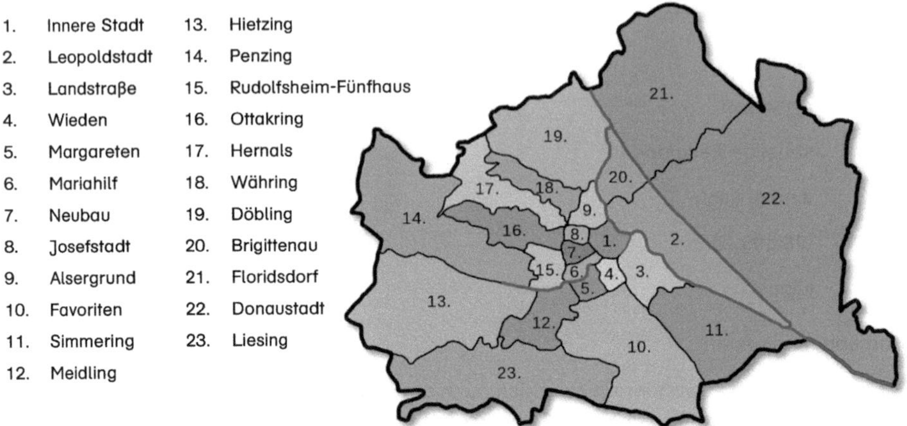

Die Bezirke 1 bis 9 liegen innerhalb des Gürtels, heute ein stark befahrener, 13 Kilometer langer Boulevard, der Ende des 19. Jahrhunderts anstelle des Linienwalls errichtet wurde.

Arbeit und Wirtschaft

Weltweit suchen immer mehr Menschen Arbeit in Ballungszentren. Die meisten Städte, so auch Wien, haben im Vergleich zu vielen ländlichen Regionen ein stark wachsendes Angebot an Arbeitsplätzen.

In Wien steigt jedoch derzeit die Nachfrage nach Jobs deutlich mehr, als Arbeitsplätze geschaffen werden können. Dementsprechend ist die Arbeitslosigkeit im Vergleich zu den übrigen Bundesländern relativ hoch. Sie lag im 2. Quartal 2016 bei 10,6 Prozent.

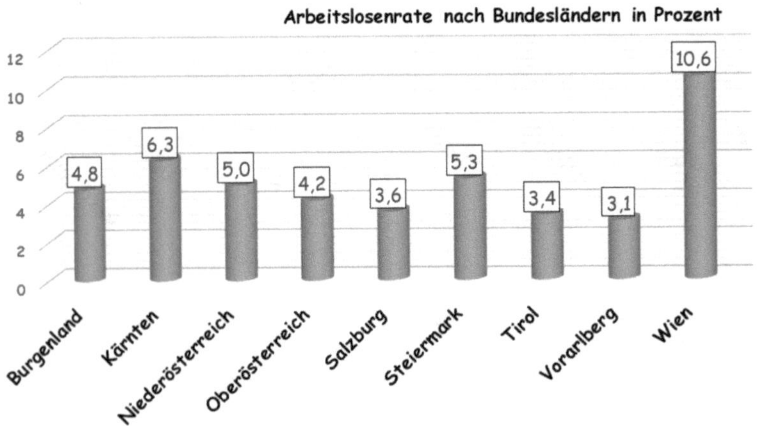

In stark verstädterten Regionen überwiegt heute der tertiäre Wirtschaftssektor bestehend aus Dienstleistung und Handel. Dementsprechend ist auch das durchschnittliche Pro-Kopf-Einkommen relativ hoch.

Aus den beiden Grafiken ist ersichtlich, dass auch in Wien der tertiäre Wirtschaftssektor vorherrscht, während der primäre Sektor (Land- und Forstwirtschaft, Jagd) überhaupt keine Rolle mehr spielt. Der sekundäre Sektor (Industrie, Handwerk, Baugewerbe) ist im Vergleich zu ganz Österreich nur sehr schwach ausgeprägt.

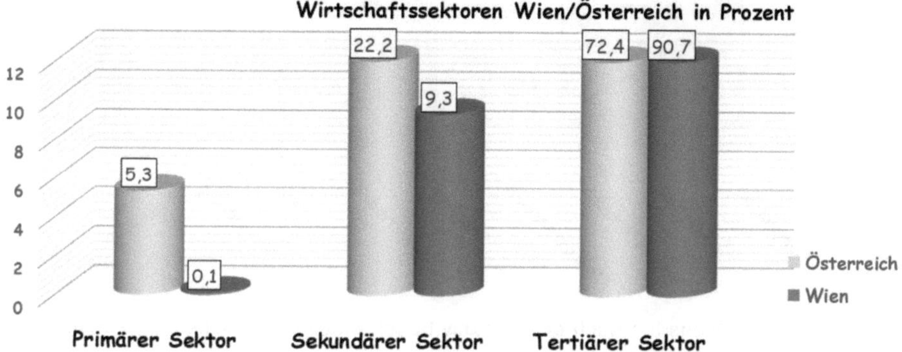

All das bedeutet, dass in verstädterten Gesellschaften mit demselben oder weniger Aufwand an Arbeitszeit wesentlich mehr Geld verdient wird als in eher ländlichen und agrarisch dominierten Gebieten. Das ist bestimmt ein Grund, warum immer noch viele Menschen in Städte ziehen.

In städtischen Gesellschaften wird mehr an Wirtschaftsleistung erbracht. Die Grafik zeigt, dass im Bundesländervergleich das Bruttoregionalprodukt, das jeder Einwohner erwirtschaftet, in Wien am höchsten ist.

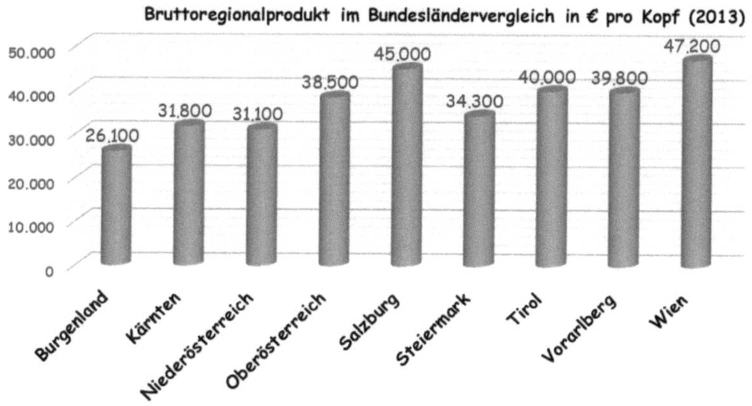

In der Folge ist auch das Einkommen pro Einwohner in Wien deutlich höher als in den meisten anderen, weniger urbanen Bundesländern. Österreichweit verdiente ein Arbeitnehmer bzw. eine Arbeitnehmerin im Jahre 2014 durchschnittlich 19.053 € pro Jahr, in Wien waren es 20.671 €.

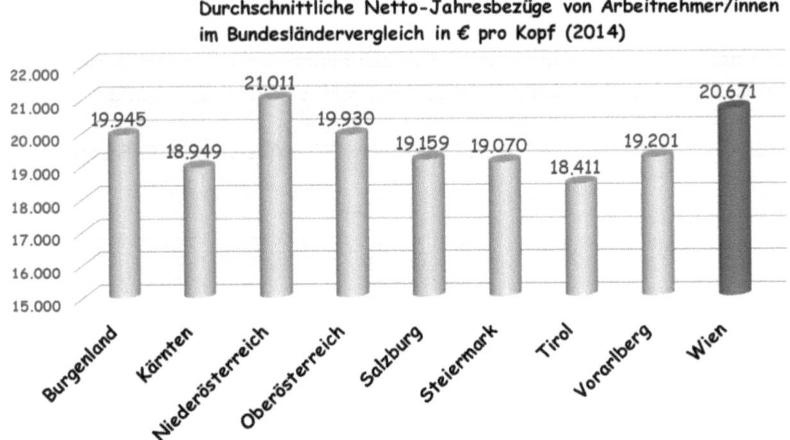

Die Bevölkerung Wiens hat auch einen relativ hohen Anteil an Personen mit einem hohen Bildungsabschluss.

Bildung:

Der relativ hohe Bildungsstandard in Wien zeigt sich vor allem an dem hohen Anteil an Personen mit akademischer Ausbildung. 25,9 Prozent haben eine Ausbildung einer Universität, Hochschule oder Akademie. In ganz Österreich sind es nur 15,5 Prozent. Eine Lehre haben relativ wenige absolviert, mit Matura haben in Wien sehr viele abgeschlossen.

Wien - Zahlen und Fakten zum Nachschlagen:

Amtssprache	Deutsch
Einwohner	1.840.573 Personen (1. Jänner 2016)
Ballungsraum	2.680.667 Personen (2014)
Ausländeranteil	27,4 % (1. Jänner 2016)
Personen mit Migrationshintergrund	42 % (2015)
Bevölkerungsdichte	4.437 Einwohner je km
Arbeitslosenquote	13,3% (1. Jänner 2016)
Lebenserwartung bei Geburt	77,63 Jahre 82,77 Jahre
Fläche	414,87 km²
Land	395,57 km² (95,3 %)
Wasser	19,30 km² (4,7 %)
Verbaute Flächen (2010)	14.680 ha (35,4 %)
Grünflächen	18.912 ha (45,6 %)
Verkehrsflächen	5.965 ha (14,4 %)
Nördliche Breite	von 48° 07' 06" bis 48° 19' 23"
Östliche Länge	von 16° 10' 58" bis 16° 34' 43"
Höchstes Bauwerk	Donauturm – 252 Meter hoch
Höchstes Hochhaus	DC-Tower – 250 Meter hoch
Kfz-Kennzeichen	W
Postleitzahlen	1010 bis 1239, 1400, 1450
Telefonvorwahl	01 international: +43 – 1
Schüler/innen (2011/2012)	227.049 (im Jahre 2015)
Student/innen (2011/2012)	189.877 (im Jahre 2015)

2.9 Wien - Geschichte zum Nachschlagen

Römerzeit *(Jahreszahlen nach Christus)*

~ 50	Errichtung des römischen Militärlagers Vindobona
~ 408	Ende der römischen Herrschaft über den Wiener Raum
433	Kaiser Theodosius II. tritt das westliche Pannonien und somit auch den Wiener Raum an die Hunnen ab.
453	Ansiedlung des germanischen Stammesverbands der Rugier
473	Ende des Weströmischen Reiches

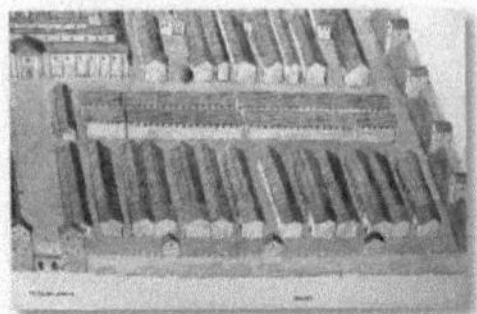

Vindobona

Frühmittelalter, Völkerwanderung

511	Besetzung Vindobonas durch die Langobarden
568	Abzug der Langobarden. Danach Herrschaft der Awaren über das Gebiet.
~ 803	Unterwerfung der Awaren durch Karl den Großen um 803
881	Erste urkundliche Erwähnung des Namens „Wenia" für Wien
~ 900 bis 955	Magyarische Herrschaft. Aus dieser Zeit gibt es keine schriftlichen Aufzeichnungen über die Verhältnisse im Wiener Raum.

Awarischer Krieger

Hoch- und Spätmittelalter

976	Gründung der Markgrafschaft Ostarrichi unter Luitpold, dem ersten Herrscher aus dem Geschlecht der Babenberger
1137	Erstmalige Erwähnung Wiens als Stadt
1155	Heinrich Jasomirgott erklärt Wien zur Hauptstadt.
1156	Ostarrichi wird zum Herzogtum erhoben und Wien Sitz des Herzogs.
1221	Wien bekommt von Leopold VI. das Stadt- und Stapelrecht verliehen.
1237	Wien wird freie Reichsstadt.
1365	Gründung der ersten Universität durch Rudolf IV.

Stephanskirche (Gotik)

Hoch- und Spätmittelalter

1438   Wien wird nach der Wahl Herzog Albrechts V. zum deutschen König (Albrecht II.) zur Residenzstadt des Römisch-Deutschen Reichs.

1469   Gründung des Bistums Wien

1529   Erste Türkenbelagerung

1547   Erste Stadtpläne von Augustin Hirschvogel

1548   Wien wird zu einer Festung mit Bastionen und Glacis (Grünfläche vor der Stadtmauer) ausgebaut.

Augustinerkirche (Gotik)

Ansichten von Wien aus dem Mittelalter sind selten und dafür umso wertvoller. Das Bild zeigt einen idealisierten Holzschnitt von Wien aus der Schedel'schen Weltchronik (1493).

Die Landschaften in der Umgebung der Stadt sind frei erfunden.

Detail aus der Rundansicht der Stadt Wien zur Zeit der Ersten Türkenbelagerung im Jahre 1529 (kolorierter Holzschnitt von Nikolaus Meldemann; 81,2 x 85,6 cm; Wien Museum).

Der Ausschnitt zeigt das Zentrum der Stadt mit dem Stephansdom. Auch hier wird auf die genaue Darstellung der Gebäude verzichtet. Dafür wird die Befestigungsmauer detailliert abgebildet.

Die dargestellten Ereignisse fanden nicht gleichzeitig statt. Gut erkennbar sind die Zelte der Türken und die Zerstörungen der Vorstädte. Auch Ereignisse wie Gräueltaten und Hinrichtungen sind deutlich erkennbar.

Frühe Neuzeit

1618 bis 1648

Mehrere Belagerungen Wiens im Laufe des Dreißigjährigen Krieges

1679   Erste große Pestepidemie

1683   Zweite Türkenbelagerung

1684   Der Pole Kolschitzky eröffnet das erste Wiener Kaffeehaus (der Kaffee wurde durch die Türken bekannt).

1695   Beginn der Bauarbeiten für das Schloss Schönbrunn unter Erzherzogin und Königin Maria Theresia

1704   Fertigstellung des Linienwalls, eines äußeren Befestigungssystems in den Vorstädten entlang des heutigen Gürtels

1713   Zweite Pestepidemie

1737   Fertigstellung der Karlskirche

Karlskirche (Barock)

Ansicht von Wien zwischen 1609/1640 aus den Sammlungen der Wiener Albertina

Das Bild zeigt das noch hauptsächlich mittelalterliche Erscheinungsbild, bevor sich der Baustil des Barock durchsetzte. Man erkennt die bereits größtenteils fertiggestellte Umwallung und Befestigung der Stadt, die dem Schutz vor den türkischen Heeren dienen sollte. Nur an der Donauseite ist auf dem Bild noch die alte Stadtmauer vorhanden (zu beiden Seiten des Rotenturmtores).

Neuere Geschichte (nach der Französischen Revolution)

1790 Wien hat bereits geschätzte 200 000 Einwohner.
Joseph II. hat das erste Spital der Welt (das Allgemeine Krankenhaus) gegründet.
Gründung von fabrikähnlichen Produktionsstätten (Manufakturen)

1795 Gründung der Albertina, eine der bedeutendsten grafischen Sammlungen der Welt

1805 Erste Besetzung Wiens durch die Truppen Napoleons

1809 Zweite Besetzung Wiens durch Napoleon. Bei den Schlachten von Aspern und Deutsch-Wagram werden an die 120 000 Soldaten getötet.

1814 Wiener Kongress zur Neuordnung Europas nach den Napoleonischen Kriegen

1815 bis 1848

Metternischscher Polizeistaat mit Bespitzelung und Zensur
Kulturepoche des Biedermeier
Industrielle Revolution – Massenproduktion in Fabriken und Dampfmaschinen bestimmen zunehmend die Herstellung von Konsumgütern. Wachstum der Städte, dabei Armut und Elend der neuen Arbeiterklasse.

1850 Eingemeindung vieler Vorstädte. Wien wird zur Großstadt.

1865 Der Bau der Ringstraße anstelle der alten Stadtmauern ist vollendet.

1869 Erste Donauregulierung. Der Fluss bekommt sein heutiges Hauptgerinne.

1870 Bau der 1. Wiener Hochquellenleitung

1873 Wiener Weltausstellung

1873 bis 1874

Weitere Eingemeindungen von Vorstädten

1883 Eröffnung des Rathauses am Ring

1897 Errichtung des Riesenrads im Prater

1900 Bau der 2. Wiener Hochquellenleitung

Der Reformer: Joseph II. (rechts)

Napoleon - Schlacht bei Deutsch-Wagram

Ringstraße 1903

Weltausstellung (Rotunde)

Ball der Stadt Wien mit Bürgermeister Dr. Karl Lueger

Neueste Geschichte (Zeitgeschichte)

1914 bis 1918

Erster Weltkrieg: Auslöser war die Ermordung des Thronfolgers Franz Ferdinand in Sarajewo.
Wien war zwar nicht von Kriegshandlungen betroffen, aber die Donaumonarchie zerbrach in Folge des Krieges, der allein auf Seiten der Monarchie etwa 1,5 Millionen Soldaten das Leben kostete.

In Folge des Krieges kam es in Wien zu Versorgungsengpässen, Hungersnöten und einer schweren Wirtschaftskrise.

1918 Ausrufung der Republik Deutschösterreich. Der Name wurde ein Jahr später auf „Republik Österreich" geändert.

1922 Wien wird ein eigenes Bundesland (hatte früher zusammen mit Niederösterreich einen gemeinsamen Landtag).

1923 bis 1929

Das Rote Wien: Gemeindebauten und andere soziale Einrichtungen werden errichtet und finden weltweit Beachtung. Der private Wohnbau dagegen kam fast zum Erliegen.

Zunehmende Militarisierung der Sozialdemokraten und der Christlich-Sozialen (Schutzbund und Heimwehr).

1927 Brand des Justizpalastes nach einem Fehlurteil gegen Sozialdemokraten in Zusammenhang mit gewalttätigen Demonstrationen in Schattendorf (Burgenland)

1929 Ausbruch der Weltwirtschaftskrise mit Inflation, Armut und Massenarbeitslosigkeit

1933 Das Parlament wird von der christlich-sozialen Regierung unter Engelbert Dollfuß ausgeschaltet. Der austrofaschistische „Ständestaat" wird ausgerufen.

1934 Im Februar dreitägiger Bürgerkrieg: In Wien wurde schwer gekämpft. Der sozialdemokratische Schutzbund und die christlich-sozialen Heimwehren kämpften gegeneinander. Gemeindebauten wurden von den christlich-sozialen Heimwehren beschossen.

Bürgermeister Karl Seitz wurde im Februar 1934 mit Gewalt aus dem Rathaus geworfen, der sozialdemokratische Stadtsenat aufgelöst. Der „Ständestaat" beseitigte die Rolle Wiens als eines der neun Bundesländer und erklärte Wien zur „bundesunmittelbaren Stadt".

Auto, in dem Thronfolger Franz Ferdinand erschossen wurde (Heeresgeschichtliches Museum)

Wachsfigur von Dr. Karl Renner, dem ersten Staatskanzler der Republik

Heimwehren (christlich-sozial)

Schutzbund (sozialdemokratisch)

Neueste Geschichte (Zeitgeschichte)

*Bundeskanzler
Engelbert Dollfuß*

1934 bis 1938

Engelbert Dollfuß und nach ihm Kurt Schuschnigg schufen die Vaterländische Front, der in der Zeit des Austrofaschismus quasi die Rolle einer Einheitspartei zukam.

1934 Putschversuch von Nationalsozialisten im Juli 1934. Dabei wurde Bundeskanzler Dollfuß im Bundeskanzleramt am Wiener Ballhausplatz ermordet.

1935 Bau der Höhenstraße im Wienerwald als Maßnahme zur Arbeitsbeschaffung

1938 Anschluss Österreichs an des Deutsche Reich unter Adolf Hitler. Einmarsch der deutschen Wehrmacht.

Wien wird Reichsgau. 91 Umlandgemeinden werden in die Stadt integriert, manche Bezirke vergrößert.

Beginn der Verfolgung von jüdischen Wiener/innen. Im November werden 92 jüdische Synagogen niedergebrannt, in der Folge 200 000 Wiener Bürger/innen ermordet bzw. vertrieben.

1944 Luftangriffe auf Wien mit schweren Bombenschäden. Zerstörung von etwa einem Drittel der Bausubstanz in den inneren Bezirken 2 bis 9. Etwa 2200 Zivilisten werden getötet.

1945 Im April achttägige Schlacht um Wien, die mit der Niederlage der deutschen Truppen und der Besetzung durch die aus Ungarn vorgerückte Rote Armee endete.

Besetzung Wiens durch alliierte Truppen: Die Stadt wurde von den USA, der Sowjetunion, Großbritannien und Frankreich in vier Sektoren aufgegliedert.

Rede Hitlers am Wiener Heldenplatz

Neueste Geschichte und Stadtentwicklung seit dem Krieg

1946 Die Stadterweiterung durch die Nationalsozialisten wurde rückgängig gemacht, die heutigen Grenzen Wiens festgelegt.

1955 Abzug der alliierten Besatzungstruppen, Staatsvertrag. Die Aufteilung Wiens in vier Sektoren wird aufgehoben.

Außenminister Leopold Figl unterzeichnete am 15. Mai 1955 den Staatsvertrag im Schloss Belvedere (Bildmontage)

Auto der Militärpolizei mit den Fahnen der vier Besatzungsmächte (Heeresgeschichtliches Museum)

1956 bis 1978

Wirtschaftsaufschwung mit Hilfe der Finanzmittel aus dem amerikanischen Marshallplan.

Die Einwohnerzahl Wiens ging bis zum Ende der 80er-Jahre zurück, nicht zuletzt wegen der exponierten Lage Wiens nahe am Eisernen Vorhang.

Verkehr: Ab Mitte der 50er-Jahre Beginn der Massenmotorisierung, stark ansteigender Individualverkehr. In der Folge Errichtung von Stadtautobahnen. Seit den 60er-Jahren wurde an der U-Bahn gebaut und die erste Linie (die U1) 1978 eröffnet.

Architektur: Die Bautätigkeit beschränkte sich vor allem auf den Wiederaufbau nach den Bombenangriffen des Zweiten Weltkrieges und die Errichtung billiger Plattenbauten aus Fertigteilen.

Daneben gab es kaum Bemerkenswertes an moderner und international beachteter Architektur.

Erwähnenswert sind die Wiener Stadthalle von Roland Rainer, der Ringturm und die Kirche Zur Heiligsten Dreifaltigkeit von Fritz Wotruba.

OMV-Raffinerie Schwechat (eröffnet 1960)

Fernseher und eigenes Auto: Symbole von Wiederaufbau und Wirtschaftsaufschwung

Die Wiener Stadthalle: (eröffnet 1960)

Die „Wotruba-Kirche"

Der Ringturm

Neueste Geschichte und Stadtentwicklung seit dem Krieg

1979   Eröffnung des Vienna International Center (UNO-City) am linken Donauufer. Wien ist damit zusammen mit New York, Genf und Nairobi einer der vier Amtssitze der Vereinten Nationen.

1987   Ergänzung der UNO-City durch ein großräumiges Konferenzzentrum (das Austria Center Vienna).

Die Donau-City-Kirche (2000)

UNO-City (links); Konferenz im Austria Center Vienna (rechts)

1988   Eröffnung der Donauinsel samt Entlastungsgerinne

1996 bis 2014

Ausbau der Donau City rund um die UNO-City zu einem neuen Stadtviertel mit Hochhäusern, die mit dem DC-Tower nunmehr eine Höhe von bis zu 250 Metern erreichen.

2001 wurden am Laaerberg die Twin Towers, ein markanter Komplex aus zwei Hochhäusern, eröffnet.

Die Gasometer-City (eröffnet 2001) Das alte Gasometer aus dem 19. Jhdt. wurden zu einer Wohnstadt mit Shopping-Mall umgebaut.

Der DC-Tower

Blick in Richtung Laaerberg auf die Silhouette rund um die Twin Towers

Ansichten der Wiener Donau City im 22. Wiener Gemeindebezirk (Stadtteil Kaisermühlen)

Und was tut sich jetzt im Jahre 2016?

Wien wächst rasant und derzeit entstehen weitere moderne Stadtviertel. Für die Stadtverwaltung ist es eine immense Herausforderung mit dem Wachstum der Bevölkerung mitzuhalten.

Die vielen Menschen brauchen mehr Wohnungen, Schulen, Kindergärten, Spitäler und Seniorenheime. Und all das kostet Geld, wodurch die Großstadt Wien derzeit stärker belastet ist als andere österreichische Bundesländer.

Baustelle des Wiener Hauptbahnhofs

Die wohl größte Baustelle befindet sich im Bereich des früheren Südbahnhofs, der zu einem Zentralbahnhof für ganz Wien umgebaut wird. Hier werden zahlreiche Wohn- und Bürogebäude errichtet.

Im 22. Gemeindebezirk entsteht um einen 5 Hektar großen künstlichen See herum ein neuer Stadtteil, in dem bald über 20 000 Menschen wohnen sollen. Durch die Ansiedelung von Unternehmen sollen dort auch Arbeitsplätze geschaffen werden. Damit soll vermieden werden, dass die Trabantenstadt zu einer „Schlafstadt" verkommt, wie dies bei früheren Wohnbauprojekten am Rande der Stadt der Fall war. Eine Anbindung an das U-Bahn-Netz ist auch vorhanden.

Das Projekt wurde von dem Architekten Johannes Tovat entworfen und soll auch unterschiedliche soziale Schichten, In- und Ausländer sowie alle Altersgruppen miteinbeziehen. Damit will man verhindern, dass sich dort im Laufe der Zeit ein Ghetto für bestimmte Bevölkerungsgruppen bildet.

„Kranensee": Die Großbaustelle der Seestadt in Wien Aspern

Mal sehen, wie die Gegend in 50 Jahren tatsächlich aussehen wird. Ihr werdet es ja hoffentlich noch erleben.

Hier stellt sich wieder einmal die Frage, ob es überhaupt möglich ist, Stadtviertel und ganze Städte so durchzuplanen, dass genau das herauskommt, was man sich wünscht. Wir hoffen es jedenfalls für all die vielen Menschen, die dann dort ihr Leben verbringen sollen!

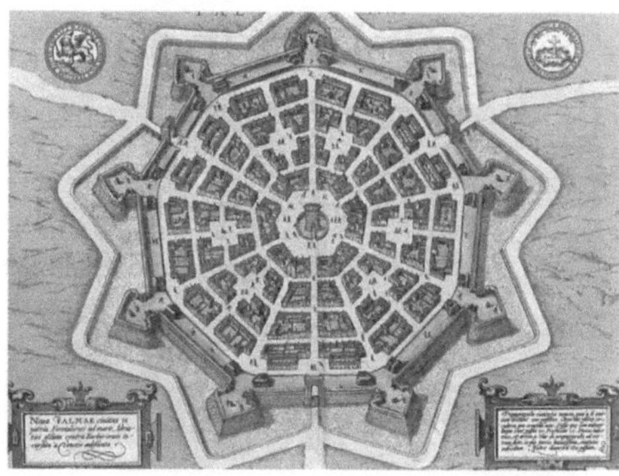

Palmanova (Italien) –
eine Planstadt aus dem 17. Jahrhundert

Planstädte wurden schon in historischer Zeit angelegt. Viele davon entstanden im 20. Jahrhundert. Berühmte Beispiele sind die Hauptstädte Brasiliens und Australiens, Brasilia und Canberra. In vielen Fällen haben solche Städte unerwünschte Entwicklungen genommen, die man nicht vorhersagen konnte. Die moderne Städteplanung versucht, aus solchen Fehlern der Vergangenheit zu lernen.

Eine bemerkenswerte Leistung moderner Architekten von Weltrang ist auch der fast fertiggestellte Campus der Wirtschaftsuniversität Wien. Für den sogenannten „Campus WU" wurden sechs namhafte Architekturbüros aus aller Welt beauftragt. Der Campus besteht aus Bauwerken von höchst unterschiedlicher, abwechslungsreicher Gestaltung. Er stellt eine verzweigte parkähnliche Landschaft mit vielen Grünflächen dar und wird von einem breiten autofreien Boulevard durchzogen. Vorbild waren ähnliche Anlagen in den USA und in Großbritannien.

Der Campus Wien Leopoldstadt nahe dem Messegelände

3. Bemerkenswerte Ziele für Besichtigungen in und um Wien

3.1 Bedeutende Sehenswürdigkeiten

Ist das alles, was Wien zu bieten hat? Klare Antwort: Nein! Was für dich sehenswert ist, hängt von deinen Interessen ab und das entscheidest du. Trotzdem haben wir versucht, hier einen Überblick über Sehenswürdigkeiten zu geben, die von Wien-Tourist/innen häufig besucht werden.

Das römische Wien

Wien Museum – Römermuseum:

Genau an der Stelle, wo sich vor fast 2000 Jahren das römische Militärlager Vindobona befand, kann man heute die römische Stadtgeschichte Wiens erkunden – im Römermuseum am Hohen Markt.

Link: *http://www.wienmuseum.at/de/standorte/roemermuseum.html*
Adresse: *1010 Wien, Hoher Markt 3; Tel: +43 (0)1 535 56 06; E-Mail: office@wienmuseum.at*
Römische Mauerreste kann man an mehreren anderen Stellen der Stadt besichtigen. So zum Beispiel am Michaelerplatz oder unter dem Boden des Artis International Kinos in der Schultergasse 5, 1010 Wien.

Das hochmittelalterliche Wien:

Aus dem Mittelalter sind vor allem einige alte Kirchenbauten erhalten. Die meisten davon findest du in der Innenstadt. Und wenn du genau hinsieht, erzählen sie dir viele spannende Geschichten: Vom Leben der Herrscher und der einfachen Menschen, von guten Zeiten, aber auch von Kriegen, Seuchen und Not.

Daneben sind aus dieser frühen Zeit nur ganz wenige Bauwerke erhalten geblieben. Mittelalterliche Kirchen und Häuser wurden später in anderen Baustilen saniert und überbaut. Ein Großteil des mittelalterlichen Wien liegt unter dem Boden der Innenstadt verborgen und wartet darauf, vielleicht eines Tages von Archäologen ausgegraben zu werden.

Die Ruprechtskirche (Romanik)

Die Ruprechtskirche gilt als der älteste noch erhaltene Kirchenbau Wiens. Der Legende nach wurde die Kirche im Jahre 740 begründet. Die erste urkundliche Erwähnung war aber erst im Jahre 1200. Wesentliche Teile im Baustil der Romanik sind noch sehr gut erhalten.

Die Virgilkapelle

Die Virgilkapelle ist eine der schönsten und ältesten Kirchenbauten Wiens. Sie liegt heute 12 Meter unter dem Stephansplatz und kann durch ein Fenster von der U-Bahn-Station aus bewundert werden. Die Kapelle stammt aus dem frühen 13. Jahrhundert. Zu dieser Zeit herrschten noch die Babenberger über Wien.

Maria am Gestade

Maria am Gestade ist eine gotische Kirche nahe dem Donaukanal. Sie war die traditionelle Kirche der Donauschiffer. Der Name leitet sich von der Lage der Kirche am Ufer des Donauarms ab. Dieses gotische Gebäude wurde erstmals 1158 erwähnt, die jetzige Kirche entstand im späten 14. Jahrhundert.

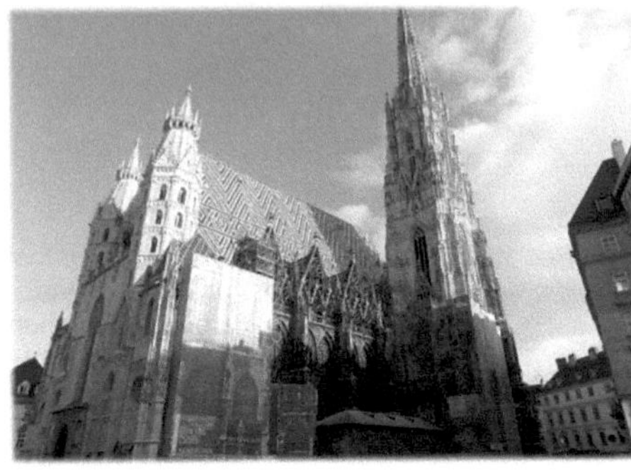

Der Stephansdom

Der Dom ist die wohl berühmteste Sehenswürdigkeit Wiens. Das Bauwerk ist 107 Meter lang und 34 Meter breit. Teile des spätromanischen Vorgängerbaues sind noch erhalten und bilden die Westfassade mit den beiden 65 Meter hohen Heidentürmen.

Der Stephansdom besitzt 4 Türme: Der höchste ist der Südturm mit 136,4 Metern Höhe. Der Nordturm wurde nicht fertiggestellt und ist nur 68 Meter hoch.

Im Nordturm hängt auch die Pummerin, die drittgrößte Glocke Europas. Sie wird nur zu besonderen Anlässen, wie zu Ostern oder zu Neujahr, geläutet.

Das Dach ist mit rund 230.000 Ziegeln bedeckt, die in einem Zickzackmuster angeordnet sind. Das Innere des Doms erhielt sein Aussehen im Mittelalter und wurde während des Barocks grundlegend verändert. Auch der Hauptaltar ist ein barockes Meisterwerk aus Marmor mit zahlreichen Skulpturen.

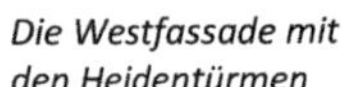

Die Westfassade mit den Heidentürmen

Unter dem Dom liegt die düstere Unterwelt der Katakomben. Das sind unterirdische Gänge, in denen Opfer von Seuchen, aber auch Bischöfe und Kaiser in Särgen bestattet wurden. Die Katakomben waren einst bis unter die Decke mit Leichen gefüllt. Als die Pest wütete, wurden die vielen Toten über Rutschen in die Tiefe befördert.

Katakomben zu St. Stephan im Jahre 1872

Wiener Neustädter Altar, Hochgrab Kaiser Friedrichs III. und der Fenstergucker, das Portrait eines unbekannten Meisters (von links nach rechts)

Die Minoritenkirche

Die Minoritenkirche in Wien ist eine der ältesten und künstlerisch wertvollsten Kirchen der Stadt mit einer bewegten Geschichte. Der Grundstein wurde schon 1275 von Ottokar Přemysl gelegt.

Die Augustinerkirche

Die Augustinerkirche ist die größte Kirche der
Hofburg. Sie war Schauplatz von freudigen
Ereignissen wie Taufen und Hochzeiten. Hier heiratete auch Franz
Joseph seine Sissi.

Die Michaelerkirche

Gegenüber dem Michaelertrakt der Hofburg liegt die Michaelerkirche.
Sie wurde von 1219 bis 1221 durch den Babenberger Herzog Leopold
VI. errichtet und ist eine der ältesten Kirchen Wiens. Manche Teile wur-
den nachträglich im Barock überbaut.

Die Malteserkirche in der Kärntnerstraße

Um 1265 entstand eine dem heiligen Johannes geweihte Kapelle samt Pilgerhaus. In
der ersten Hälfte des 14. Jahrhunderts erbaute man anstelle der Kapelle eine gotische Kirche. Im 19. Jahrhundert erhielt sie ihre bis heute bestehende Fassade mit korinthischen Pilastern und einem Dreiecksgiebel.

Der Orden der Malteser, welcher 1099 in Jerusalem als Orden der Johanniter gegründet wurde, kam um 1200 durch den Babenberger Leopold VI. nach Wien.

Die Heumühle

Das älteste in Wien erhaltene mittelalterliche Haus ist eine Mühle, die
„Heumühle", welche heute noch im Innenhof der Heumühlgasse Nr. 9 im
4. Bezirk zu besichtigen ist. Ursprünglich war es eine Wassermühle. Das
Gebäude wurde bis 2009 renoviert und wird heute für Veranstaltungen
und Seminare genutzt.

Die Spinnerin am Kreuz

Eine gotische Säule wurde an dieser Stelle im 10. Wiener Gemeindebezirk 1375 erbaut und in Folge von Kriegen und anderen Katastrophen immer wieder zerstört. 1451
wurde sie in ihrer heutigen Form nach den Plänen von Hans Puchsbaum, dem Dom-
baumeister des Stephansdoms, errichtet. Die 16 Meter hohe Säule markierte die äu-
ßerste Grenze der Wiener Stadtgerichtsbarkeit. Auf einem achteckigen Grundriss
steht ein Tabernakelpfeiler mit Baldachinen. Darauf befinden sich vier Figurengruppen (Kreuzigung, Geißelung, Dornenkrönung und Ecce Homo).

An der Säule wurden jahrelang öffentliche Hinrichtungen durchgeführt, die letzte im
Jahr 1868. Das „Galgenpublikum", das bei den Hinrichtungen anwesend war, wurde
mit Speisen und Getränken versorgt.

Der Name der Säule beruht auf einer alten Sage von einer Frau, die an dieser Stelle jahrelang Stoffe spinnend auf die Rückkehr ihres Mannes von einem Kreuzzug gewartet haben
soll.

Das Basiliskenhaus in der Schönlaterngasse Nr. 7

Der Sage nach hauste im Brunnen des Hauses im Jahre 1212 ein Basilisk. Das ist ein Wesen, halb Hahn, halb Echse, dessen Blick jeden, der davon getroffen wird, in Stein verwandelt. Ein Bäckerbub bemerkte das Ungeheuer und wollte es vor einer versammelten Menschenmenge beseitigen.

Der Knabe erfand einen Trick. Er stieg mit einem Spiegel in den Brunnen hinab. Unten angekommen hielt der Bub dem Basilisken den Spiegel vors Gesicht, worauf dieser zu Stein erstarrte. Heute zeigt ein Fresko an der Hausmauer des Hauses die Heldentaten des Knaben. Die Inschrift wurde erst 1932 nach dem Originaltext von 1577 angefertigt.

Hintergrund der Sage: Im Mittelalter war verschmutztes Brunnenwasser eine häufige Ursache von Krankheiten. Dafür wurden oft übernatürliche Kräfte und Fabelwesen verantwortlich gemacht.

Das renaissancezeitliche und barocke Wien (Neuzeit)

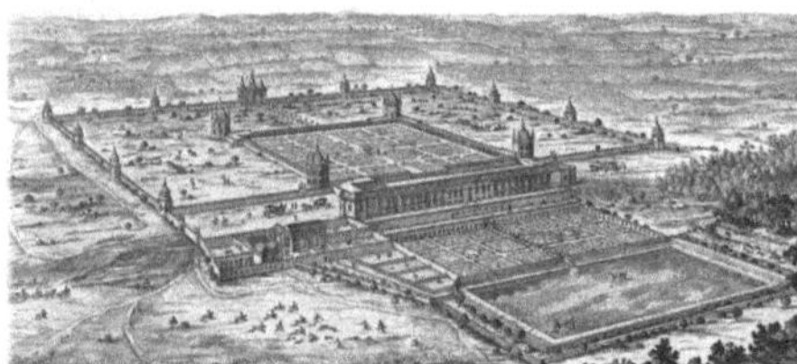

Das Schloss Neugebäude im Gemeindebezirk Simmering (Renaissance)

Schloss Neugebäude ist ein von Kaiser Maximilian II. in Auftrag gegebenes manieristisches Schloss. Angeblich wurde es an jener Stelle errichtet, an der während der Ersten Wiener Türkenbelagerung von 1529 das Zelt Sultan Süleymans stand.

Ab dem 17. Jahrhundert wurden Teile der Anlage abgebaut oder verlegt, das ab 1744 sogar als Munitionsdepot genutzte Schloss und die Gärten verkamen.

Nach 1945 wurde es verschiedentlich als Lager und Fabrikhalle genutzt, in den 1970er Jahren unter Denkmalschutz gestellt und erst ab 2000 teilsaniert. Das Hauptgebäude wird mittlerweile für verschiedene Veranstaltungen verwendet.

Das Schloss Neugebäude zählt zu den größten und bedeutendsten Residenzen der Renaissance nördlich der Alpen. Es war von einem prachtvollen Garten umgeben und es gab eine Menagerie, in der bereits damals exotische Raubkatzen, darunter auch Löwen, gehalten wurden.

Die Schottenkirche

Die erste Schottenkirche wurde bereits im Mittelalter unter dem Babenberger Herzog Heinrich II. Jasomirgott erbaut. Von dieser ersten romanischen Kirche sind nur noch wenige Reste in der Finsteren Sakristei und der Romanischen Kapelle erhalten.

Das heutige Bauwerk stammt aus der Zeit des Barock. Anlass zum Neubau war der Einsturz eines Turmes nach einem Blitzschlag im Jahre 1638. Nach der Zweiten Türkenbelagerung und im 19. Jahrhundert wurde die Kirche nochmals restauriert.

Sie ist wegen ihrer berühmten barocken Deckengemälde bekannt. Außerdem beherbergt sie den Sarkophag von Heinrich II. Jasomirgott, dessen Leichnam im Laufe der Zeit mehrmals umgebettet wurde.

Die Kirche am Hof

Vorgängerbauten waren eine romanische Hofkapelle und eine in den Jahren 1386 bis 1403 vom Karmeliterorden erbaute gotische Hallenkirche. Um 1554 wurde die Kirche den Jesuiten übergeben.

1662 wurde sie im Auftrag Eleonore von Gonzagas, der Witwe Kaiser Ferdinand III., nach Plänen von Carlo Antonio Carlone barockisiert. Nach der Aufhebung des Jesuitenordens um 1773 wurde die Kirche am Hof Garnisonkirche.

Als Konventskirche eines Bettelordens verfügt sie über keinen Glockenturm – eine Glocke ist an ihrer Rückseite angebracht.

Die Kirche dient heute als Gotteshaus der kroatischen Gemeinschaft in Wien.

Das Palais Lobkowitz

Das Palais Lobkowitz (auch: Palais Dietrichstein-Lobkowitz) ist ein beachtenswertes barockes Bauwerk in der Inneren Stadt am Lobkowitzplatz und zählt zu den ältesten Palastbauten Wiens. Das Palais ist der erste bedeutende barocke Stadtpalast nach der Zweiten Türkenbelagerung, als der Adel sein Geld nicht mehr nur für militärische Zwecke investieren musste.

Zur Zeit des Wiener Kongresses wurden im Palais zahlreiche Feste und Bälle abgehalten. Später diente es unterschiedlichen Zwecken. Seit 1991 ist hier das Österreichische Theatermuseum untergebracht.

Das Palais Liechtenstein

Das Gartenpalais Liechtenstein ist ein barocker Palast im 9. Wiener Gemeindebezirk Alsergrund. Es zählt zu den ältesten adeligen Sommerpalästen Wiens. 1658 erwarb Fürst Johann Adam Andreas I. von Liechtenstein das Grundstück und ließ es später mehrmals durch Zukäufe erweitern. 1704 war das Palais im Rohbau fertig.

Die Ausgestaltung des Inneren dauerte bis 1709 an. Zu diesem Zweck wurden die besten Künstler Wiens beschäftigt, unter ihnen Johann Michael Rottmayr, der auch das berühmte Kuppelfresko der Karlskirche ausgestattet hat.

Das Palais ist eine palazzoartige Stadtvilla im römischen Stil. Die Räume waren eigentlich nur zum Repräsentieren bestimmt. Sie waren aufgrund ihrer Größe im Winter nicht beheizbar und wurden daher auch bald nicht mehr bewohnt. Ab 1807 übersiedelte die berühmte Gemäldegalerie der Liechtensteiner hierher. 1940 zählte sie bereits 1613 Werke. Aus Sicherheitsüberlegungen wurden die Gemälde aber am Ende des Zweiten Weltkrieges nach Vaduz gebracht.

Zwischen 1979 und 2001 beherbergte das Palais das Museum Moderner Kunst. Es ist auch heute noch im Besitz der Fürsten Liechtenstein. In den letzten Jahren wurde es renoviert und beherbergt seit 2004 wieder die Liechtenstein'sche Gemäldegalerie, die vermutlich größte Privatsammlung der Welt mit Werken der berühmtesten Maler Europas von Rubens bis Waldmüller.

Das Palais Schwarzenberg

Das Palais befindet sich am Schwarzenbergplatz in unmittelbarer Nähe des Schloss Belvedere. 1697 wurde es vom Obersthofmarschall Heinrich Franz Graf von Mansfeld und Fürst von Fondi bei Johann Lukas von Hildebrandt (dem Architekten des Belvedere) in Auftrag gegeben. Der Rohbau wurde 1704 vollendet. Der Graf verstarb bald darauf.

Das unfertige Anwesen wurde im Jahre 1716 von Adam Franz Karl Fürst von Schwarzenberg gekauft. Die berühmten Barockarchitekten Johann Bernhard Fischer von Erlach und Joseph Emanuel Fischer vollendeten das Bauwerk bis zum Jahre 1728. Das Kuppelfresko stammt von Daniel Gran.

Die Peterskirche

Von der ersten Peterskirche sind heute keine Reste mehr zu sehen. Sie wurde im 4. Jahrhundert auf den Resten des römischen Militärlagers Vindobona errichtet und ist somit die älteste Kirche Wiens.

Im Jahre 1137 wird erstmalig eine Kirche des heiligen Petrus in Wien urkundlich erwähnt. 1661 brannte das Gebäude aus und wurde nur notdürftig instandgesetzt. 1701 wurde unter dem Architekten Lukas von Hildebrandt mit dem barocken Neubau der Kirche begonnen und 1708 war der Rohbau vollendet.

Die Bauarbeiten dauerten bis 1722. Die neue Kirche war der erste Kuppelbau des barocken Wien. Das Gebäude hat einen ovalen Innenraum mit rechteckigen Anbauten. Das Kuppelfresko stammt von Johann Michael Rottmayr, der Hochaltar von Antonio Galli da Bibiena und das Altarbild von Martino Altomonte.

Von 1998 bis 2004 fanden Renovierungsarbeiten statt. Heute erstrahlen die Bemalungen in ihrer früheren Pracht.

Das Palais Auersperg

Der Palast in der Liechtensteinstraße wurde in den Jahren 1706 bis 1710 nach den Plänen der Architekten Johann Bernhard Fischer von Erlach und Johann Lucas von Hildebrandt für den Auftraggeber Hieronymus Capece erbaut. Der Mittelteil wurde von 1720 bis 1723 verändert.

1777 erwarb Johann Adam Fürst Auersperg das Palais. Auersperg war ein Vertrauter des Kaiserpaares Franz Stephan und Maria Theresia und organisierte im Palais musikalische Events von großer gesellschaftlicher Bedeutung. Unter anderem wurden hier Werke von Wolfgang Amadeus Mozart und Joseph Haydn aufgeführt.

1940 erbte Ferdinand Fürst Auersperg den Palast. Nach seinem Tod ging er 1942 an seine Schwester Christiane Croy über. Diese wohnte während des Zweiten Weltkriegs mit ihrer Familie hier und hielt im Gebäude Widerstandskämpfer gegen den Nationalsozialismus versteckt.

1944 wurde im Palais Auersperg eine Widerstandsbewegung, das „Provisorische österreichische Nationalkomitee", auch als „O5" bekannt, gegründet. Derzeit wird das Palais als Veranstaltungsort für Bälle und andere Großveranstaltungen genutzt.

Die Hofstallungen (heute das MuseumsQuartier)

Das MuseumsQuartier (MQ) ist ein Areal im 7. Wiener Gemeindebezirk Neubau nahe den beiden großen Museen an der Ringstraße, dem Naturhistorischen und dem Kunsthistorischen Museum.

Im heutigen Hauptgebäude des MuseumsQuartiers waren einst die Hofstallungen der Kaiser untergebracht. Das Bauwerk wurde von den Architekten Johann Bernhard Fischer von Erlach und seinem Sohn Joseph Emanuel 1725 fertiggestellt und im Laufe des 19. Jahrhunderts immer wieder ausgebaut.

Nach Ende des Ersten Weltkrieges und dem Zerfall der Monarchie verloren die Hofstallungen ihre bisherige Funktion. In der Folge wurden Teile der Wiener Messe in den Räumlichkeiten abgehalten und das Bauwerk bekam den Namen „Messepalast".

Nach heftigen Diskussionen und einer langen Planungsphase wurde das gesamte Gelände unter bestmöglicher Wahrung der denkmalgeschützten Bausubstanz zum MuseumsQuartier umgebaut. Die Fertigstellung dieses achtgrößten Kulturareals der Welt erfolgte im Jahre 2001.

Das Angebot des MuseumsQuartiers reicht von bildender und darstellender Kunst, Architektur, Musik, Mode, Theater, Tanz, Literatur, einem Museum für Kinder bis hin zu den digitalen Künsten und Medien.

Das Schloss Belvedere

Das Wort „Belvedere" stammt aus dem Italienischen und heißt so viel wie „schöne Aussicht". Und tatsächlich: Das obere Belvedere liegt auf einem Hügel inmitten der Stadt im 3. Gemeindebezirk (Landstraße), von dem aus man einen herrlichen Ausblick hinunter auf die Innenstadt hat.

Das Belvedere wurde von Johann Lucas von Hildebrandt für Prinz Eugen von Savoyen erbaut. Prinz Eugen war einer der bedeutendsten und erfolgreichsten Feldherren in der Geschichte der Habsburgermonarchie. Ab 1697 war er Oberbefehlshaber im Krieg gegen das Osmanische Reich und sicherte die österreichische Vorherrschaft in Südosteuropa.

Das untere Belvedere am Fuße des Hügels wurde von 1714 bis 1716 errichtet. Hier befanden sich die eigentlichen Wohnräume des Prinzen Eugen, der im Sommer dort residierte. Später, seit den Napoleonischen Kriegen (1806), beherbergte es eine Gemäldegalerie, die sogenannte Ambraser Sammlung der Habsburger, die aus Tirol hierher gebracht wurde.

Seit 1909 ist dort die Österreichische Staatsgalerie untergebracht, die seit dem Ersten Weltkrieg auch das obere Belvedere umfasst. Die Österreichische Galerie Belvedere gehört zu den Bundesmuseen und ist eines der bedeutendsten Kunstmuseen Europas. Zusätzlich zu den Sammlungen werden Sonderausstellungen präsentiert, die jährlich Massen an Besuchern anziehen. Die Schauobjekte umfassen so ziemlich alle Stilepochen bis hin zu zeitgenössischer und moderner Kunst.

Das obere Belvedere befindet sich auf einem Hügel und wurde 1726 fertiggestellt. Dieses prachtvolle Bauwerk diente hauptsächlich der Repräsentation. Heute ist es ein Museum und ist Teil der Galerie Belvedere.

Am 15. Mai 1955 wurde im oberen Belvedere der Österreichische Staatsvertrag unterzeichnet.

Im Belvedere befand sich zu Zeiten Prinz Eugens eine Menagerie, in der auch ein Löwe gehalten wurde.

Unbedingt zu empfehlen ist auch ein Besuch des botanischen Gartens des Schlosses. Er wurde 1754 unter Erzherzogin Maria Theresia angelegt und diente zunächst Studenten an der Universität Wien für eine praxisorientierte Ausbildung im Umgang mit Heilpflanzen. Seit 1878 wurden Pflanzen aus allen Teilen der Welt hierhergebracht und zu pflanzengeografischen Gruppen zusammengefasst.

Der derzeitige Schwerpunkt liegt in der Präsentation und Erhaltung einheimischer Pflanzen. Seit 2011 ist der Botanische Garten die Zentraleinheit der Fakultät für Lebenswissenschaften und „Core Facility Botanischer Garten".

Die Karlskirche

Die Karlskirche liegt an der Südseite des großräumigen Karlsplatzes und ist einer der bedeutendsten barocken Kirchenbauten nördlich der Alpen.

In Auftrag gegeben wurde sie 1715 von Kaiser Karl VI. Dieser gelobte während der grauenvollen Pestepidemie im Jahre 1713 im Stephansdom, eine Kirche für den Pestheiligen Karl Borromäus zu bauen. Durch das kaiserliche Versprechen sollte in Zukunft die Pest von der Stadt abgewendet werden.

Die Architekten der Karlskirche waren Johann Bernhard Fischer von Erlach und nach dessen Tod sein Sohn Joseph Emanuel. Die Fertigstellung dauerte bis zum Jahr 1739.

Die Kirche wurde als stilistische Verbindung zwischen Rom und Byzanz gestaltet. Ihr Erscheinungsbild erinnert an die Hagia Sophia in Istanbul (damals Byzanz). Die beiden Säulen neben dem Haupteingang sind der Trajanssäule in Rom nachempfunden.

Das eindrucksvolle Kuppelfresko von Johann Michael Rottmayr aus Salzburg und Gaetano Fanti stellt eine Fürbitte Karl Borromäus' dar, die von

Das Kuppelfresko

der heiligen Maria unterstützt wird. Flankiert wird diese Szene von den drei göttlichen Tugenden Glaube, Hoffnung und Liebe. Die Fresken in einigen Seitenkapellen dürften von Daniel Gran stammen.

Derzeit sind die Fresken in der Kuppel der Karlskirche über einen 32 Meter hohen Panoramaaufzug zugänglich, der sich im Inneren der Kirche direkt unter der Kuppel befindet und ursprünglich für Renovierungsarbeiten angelegt wurde.

Das Schloss Schönbrunn

Das Schloss Schönbrunn liegt weit abseits des Stadtzentrums im 13. Wiener Gemeindebezirk (Hietzing). Es ist das größte Schloss Österreichs. Heute ist es zusammen mit dem etwa 160 ha großen Park Teil des UNESCO-Weltkulturerbes. Es war seit der Mitte des 18. Jahrhunderts die Sommerresidenz der österreichischen Kaiser. Das Schloss war in dieser Zeit fast durchgehend von einem Hofstaat aus mehreren hundert Personen bewohnt und von hier aus wurde Weltgeschichte gemacht.

Der Name „Schönbrunn" dürfte auf Kaiser Matthias zurückzuführen sein. Dieser soll hier im Jahre 1619 auf der Jagd einen Brunnen „entdeckt" haben. Dabei hätte er angeblich ausgerufen „Welch' schöner Brunn".

Die Gonzagaburg

Zwischen 1638 und 1643 entstand auf dem Gelände des heutigen Schlosses ein Vorgängerbau, der Kaiserin Eleonora Gonzaga als Residenz diente. Dieses Gebäude wurde während der Zweiten Wiener Türkenbelagerung im Jahre 1683 schwer beschädigt.

Daraufhin gab 1687 Leopold I. einen repräsentativen Neubau in Auftrag, mit dem er den berühmten Barockarchitekten Fischer von Erlach beauftragte.

Ursprünglicher Plan eines großen Schlosses

Fischer von Erlach schlug daraufhin eine Anlage mit gewaltigen Ausmaßen vor. Dieses Bauwerk hätte selbst das bis dahin größte Schloss der Welt, das Schloss Versailles bei Paris, übertroffen. Dieses Monsterprojekt konnte jedoch nicht einmal das österreichische Kaiserhaus finanzieren.

In der Folge wurde der Architekt im Jahre 1693 mit einer wesentlich kleineren Anlage beauftragt. Sie wurde in den Jahren 1696 bis 1701 über den Resten des früheren Schlosses erbaut und war ab dem Jahre 1700 bewohnbar.

Sein heutiges Aussehen erhielt das Schloss erst unter Erzherzogin Maria Theresia. Ab 1743 errichteten die Architekten Nikolaus von Pacassi und Johann Ferdinand Hetzendorf von Hohenberg das Schloss und den weitläufigen Park in seiner heutigen Form.

Kaiser Franz Joseph I. bewohnte das Schloss im Sommer und pendelte viele Jahre lang von dort täglich zum Arbeiten in die Hofburg, wo er im Winter auch wohnte. Seine letzten Lebensjahre verbrachte er ganzjährig in Schönbrunn. Von hier aus regierte er sein Reich und hier verstarb er im Jahre 1916.

Sein Nachfolger Karl I. musste nach dem Zusammenbruch der Donaumonarchie im Jahre 1918 auf seine Regierungsgeschäfte verzichten. Die Verzichtserklärung unterschrieb er im Schloss Schönbrunn, das damit in den Besitz der Republik überging.

*Privatappartements der
kaiserlichen Familie (die „Berglzimmer")*

Foto: Schloss Schönbrunn Kultur- und
Betriebsgesellschaft m.b.H.

Im Zweiten Weltkrieg blieben die Gebäude weitgehend von Schäden verschont und auch die Sowjetischen Besatzer achteten nach dem Krieg die wertvolle Bausubstanz.

Ab 1948 konnten Teile des Schlosses wieder besichtigt werden. 1961 fand hier anlässlich des Gipfeltreffens zwischen dem amerikanischen Präsidenten Kennedy und dem sowjetischen Regierungschef Chruschtschow ein Galadinner statt.

*„Sisi" (Wachsfigur der
Kaiserin Elisabeth von
Österreich)*

Heute zählt Schloss Schönbrunn 1 441 Zimmer verschiedenster Größe und wird von der Schloss Schönbrunn Kultur- und Betriebsgesellschaft m.b.H. verwaltet. Einige Räume wurden an Privatpersonen vermietet, der Großteil des Schlosses ist jedoch ein Museum. Schloss und Schlosspark ziehen jährlich fast 8 Millionen Besucher an.

Der Schlosspark von Schönbrunn

Die Römische Ruine

Die von Hohenberg entworfene und 1778 errichtete künstliche Ruine orientiert sich an einer Darstellung der Ruine des römischen Vespasian-und-Titustempels des Grafikers und Archäologen Giovanni Piranesi.

Der Neptunbrunnen

Am Fuß des Hügels der Gloriette steht der beeindruckende Neptunbrunnen. Nach vierjähriger Bauzeit konnte er noch kurz vor dem Tode Maria Theresias vollendet werden.

Die Figuren stellen die Meerfahrt des Neptun dar und sind ein Gleichnis für den Fürsten, der sein Land über die Klippen des Schicksals hinweg zu lenken versteht.

Der Obeliskbrunnen

Der Obeliskbrunnen wurde 1777 vollendet. Der Obelisk steht auf einem Berg, in dem sich eine Grotte befindet, und ruht auf einem Sockel mit vier goldenen Schildkröten. Der Grottenberg wird von Flussgottheiten bevölkert. Auf der Spitze des Obelisken befindet sich ein vergoldeter Adler zur Verherrlichung des Kaisers.

Zwar wurden altägyptische Hieroglyphen in den Obelisken eingemeißelt, lesen konnte man solche Schriftzeichen damals allerdings noch nicht. Sie wurden erst viel später entschlüsselt.

Die Gloriette

Eine Gloriette ist ein Bauwerk auf einer Anhöhe in Form eines Pavillons oder kleinen Tempels. Die Gloriette im Schlossgarten von Schönbrunn in Wien ist die weltweit größte aller Glorietten.

Sie wurde im Jahre 1775 unter Maria Theresia nach Plänen von Johann Ferdinand Hetzendorf von Hohenberg als „Ruhmestempel" für die österreichischen Kaiser errichtet. Viele bearbeitete Steine stammen vom Schloss Neugebäude, einem früheren renaissancezeitlichen Kaiserpalast in Wien Simmering, der damals keine repräsentative Funktion mehr hatte und als „Steinbruch" diente (siehe auch oben unter „Schloss Neugebäude").

In späteren Zeiten diente die Gloriette als Speise- und Festsaal. Von 1790 bis 1910 waren die drei mittleren Bögen der Gloriette verglast. Kaiser Franz Joseph I. nahm hier gerne sein Frühstück ein. Der Speisesaal wurde bis zum Ende der Monarchie benutzt, heute befindet sich ein Café darin. Die Plattform am Dach bietet eine wunderbare Aussicht auf das Schloss Schönbrunn und über die Stadt Wien.

Die Gloriette wurde im Zweiten Weltkrieg durch Bombentreffer schwer beschädigt, jedoch bereits 1947 wiederhergestellt.

1995 wurde sie erneut restauriert. Die alte Verglasung wurde nach historischen Fotos wieder eingebaut und das Café Gloriette im Jahre 1996 in Betrieb genommen.

Das Palmenhaus –
Ein Gewächshaus der Rekorde

Während der Zeit des europäischen Kolonialismus und des Aufstiegs der Naturwissenschaften begann man in Europa, Zier- und Nutzpflanzen aus allen Teilen der Welt zu sammeln und zur Schau zu stellen. Um tropische Pflanzen unter europäischen klimatischen Bedingungen zu erhalten, war eine Weiterentwicklung der früheren „Orangerien" erforderlich.

Bereits Ende des 18. Jahrhunderts wurden Treibhäuser als Glas-Holz-Konstruktionen entwickelt. Technik und Industrialisierung eröffneten im 19. Jahrhundert neue Möglichkeiten der Verwendung von Eisen und Glas als Baustoffe. Bereits Anfang des 19. Jahrhunderts experimentierten in England George Steward Mackenzie und John Loudon mit „curvilinear houses", das sind Gewächshäuser mit gewölbten Dächern aus Eisen- und Glaskonstruktionen, um möglichst viel Sonnenlicht zu nutzen und gleichmäßig zu verteilen.

Die Habsburger hatten zumindest seit der Zeit Maria Theresias eine große Sammelleidenschaft für exotische Pflanzen entwickelt. So entstanden mehrere kleine Glashäuser, die aber bald zu klein waren und den technischen Anforderungen nicht mehr genügten. Spätestens zur Zeit der Wiener Weltausstellung wurde klar, dass nur eine vollverglaste Eisenkonstruktion optimale Voraussetzungen und genügend Raum bieten konnte.

Das Palmenhaus im Schönbrunner Schlosspark wurde im Jahre 1880 von Kaiser Franz Joseph I. bei seinem Hofarchitekten Franz Xaver Segenschmid in Auftrag gegeben und nach nur zwei Jahren Bauzeit fertiggestellt. Es zählt zu den drei größten Gewächshäusern der Welt. Es ist 111 Meter lang, 28 Meter breit und 25 Meter hoch. Die Verglasung besteht aus etwa 45 000 einzelnen Glasscheiben. Von den 4500 Pflanzenarten sind einige fest im Boden eingepflanzt.

Während des Zweiten Weltkrieges ging die Verglasung des Palmenhauses durch Bombenangriffe aus der Luft fast vollständig zu Bruch. Nur einige wenige wertvolle Pflanzen konnten gerettet werden. Manche wurden in das nahe gelegene Sonnenuhrhaus gebracht, andere wieder überlebten gerade noch den Winter bei Temperaturen von zeitweise bis zu -7 °C.

Im Jahre 1948 begann der Wiederaufbau des Palmenhauses, die Neueröffnung erfolgte im Jahre 1953. Dabei wurden fünf Waggonladungen (ungefähr 55 Tonnen) Fensterkitt verbraucht. Die damals bereits gravierenden Rostschäden wurden beim Wiederaufbau allerdings nicht behoben.

Nach dem Einsturz der Reichsbrücke am 1. August 1976 wurden in Wien sämtliche Brücken und Stahlkonstruktionen einer genauen Prüfung unterzogen. Im Palmenhaus wurden derart gravierende Mängel festgestellt, dass das Bauwerk für die Öffentlichkeit geschlossen werden musste. Die Bediensteten durften nur noch mit Schutzhelmen arbeiten.

Erst im Jahre 1986 wurde mit den Sanierungen begonnen. Dabei konnte nur in den Sommermonaten gearbeitet werden, da im Winter viele Pflanzen aus den Parkanlagen hineingebracht werden mussten. Einige große Bäume waren so tief verwurzelt, dass sie vor Ort gelassen werden mussten. Eine etwa acht Tonnen wiegende Kanaren-Dattelpalme wurde für die Zeit der Renovierungsarbeiten ins Sonnenuhrhaus übersiedelt.

Sonnenuhrhaus (Wüstenhaus)

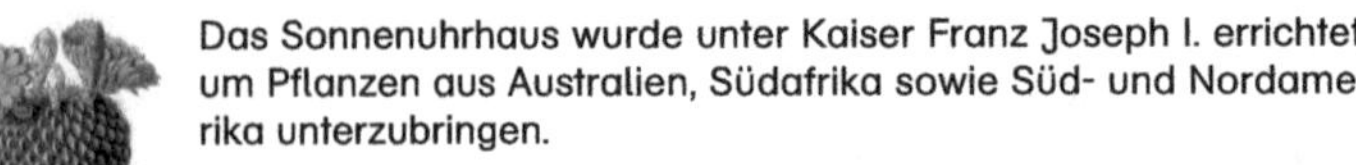

Das Sonnenuhrhaus wurde unter Kaiser Franz Joseph I. errichtet, um Pflanzen aus Australien, Südafrika sowie Süd- und Nordamerika unterzubringen.

Nach der Generalsanierung wurde 2004 in diesem Objekt das Wüstenhaus als Gegenstück zum 2002 geschaffenen Regenwaldhaus im benachbarten Tiergarten eröffnet: Dort werden neben Pflanzen aus trockenen Klimazonen auch Vögel, Reptilien und Kleintiere aus Wüstengebieten gezeigt.

Irrgarten

Weitere Gärten im Schlosspark von Schönbrunn

Zu den weiteren historischen Gartenanlagen im Schlosspark gehören der der Irrgarten (Bild links) mit einem neuen Spielplatz und interessanten Klang-Stationen, der Kronprinzengarten und der seit 1917 bestehende Japanische Garten. Am äußersten westlichen Rand liegt der Botanische Garten, der von der Bevölkerung als Erholungsort genutzt wird.

Der Tiergarten Schönbrunn

Der Tiergarten Schönbrunn gilt als der älteste bestehende Zoo der Welt. Viele Gebäude, Stallungen und Gehege stammen aus der Zeit des Barock und stehen unter Denkmalschutz. Die Anforderungen an Tiergärten und an die artgerechte Haltung von Tieren haben sich seit damals grundlegend geändert. Trotzdem ist es in den letzten Jahren gelungen, unter Wahrung des historischen Flairs der Kaiserzeit im Tiergarten Schönbrunn einen hochmodernen und attraktiven Zoo von Weltgeltung neu zu gestalten.

Frühstückspavillon

Die „Menagerie" (so nannte man damals Tiergärten) im Schlosspark von Schönbrunn wurde im Sommer 1752 unter Kaiser Franz Stephan von Lothringen eröffnet.

1759 entstand im Zentrum der Anlage der auffällige achteckige Pavillon, der bis heute das historische Kernstück des Tiergartens darstellt. Dieser diente zunächst der kaiserlichen Familie als Salon und Frühstücksraum. Heute können hier die Besucher des Tiergartens auf der Terrasse bei Kaffee und Kuchen eine Aussicht auf einige der Freigehege des umgebenden Zoos genießen.

Die Menagerie war nicht immer der Öffentlichkeit zugänglich. Bis gegen Ende der Regierungszeit Maria Theresias war der Tierpark im Wesentlichen der kaiserlichen Familie und geladenen Gästen vorbehalten. Zu diesen Gästen zählten bereits damals gelegentlich Schulklassen.

1778 wurde die Menagerie zusammen mit Schloss und Park für „anständig gekleidete Personen" geöffnet – zunächst jedoch nur an Sonntagen.

Zwischen 1770 und 1781 wurde neben Bären und Wölfen auch der erste Elefant nach Schönbrunn gebracht. Bald danach kamen die ersten Eisbären, Großkatzen, Hyänen und Kängurus sowie ein weiteres Paar Indischer Elefanten dazu. Im Jahr 1828 wurde den Habsburgern als Geschenk des Vizekönigs von Ägypten eine Giraffe übergeben.

Die Giraffe war eine absolute Sensation und zog Massen an neugierigen Besuchern an. Sie beeinflusste in Wien Mode, Kunsthandwerk und Gesellschaftsleben. Giraffenmotive fanden sich damals unter anderem auf Kleidern, Handschuhe und Gebrauchsgegenständen. Selbst Damenfrisuren wurden im „Giraffendesign" gestaltet und in vielen Läden wurde ein Parfüm „à la girafe" angeboten.

Zu jener Zeit war der Tiergarten bereits täglich zu besichtigen und es wurden die ersten „Zooführer" herausgegeben.

Affenkäfig (19. Jhdt.)

Im späten 19. Jahrhundert wurde der Tiergarten unter Alois Kraus, der ihn von 1879 bis 1919 leitete, grundlegend umgestaltet. Die Tierhaltung wurde verbessert und die historischen Anlagen wurden den Bedürfnissen der vielen Besucher besser angepasst. Am Beginn des 20. Jahrhunderts war die einstige Menagerie zu einem der modernsten und schönsten zoologischen Gärten der Welt geworden. Der Zoo beherbergte an die 3500 Tiere und über 700 Arten.

Die beiden Weltkriege setzten dem Tiergarten und seinen Mitarbeitern sehr zu. Während des Ersten Weltkrieges und danach ließen Versorgungsengpässe und die damit verbundenen hygienischen Probleme den Tierbestand um beinahe 85 Prozent zurückgehen. Während des Zweiten Weltkriegs wurden weite Teile der Anlage durch Bomben zerstört.

Von 1967 bis 1987 wurde die Größe des Tiergartens unter Direktor Walter Fiedler durch Erweiterungen und den Anbau von Gehegen fast verdoppelt und es wurde ein Kinderzoo eingerichtet. Trotz all dieser Bemühungen nahm in dieser Zeit die Kritik an der veralteten Tierhaltung zu. Der Zoo hatte mit Imageproblemen und rückläufigen Besucherzahlen zu kämpfen. Es wurde sogar überlegt, den Tiergarten für immer zu schließen und den Zoo in einen anderen Stadtteil von Wien zu verlegen.

Das heutige moderne Erscheinungsbild des Tiergartens verdanken wir vor allem dem Tiroler Tierarzt Helmut Pechlaner, der von 1991 bis 2007 als Alleingeschäftsführer der neu gegründeten Schönbrunner Tiergarten-Gesellschaft m.b.H. tätig war.

Die Modernisierung des Zoos erfolgte mit Mitteln der Republik Österreich und zahlreicher Sponsoren. Auch die Eintrittspreise wurden marktkonform angepasst. Daher konnten fast alle Gehege grundlegend umgestaltet werden.

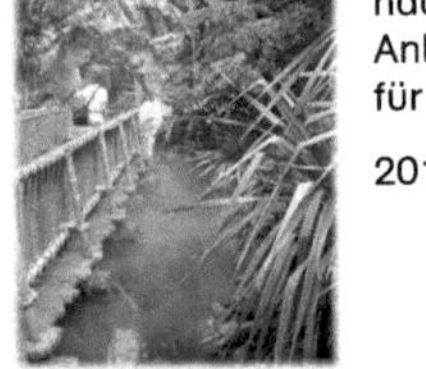

In dieser Zeit entstanden unter anderem das Regenwaldhaus, der Tirolerhof, die moderne Raubkatzenanlage, ein Insektarium, eine neue Anlage für Große Pandas, ein geräumiges Elefantengehege sowie ein Gehege für Panzernashörner.

2011 wurde der Tiergarten Schönbrunn zum besten Zoo Europas gekürt.

Regenwaldhaus

Die Kapuzinergruft

Grüfte haben etwas Unheimliches an sich. Vor allem, wenn man ganz allein unten in den verwinkelten Gewölben zwischen Särgen und prunkvollen Sarkophagen steht, in denen die Überreste einiger der mächtigsten Persönlichkeiten der Weltgeschichte bestattet sind. Ein solches Erlebnis kannst du in Wien haben, wenn du an einem Arbeitstag die Kapuzinergruft unter der Kapuzinerkirche am Neuen Markt besuchst.

Die Kapuzinergruft ist die bedeutendste Begräbnisstätte der Habsburger und wird von den gleichnamigen Ordensbrüdern, den Kapuzinern, betreut.

Das Kapuzinerkloster wurde im Jahre 1617 von Kaiserin Anna gestiftet, die auch eine Gruft unter der Klosterkirche anlegen ließ. Nur ein Jahr später starb sie, im Jahr darauf ihr Mann, Kaiser Matthias. Das Kaiserpaar wurde im Jahr 1633 in die Gruft überführt. Seit damals wurde diese immer wieder erweitert. So zum Beispiel in den Jahren 1908 und 1909 durch Kaiser Franz Joseph I. und zuletzt 1960 bis 1962 im Auftrag der Republik Österreich.

Heute ruhen in der Kaisergruft die Überreste von 12 Kaisern, 19 Kaiserinnen und vielen weiteren Mitgliedern der Herrscherfamilie. Die letzte Bestattung fand am 16. Juli 2011 statt. Damals wurden die Särge von Otto Habsburg, dem Sohn des letzten Kaisers, Karl I., und seiner 2010 verstorbenen Frau Regina von Sachsen-Meiningen in die Kapuzinergruft überführt.

Aufbahrung Otto von Habsburgs und seiner Frau in der Kapuzinergruft

Die letzte wirkliche Kaiserin, die hier bestattet wurde, war Zita von Bourbon-Parma, die Ehefrau Kaiser Karl I. 1989 wurde der Sarg mit dem einbalsamierten Leichnam Zitas nach Österreich überführt und in der Wiener Kapuzinergruft feierlich beigesetzt. Ihr Herz wird im Kloster Muri in der Schweiz aufbewahrt. Bei der Prozession wurde jener reichverzierte schwarze Leichenwagen verwendet, in dem auch Kaiser Franz Joseph I. im Jahre 1916 auf seiner letzten Fahrt durch die Wiener Innenstadt geleitet wurde.

Der Leichnam Kaiser Franz Josephs I. auf dem Totenbett (1916)

Kaiserin Zita 1916

Die Karlsgruft wurde unter Kaiser Karl VI. vor 1720 nach Plänen von Johann Lucas von Hildebrandt angelegt. Sie und die 1758 fertiggestellte Maria-Theresien-Gruft bilden den beeindruckendsten Teil der Begräbnisstätte. Der gewaltige spätbarocke Doppelsarkophag für Maria Theresia und Kaiser Franz I. Stephan von Lothringen stammt von Balthasar Ferdinand Moll und wurde bereits zu ihren Lebzeiten angefertigt.

Die Sarkophage von Kaiser Karl VI. (links) und Maria Theresia (rechts)

Die Särge von Kaiser Franz Joseph I. (1830 bis 1960) und seiner Frau „Sisi" (Kaiserin Elisabeth von Österreich-Ungarn, geboren 1837, ermordet am 10. September 1898 in Genf

Sisis Ermordung

Der Augarten

Wenn man im 2. Wiener Gemeindebezirk (Leopoldstadt) unterwegs ist, fallen einem bald zwei abstoßende Betonklötze mit tiefen Rissen in den Mauern auf. Diese merkwürdigen Bauwerke sind bis zu 13stöckige Flaktürme aus dem Zweiten Weltkrieg. Sie stehen in einem weitläufigen Park, der von einer Mauer aus der Barockzeit umgeben ist.

Der Park hinter diesen Mauern ist durchaus sehenswert. Es ist der Augarten, die älteste barocke Gartenanlage Wiens mit aufwändigen Blumenlandschaften und breiten Kastanienalleen. Hier befinden sich das Augartenpalais, der Sitz der berühmten Wiener Sängerknaben, und das historische Schloss Augarten mit der historischen Porzellanmanufaktur.

Wiener Sängerknaben

Im Jahr 1614 ließ Kaiser Matthias in den unberührten Donauauen ein kleines Jagdschloss erbauen. Um 1650 entstand neben dem Jagdschloss eine kleine Gartenanlage, die bald darauf erweitert und in einen barocken Lustpark umgestaltet wurde. Im Zuge der Zweiten Wiener Türkenbelagerung im Jahr 1683 wurde die gesamte Anlage zerstört.

1705 wurden die Gartenanlage und das Schloss unter Kaiser Joseph I. wiederhergestellt. Der damals errichtete Gartensaal ist heute Firmensitz der Augarten-Porzellanmanufaktur, der zweitältesten Porzellanmanufaktur Europas.

Der Augarten im Jahre 1786

Porzellanmanufaktur Augarten

1712 beauftragte Kaiser Karl VI. den Gartenarchitekten Jean Trehet, der auch die Gartenanlagen des Schönbrunner Schlosses und des Belvedere realisierte, eine neue, aufwändigere Gartenanlage in französischem Stil anzulegen. Der heutige Augarten entspricht in seiner Form weitgehend dieser Anlage. Am 1. Mai 1775 wurde der Augarten von Joseph II. der Allgemeinheit zugänglich gemacht.

Zwischen 1934 und 1936 wohnte der damalige Bundeskanzler Kurt Schuschnigg im Palais Augarten.

Im Sommer 1944, gegen Ende des Zweiten Weltkrieges, wurde mit dem Bau von zwei Flaktürmen zur Abwehr von Luftangriffen begonnen. Außerdem fuhren Panzerfahrzeuge durch die Gartenanlage und es

Palais Augarten

Augartenporzellan

wurden Massengräber angelegt, in denen viele hundert Kriegsopfer beigesetzt wurden.

Ende der 1960er Jahre wurde versucht, einen der beiden Flaktürme zu sprengen. Der Turm wurde zwar erheblich beschädigt, blieb aber als Ruine stehen. Die Risse sind noch gut zu sehen.

Die Hofburg

Die Hofburg war mit Unterbrechungen vom 13. Jahrhundert bis zum Ende der Monarchie im Jahre 1918 die Residenz der Habsburger. Seit 1945 ist sie der Amtssitz des österreichischen Bundespräsidenten. Heute sind dort einige der größten und bedeutendsten Museen Wiens sowie die Nationalbibliothek untergebracht.

Der riesige Gebäudekomplex ist im Laufe von rund sieben Jahrhunderten gewachsen und umfasst auch zwei Kirchenbauten: die Hofkapelle und die Augustinerkirche.

Der Baubeginn erfolgte bereits in der ersten Hälfte des 13. Jahrhunderts unter den Babenbergern. Den Grundstein soll Herzog Leopold VI. gelegt haben. Der erste Ausbau erfolgte unter dem böhmischen König Ottokar II. Přemysl. Die Anlage war damals mit Mauern, Wehrtürmen und Gräben versehen und war Teil der Wiener Stadtbefestigung.

Im 16. Jahrhundert verlegte Kaiser Ferdinand I. seine Residenz nach Wien und begann mit dem Ausbau der Hofburg. Dabei wurden zahlreiche Trakte umgebaut und neue hinzugefügt. Weitere Umbauten und Erweiterungen erfolgten bis ins 20. Jahrhundert hinein.

Die Hofburg im Jahre 1683

Der Schweizertrakt (Schweizerhof)

Dieser ist der älteste Teil der Hofburg. Der Grundriss ist viereckig und wurde im Mittelalter als wehrhafte Burg angelegt. Dort befinden sich auch die gotische Burgkapelle sowie die Schatzkammer, in der unter anderem die Herrschaftsinsignien des Kaiserhauses aufbewahrt werden. In diesem Trakt hat auch die Hofmusikkapelle ihren Sitz. Der Schweizerhof wurde zur Zeit Kaiser Karls V. durch seinen Bruder, den römisch-deutschen König Ferdinand (ab 1558 Kaiser Ferdinand I.), im Renaissancestil umgebaut.

Die Hofburgkapelle

Schweizertor

Die Hofburgkapelle ist die älteste Kapelle der Hofburg und war die Hauskapelle des Kaiserhauses. Ursprünglich spätromanisch wurde sie im 15. Jahrhundert im gotischen Stil umgebaut, dann unter Maria Theresia barockisiert und Anfang des 19. Jahrhunderts, also zur Zeit des Klassizismus, im neugotischen Stil umgestaltet.

Die Stallburg (Spanische Hofreitschule)

Ursprünglich war das Gebäude im Renaissancestil als Residenz für Maximilian II. als Thronfolger erbaut worden. Im 17. Jahrhundert beherbergte die Stallburg die Kunstsammlungen des Erzherzoges Leopold Wilhelm.

Erst im 18. Jahrhunderts wurde das Gebäude zu Stallungen für die kaiserlichen Pferde umgebaut. Bis heute ist dort ein großer Teil der Spanischen Hofreitschule untergebracht.

Die Amalienburg

Gegenüber dem Schweizertor befindet sich die Amalienburg, benannt nach Amalie Wilhelmine, der Witwe Kaiser Josephs I. Sie wurde mehr als hundert Jahre zuvor im Spätrenaissancestil erbaut und diente zunächst als Residenz Kaiser Rudolfs II.

Im Hof (Amalienhof) befindet sich ein Renaissancebrunnen. Beachtenswert ist auch die astronomische Uhr auf der Fassade. Im Innenhof ist außerdem das Denkmal für Kaiser Franz I. zu sehen, das zwischen 1842 und 1846 errichtet wurde.

Astronomische Uhr

Heute befinden sich im Amalientrakt einige Büros des Bundeskanzleramts.

Der Leopoldinische Trakt

Hier sind die Amtsräume des Bundespräsidenten.

Der Leopoldinische Trakt bildet eine Verbindung zwischen der Amalienburg und dem Schweizertrakt und wurde unter Kaiser Leopold I. im 17. Jahrhundert erbaut.

Amtsräume des Bundespräsidenten

Nach der Zweiten Wiener Türkenbelagerung von 1683 wurde das Bauwerk im frühbarocken Stil neu errichtet. Unterhalb dieses Leopoldinischen Traktes und der Amalienburg befand sich auch der riesige Weinkeller der Hofburg.

Der Reichskanzleitrakt

Dieser wurde von den berühmten Barockarchitekten Johann Bernhard Fischer von Erlach und seinem Sohn Joseph Emanuel Fischer von Erlach gegenüber der Stallburg (Hofreitschule) errichtet. Er beherbergte die Amtsräume des Reichsvizekanzlers, des tatsächlichen „Premierministers" des Heiligen Römischen Reiches, sowie den Reichshofrat.

Die Hofbibliothek

Die Hofbibliothek wurde von Kaiser Karl VI. gegründet und beherbergt heute den großartigen Prunksaal der Österreichischen Nationalbibliothek. Errichtet wurde ihr Bau von Johann Bernhard Fischer von Erlach und seinem Sohn Joseph Emanuel.

Hier befinden sich die Büchersammlung des Prinzen Eugen, ein Decken-Fresko von Daniel Gran und Kaiserstandbilder von Paul Strudel. Dieser Teil ist wohl der künstlerisch bedeutendste der Hofburg.

Bis etwa 1767 wurde die heutige Feststiege zum Prunksaal erbaut. 1769 drohte das Gebäude wegen des enormen Gewichts der Bücher einzustürzen. Kaiserin Maria Theresia und ihr Sohn Joseph II. ließen es in der Folge verstärken.

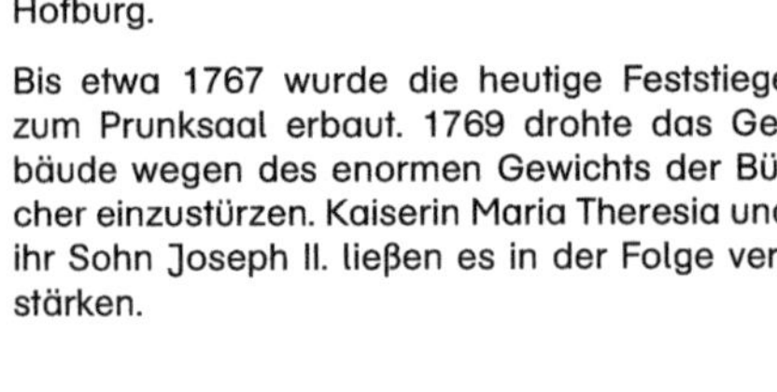

Augustinerkirche

Der Augustinertrakt

Dieser Trakt liegt angrenzend zur Hofbibliothek auf der südöstlichen Seite des Josefsplatzes. Der Name leitet sich von der angrenzenden Augustinerkirche ab. Das Palais Erzherzog Albrecht enthält die grafische Sammlung der Albertina und ist baulich mit dem Augustinerkloster verbunden.

Der Redoutensaaltrakt

Nördlich der Hofbibliothek liegt der Redoutensaaltrakt. Darin sind die berühmten Redoutensäle, der kleine und der große Redoutensaal. 1997 wurden die Säle durch ein Dachfoyer ergänzt.

Großer Redoutensaal

Ursprünglich befand sich an dieser Stelle ein altes Opernhaus aus dem 17. Jahrhundert, das Maria Theresia zu den Redoutensälen umbauen ließ. Die Räume dienten fortan als Tanz- und Konzertsäle.

In der Nacht vom 26. November auf den 27. November 1992 wurden ein Teil des Daches sowie des Obergeschoßes durch einen Großbrand vollständig vernichtet. Nach der Katastrophe wurden die Säle in mühsamer Arbeit restauriert.

Dies dauerte fünf Jahre. Dabei wurde der große Saal vom österreichischen Maler Josef Mikl mit Ölgemälden zu Zitaten der Literaten Ferdinand Raimund, Johann Nepomuk Nestroy, Elias Canetti und Karl Kraus ausgestattet.

Der Redoutensaaltrakt, die Hofbibliothek und der Augustinertrakt bilden ein architektonisches Ensemble in der Form eines Hufeisens, das Teile des Josefsplatzes umschließt.

Der Michaelertrakt

Der Michaelertrakt bildet die Verbindung zwischen Winterreitschule und Reichskanzleitrakt. Die Pläne stammen von Joseph Emanuel Fischer von Erlach. Die Bauarbeiten erfolgten von 1889 bis 1893. Später kam es immer wieder zu Umbauten und Anpassungen.

Über dem Michaelertrakt befindet sich eine riesige bronzene Kuppel. Zu beiden Seiten des Eingangstors am Michaelerplatz stehen an der Mauer zwei Brunnen mit beeindruckenden Skulpturen: „Die Macht zur See" von Rudolf Weyr und „Die Macht zu Lande" von Edmund Hellmer.

Brunnen „Die Macht zur See"

Der Zeremoniensaaltrakt

Der Zeremoniensaaltrakt wurde der Hofburg Anfang des 19. Jahrhunderts hinzugefügt und steht in einem rechten Winkel zum Leopoldinischen Trakt. Heute ist er in die Neue Burg integriert.

Hier befindet sich der prunkvollste Saal in der Hofburg. Der belgische Architekt Louis Montoyer gestaltete den Trakt als Thronsaal. Er verfügt über eine kunstvolle Kassettendecke und 26 Kristallluster, die früher mit 1 300 Kerzen bestückt waren. Die 24 korinthischen Säulen sind aus Kunstmarmor.

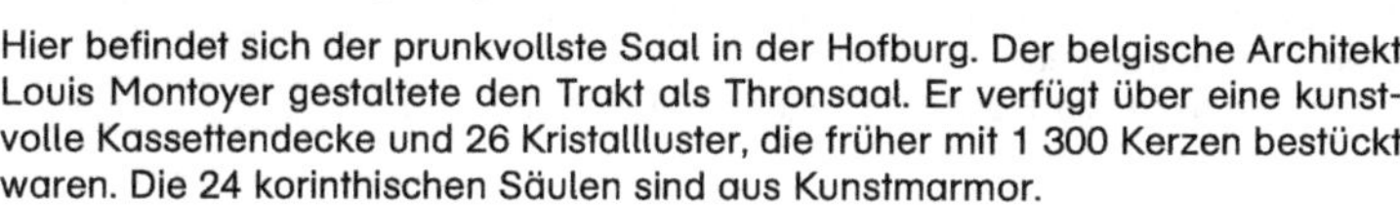

Die Neue Burg

Die Neue Burg ist der jüngste und gewaltigste Teil der Hofburg, der von der Ringstraße gesehen werden kann. Er wurde im Zuge der Stadterweiterung nach dem Schleifen der Stadtmauern in den 1860er Jahren im Stil des Historismus der Gründerzeit errichtet.

Modell des Kaiserforums mit Volksgarten und Heldenplatz

Ursprünglich war noch viel mehr geplant. Man hatte die Idee, ein einzigartiges Kaiserforum zu schaffen. Dabei dachte man an eine zweiflügelige Anlage über die Ringstraße hinweg mit den Zwillingsmuseen (Kunsthistorisches und Naturhistorisches Museum) als Flanken und den alten Hofstallungen Fischer von Erlachs als Abschluss. Die heute bestehenden Teile wurden unter der Bauleitung von Gottfried Semper und Karl Freiherr von Hasenauer errichtet.

Die Museen wurden 1891 fertiggestellt, am Rest des Forums wurde bis zum Jahre 1913 gebaut. Das gesamte Kaiserforum wurde jedoch nie verwirklicht. Aber immerhin entstanden so der Heldenplatz und der Maria-Theresien-Platz zwischen den beiden Museen.

Keiner der beiden Trakte der Neuen Burg wurde jemals bewohnt. Die Fertigstellung der Innenausstattung erfolgte erst nach dem Ende der Monarchie in den 1920er Jahren. Heute befinden sich dort zahlreiche Museen und die Österreichischen Nationalbibliothek.

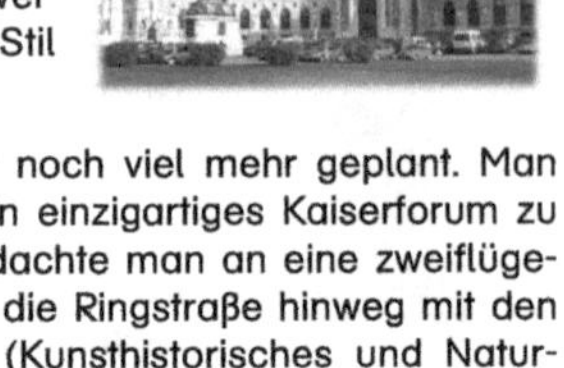

Auf dem Heldenplatz vor der Neuen Burg sind auch die monumentalen Reiterstatuen des Feldherren Prinz Eugen von Savoyen und von Erzherzog Karl zu bewundern.

Die neue Burg an der Ringstraße im Jahre 1898

Der Heldenplatz und die Neue Burg bildeten auch die Kulisse von Adolf Hitlers Auftritt vor einer riesigen Menschenmasse nach dem Anschluss Österreichs an das „Deutsche Reich" am 15. März 1938.

Der Festsaaltrakt

Der Festsaaltrakt am Heldenplatz wurde erst in den Jahren 1910 bis 1923 errichtet. Er verbindet die Neue Burg mit dem Zeremoniensaaltrakt. Der Große Festsaal ist mit rund 1 000 m² der größte Saal in der gesamten Hofburg. Heute befindet sich dort das Kongresszentrum und es werden immer wieder Bälle und andere Veranstaltungen abgehalten.

Der Burggarten

Östlich der Neuen Burg, auf der anderen Seite des Heldenplatzes, befindet sich der Burggarten. Dieser Garten war nur Mitgliedern der kaiserlichen Familie vorbehalten. Das Palmenhaus, auch bekannt als Schmetterlingshaus, wurde als letztes Bauwerk der Hofburg im Jugendstil errichtet.

Palmenhaus im Burggarten

Die Museen in der Hofburg

Die originalgetreu ausgestatteten Kaiserappartements, das Sisi Museum und die Silberkammer als umfangreiche Sammlung kaiserlicher Gebrauchsgegenstände ziehen jährlich an die 600 000 Besucher an und gehören zu den beliebtesten Sehenswürdigkeiten Wiens.

Sisi Museum (links) und Silberkammer (Mitte und rechts)

Die österreichischen Reichsinsignien und andere Gegenstände von unermesslichem Wert aus dem Besitz der Habsburger befinden sich in der Schatzkammer.

Schatzkammer: Reichsinsignien, Reichskrone des Heiligen Römischen Reiches und kirchliche Schätze (von links nach rechts)

In der Neuen Burg findet man die Hofjagd- und Rüstkammer mit alten Waffen und Rüstungen, die Sammlung alter Musikinstrumente, das Museum für Völkerkunde (heute Weltmuseum), das Ephesos-Museum und die altägyptische Papyrussammlung. Die Lesesäle der Österreichischen Nationalbibliothek sind ebenfalls in der Neuen Burg untergebracht.

Rüstkammer (links und Mitte) und Museum für Völkerkunde (rechts)

Die Spanische Hofreitschule bietet Führungen und Vorstellungen der Reitkunst in der Winterreitschule und der Stallburg an.

Unbedingt sehenswert ist auch die Hofbibliothek am Josefsplatz mit ihrem eindrucksvollen Prunksaal.

Die weltberühmte Albertina mit ihren einzigartigen graphischen Sammlungen, die Prunkräume der Habsburger und das Österreichische Filmmuseum gehören ebenfalls zum Komplex der Hofburg.

Das Naturhistorische Museum

Das Gebäude ist, wie auch die Neue Burg und das Kunsthistorische Museum, Teil des Kaiserforums, das in seiner ursprünglich geplanten Form nie vollendet wurde.

In den Sammlungen der k.k. Hof-Naturalienkabinette hatten sich ungeheure Mengen an Objekten angesammelt und so entschloss sich Kaiser Franz Joseph I. zum Bau eines eigenen Museums. Das Bauwerk wurde nach Entwürfen von Gottfried Semper und Karl Freiherr von Hasenauer an der 1865 eröffneten Wiener Ringstraße gegenüber der kaiserlichen Hofburg errichtet und am 10. August 1889 eröffnet.

Heute zählt es mit rund 30 Millionen Sammlungsobjekten zu den bedeutendsten Naturmuseen der Welt.

Bei Besuchern besonders beliebt ist der Sauriersaal mit lebensgroßen Modellen und Computeranimationen.

Ganz einzigartig sind auch die Meteoritensammlung und die prähistorische Abteilung mit dem Original der weltberühmten nur 11 cm hohen und etwa 27 000 Jahre alten Venus von Willendorf, dem wohl bekanntesten archäologischen Fundstück Österreichs.

Naturhistorisches Museum: Sauriersaal (links und Mitte) und prähistorische Abteilung mit Neandertalern (rechts)

Das Kunsthistorische Museum

Das Kunsthistorische Museum liegt gegenüber dem Naturhistorischen Museum und gehört ebenfalls zu den bedeutendsten Bauwerken der Ringstraßenzeit. Zusammen umfassen die beiden Museen den Maria-Theresien-Platz, auf dem auch das Maria-Theresien-Denkmal steht.

Kunsthistorisches Museum und Denkmal von Maria Theresia

Erbaut wurde das Museum, um die umfangreichen Gemäldesammlungen der Habsburger in einem einzigen Gebäude unterbringen zu können.

Sonderausstellungen ziehen oft sehr große Besuchermengen an. Mit etwa 1,3 Millionen Besuchern ist es das meistbesuchte Museum Österreichs.

Derzeit können die Besucher zwischen folgenden Sammlungen wählen:

- ⊙ Ägyptisch-Orientalische Sammlung
- ⊙ Antikensammlung
- ⊙ Sammlung antiker Münzen
- ⊙ Sammlung von Medaillen und modernen Münzen
- ⊙ Waffensammlung
- ⊙ Sammlung für Plastik und Kunstgewerbe mit der Sammlung alter Musikinstrumente
- ⊙ Gemäldegalerie

Die Saliera von Benvenuto Cellini, eine der wertvollsten Skulpturen des Museums, wurde am 11. Mai 2003 während Renovierungsarbeiten gestohlen. Man fand sie mit Hilfe des überführten Täters am 21. Januar 2006 in einem Wald bei Zwettl wieder.

Die Saliera

Kunsthistorisches Museum: Berühmte Bilder aus der Gemäldegalerie

Die Wiener Hofburg innerhalb der Ringstraße im Überblick

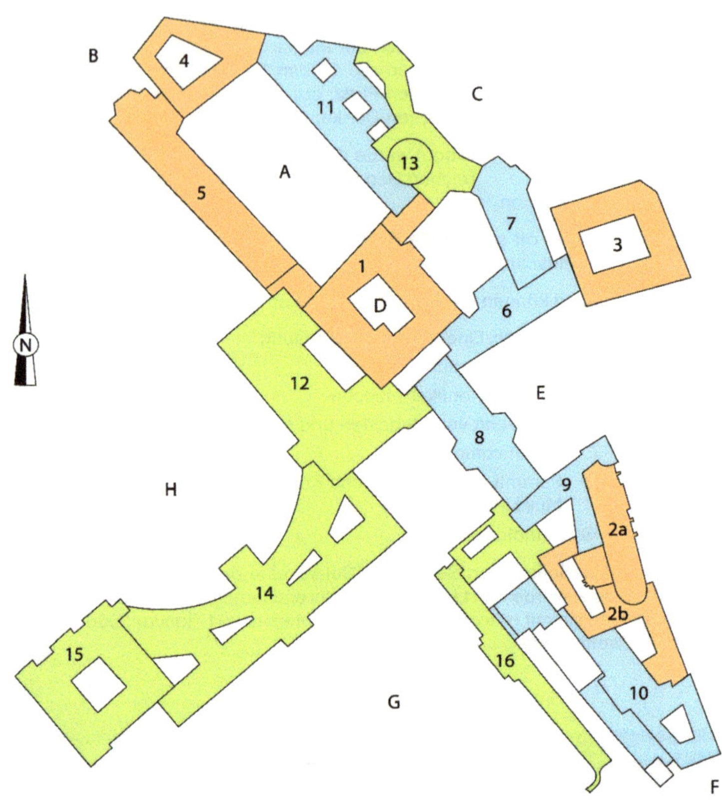

Trakte:

1 *Schweizertrakt* **2a** *Augustinerkirche* **2b** *Augustinerkloster* **3** *Stallburg* **4** *Amalienburg*
5 *Leopoldinischer Trakt* **6** *Redoutensaaltrakt* **7** *Winterreitschule* **8** *Hofbibliothek*
9 *Augustinertrakt* **10** *Palais Erzherzog Albrecht* **11** *Reichskanzleitrakt* **12** *Festsaaltrakt*
13 *Michaelertrakt* **14** *Neue Burg* **15** *Corps de Logis* **16** *Palmenhaus*

Plätze:

A *In der Burg* **B** *Ballhausplatz* **C** *Michaelerplatz* **D** *Schweizerhof* **E** *Josefsplatz*
F *Albertinaplatz* **G** *Burggarten* **H** *Heldenplatz*

Historische Bauphasen:

19.– 20. Jhdt. (Ringstraßenzeit)   18. Jhdt. (Barock)   13.– 17. Jhdt. (Gotik, Frühbarock)

Das alte AKH (Allgemeines Krankenhaus)

Das neue AKH

Innenhof im alten AKH

Wenn man von einem beliebigen Aussichtspunkt aus über die Stadt blickt, fallen einem sofort zwei massiven schwarzen Klotze inmitten des Häusermeers von Wien auf. Bei diesen Hochhäusern handelt es sich um das neue AKH, einen Teil des Allgemeinen Krankenhauses der Stadt Wien. Es ist eines der größten Spitäler Europas und Sitz der Medizinischen Universität Wien. Das neue AKH wurde nach 30jähriger Bauzeit im Jahr 1994 eröffnet.

Die Gesamtkosten werden auf 3,3 Milliarden Euro geschätzt, ursprünglich geplant waren 73 Millionen Euro! Die Kostenexplosion und eine damit verbundene Schmiergeldaffäre beim Bau des neuen AKH führten zum AKH-Skandal, dem bislang größten Bauskandal in der Geschichte Wiens.

Die Geschichte des Wiener AKH ist eine sehr lange. Es ist nicht nur eines der bedeutendsten Krankenhäuser der Welt, sondern auch das wohl älteste Großkrankenhaus in Mitteleuropa.

Ignaz Semmelweis

Im Seziersaal
Foto: Curious Expeditions
2007

Vor allem im 19. Jahrhundert war das Wiener Allgemeine Krankenhaus als Zentrum der Wiener Medizinischen Schule eines der internationalen Zentren der medizinischen Forschung. Hier erkannte Ignaz Semmelweis, dass mangelnde Hygiene für die hohe Kindbettsterblichkeit von Frauen verantwortlich war. Karl Landsteiner entdeckte am AKH die Blutgruppen und erhielt dafür im Jahre 1930 den Nobelpreis. Julius Wagner-Jauregg, ebenfalls ein Nobelpreisträger, entwickelte Therapien gegen Malaria und die bis dahin unheilbare Syphilis. Auch der Neurobiologe Róbert Bárány (Nobelpreis 1914) und der Chirurg Theodor Billroth wirkten am Wiener AKH.

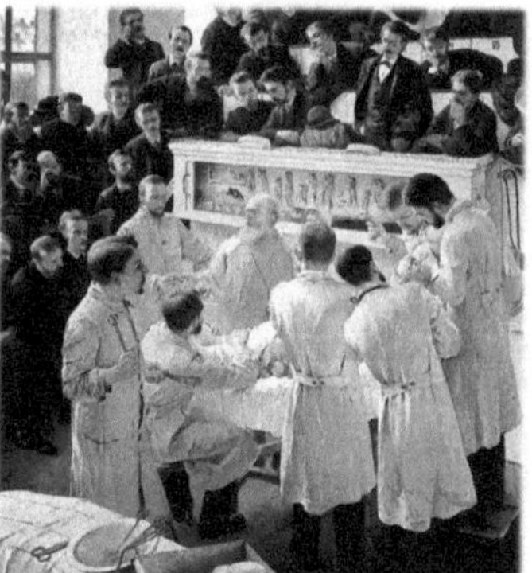

Billroth im Hörsaal, Gemälde um 1880

Die Wurzeln des alten AKH gehen bereits auf das 17. Jhd. zurück. 1693 ordnete Kaiser Leopold I. die Errichtung eines Großarmen- und Invalidenhauses an. Die Zustände dort waren nach heutigen Maßstäben gemessen unerträglich. So mussten sich mehrere Personen die Liegestätten teilen.

1783 besuchte Kaiser Joseph II. das Armenhaus. Als er die Missstände erkannte, schloss er die Anlage und ließ sie von seinem Leibarzt Prof. Dr. Joseph Quarin, dem späteren Direktor, zu einem allgemeinen Krankenhaus umbauen. Vorbild war das Hôtel-Dieu in Paris. Von nun an diente die Einrichtung ausschließlich der Betreuung von kranken Menschen.

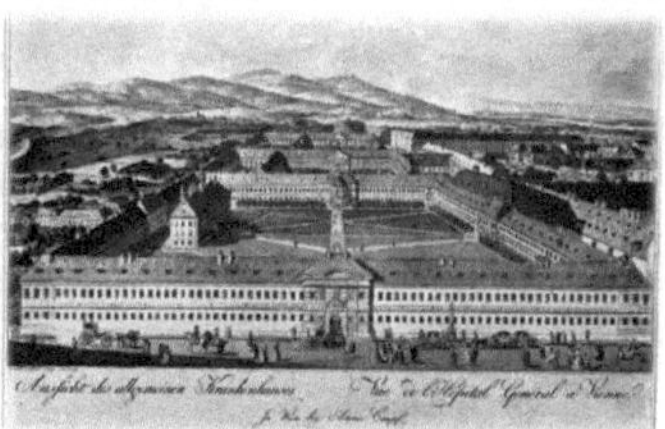

Altes AKH in Wien (1784)

Angeschlossen an das Krankenhaus waren ein „Irrenhaus" und ein Gebärhaus. Ab 1806 wurde ein „Findelhaus" für Kinder, die von ihren Eltern weggelegt worden waren, angegliedert.

Nach der Fertigstellung des neuen AKH wurden auf dem Gelände des alten Allgemeinen Krankenhauses Institute der Universität Wien untergebracht. Die vielen Student/innen haben bewirkt, dass in den alten Höfen und Gärten des alten AKH eine lebendige Lokalszene entstanden ist. Im Sommer lädt die Grünoase mitten in der Stadt zum Entspannen oder zum Picknick ein.

Das wohl bekannteste Gebäude des alten AKH ist der sogenannte Narrenturm. Das Gebäude wurde als erstes psychiatrisches Krankenhaus der Welt erbaut. Zum ersten Mal in der Geschichte wurden Geisteskranke von Armen getrennt.

Die Zellen waren 13 Quadratmeter groß und es gab keine Türen. Die „friedlichen" Patient/innen konnten sich im Turm frei bewegen. Die „tobenden" und „unreinen" Patienten wurden hingegen an Ketten gelegt, mit Gurten an die Betten gebunden und durch Zwangsjacken in ihrer Bewegung behindert.

Der Narrenturm („Gugelhupf")

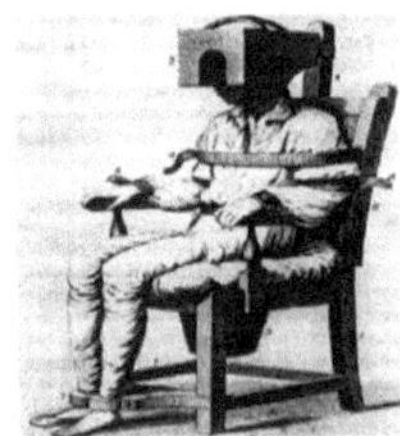

Der Tranquillizer

Stuhl zur Ruhigstellung von Patient/innen (um 1824)

Damals galt das „Irresein" noch als heilbare Krankheit. Bei den Krankheitsformen unterschied man zwischen Melancholie, Tollheit oder Unsinnigkeit. Als Behandlung dienten Schröpfen, Aderlass oder Brechmittel. Durch sie sollten die „Säfte" des Körpers wieder ins Gleichgewicht gebracht werden.

Die Insassen wurden im Hof von schaulustigen Besuchern begafft. Nach dem Tod Josephs II. wollte man die Insassen vor den neugierigen Besuchern schützen und fasste die Anlage mit einer Mauer ein.

Die runde Form des Narrenturms hat dazu geführt, dass man in Wien bis heute psychiatrische Kliniken bzw. „Narrenhäuser" als „Gugelhupf" bezeichnet. Wenn jemand „schon längst in den Gugelhupf gehört", bedeutet das, dass er verrückt ist.

Schaukästen mit anatomischen Präparaten im Narrenturm

Foto: Lydia Platzer 2012

Seit 1971 ist die pathologisch-anatomische Sammlung des Naturhistorischen Museums im Narrenturm untergebracht. Heute umfasst sie an die 45 000 Objekte und gilt als weltweit größte Sammlung pathologischer Präparate.

Das Josephinum

Unmittelbar neben der Anlage des alten AKH liegt das Josephinum. Diese Einrichtung wurde von Kaiser Joseph II. 1784 als Akademie zur Ausbildung von Ärzten für die Armee gegründet und am 7. November 1785 eröffnet.

Das Bauwerk markiert die Wende vom späten Barock zum Klassizismus des Biedermeiers.

Im Josephinum wurde eine Bibliothek mit etwa 6 000 Bänden eingerichtet. Außerdem ließ der Kaiser um teures Geld kunstvolle Wachspräparate für das angeschlossene pathologisch-anatomische Museum anfertigen.

Heute beherbergt das Josephinum das Institut für Geschichte der Medizin. Hier können auch die wertvollen Wachspräparate bewundert werden, die als besondere Sehenswürdigkeit gelten.

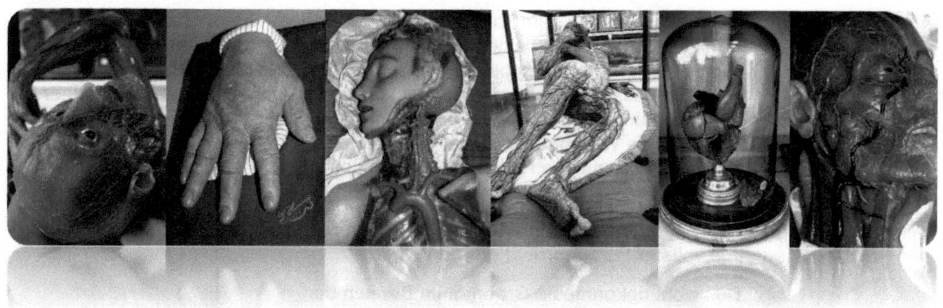

Wachspräparate am Institut für Geschichte der Medizin
Fotos: Curious Expeditions 2007 (URL: https://www.flickr.com/photos/curiousexpeditions)

Klassizismus, Biedermeier, Historismus und Jugendstil (19. und 20. Jahrhundert)

Der Sankt Marxer Friedhof

Unterhalb der Stadtautobahn und der stark befahrenen Abfahrt zum Gürtel liegt im 3. Wiener Gemeindebezirk (Landstraße) ein verschlafener, seit 1874 aufgelassener Friedhof, der aber durchaus einen Besuch wert ist. Wenn man ihn einmal gefunden hat, taucht man zwischen alten Grabsteinen und Fliedersträuchern in die längst versunkene Welt des Biedermeiers, seiner Menschen und ihrer Schicksale ein. Und man wird in den Inschriften viele berühmte Namen entdecken.

Leichenzug zum St. Marxer Friedhof (1823)

Die Gründung des Friedhofs geht auf die Reformen Kaiser Josephs II. zurück. Er verordnete die Schließung sämtlicher Friedhöfe im Stadtgebiet und verbot auch Begräbnisse in den Kirchengrüften und Klöstern innerhalb des Linienwalls (heute Gürtel).

Stattdessen wurden 1784 außerhalb des Linienwalls fünf so genannte „communale Friedhöfe" angelegt, heute bekannt als Biedermeier-Friedhöfe. Aus dieser Zeit stammt auch der Sankt Marxer Friedhof, mit dessen Eröffnung mehrere kleinere Vorstadtfriedhöfe aufgelassen und die Gebeine auf den neuen Friedhof gebracht wurden.

Joseph II. bekämpfte den starken Einfluss der Religionsgemeinschaften und enteignete viele kirchliche Besitztümer. Er wollte jeglichen Totenkult unterbinden und die Toten möglichst weit von den Lebenden fernhalten. In den ersten Jahren nach den Reformen war es sogar verboten, die Leichenwagen auf ihrem Weg zum Friedhof über die Stadtmauer hinaus zu begleiten oder Gräber mit Grabsteinen zu kennzeichnen.

Für Begräbnisse gab es einen „Sparsarg". Über dem Grab wurde eine Klappe geöffnet, der Tote fiel hinein und der Sarg konnte immer wieder verwendet werden. Diese Verbote wurden jedoch im Laufe der Zeit aufgehoben, weil der Widerstand des Klerus und der Bürger zu stark war.

Nach der Schließung im Jahre 1874 verwilderte der Friedhof zunehmend und sollte im Jahre 1922 in einen Park umgewandelt werden. Die Erhaltung verdanken wir dem Heimatforscher Hans Pemmer, der sich kämpferisch dafür einsetzte, sodass der Friedhof unter Denkmalschutz gestellt wurde. Nach einer Renovierung und Instandsetzung des gesamten Friedhofs unter Leitung des Architekten Anton Waldhauser wurde dieser am 22. Oktober 1937 der Wiener Bevölkerung als öffentliche Parkanlage übergeben.

Heute ist das Areal dicht mit Bäumen und Sträuchern bewachsen. Ein Besuch lohnt vor allem während der Zeit der Fliederblüte im April und Mai, während der man den Friedhof in vollster Farbenpracht erleben kann.

Wolfgang Amadeus Mozart

Das wohl bekannteste Grabmal im Bereich der Schachtgräber ist jenes von Wolfgang Amadeus Mozart. Das erst im Jahre 1855 errichtete Grabmal befindet sich an einem Platz, an dem Mozarts sterbliche Überreste vermutet werden. Trotz wiederholter Recherchen konnte die exakte Stelle, an der er beerdigt wurde, bisher nicht festgestellt werden. Zu Zeiten von Mozarts Beisetzung im Jahre 1791 durften ja Gräber aufgrund der josephinischen Erlässe nicht gekennzeichnet werden.

In einem Schachtgrab auf dem Sankt Marxer Friedhof fand auch Josef Madersperger, der Erfinder der Nähmaschine, seine letzte Ruhe. Madersperger konnte seine Erfindung nicht zu seinem finanziellen Vorteil nutzen und starb 1850 verarmt im nahe gelegenen Versorgungshaus St. Marx.

Grabmal von Wolfgang Amadeus Mozart

Grab von Josef Madersperger

Auf dem Friedhof liegen Angehörige verschiedener christlicher Konfessionen begraben. Nebst Katholiken ruhen hier beispielsweise auch evangelische Verstorbene sowie Angehörige der griechisch-orthodoxen und serbisch-orthodoxen Kirche.

Manche der Einzelgräber sind prunkvoll ausgestattet. Hier finden sich sämtliche Stilepochen während der Zeit der Belegung des Friedhofs wieder. Viele Grabsteine sind im Empirestil gestaltet. Der klassischen Antike nachempfundene Elemente sind ebenso vertreten wie neugotische Spitzbögen und neuromanischen Formen.

Die Grabinschriften des Biedermeiers waren oft mit ausführlichen Titeln, Berufsbezeichnungen und persönlichen Texten versehen. Beispiele dafür sind kuriose Inschriften, wie *„k. k. Hof Mundwäscherin"*, *„bürgl. Kanalräumer"* oder *„Fischhändlerswitwe"*.

Bemerkenswert ist auch das im Vergleich zu heute frühe Sterbealter. Die wenigsten Toten auf dem Biedermeierfriedhof haben ein Alter von mehr als 60 Jahren erreicht.

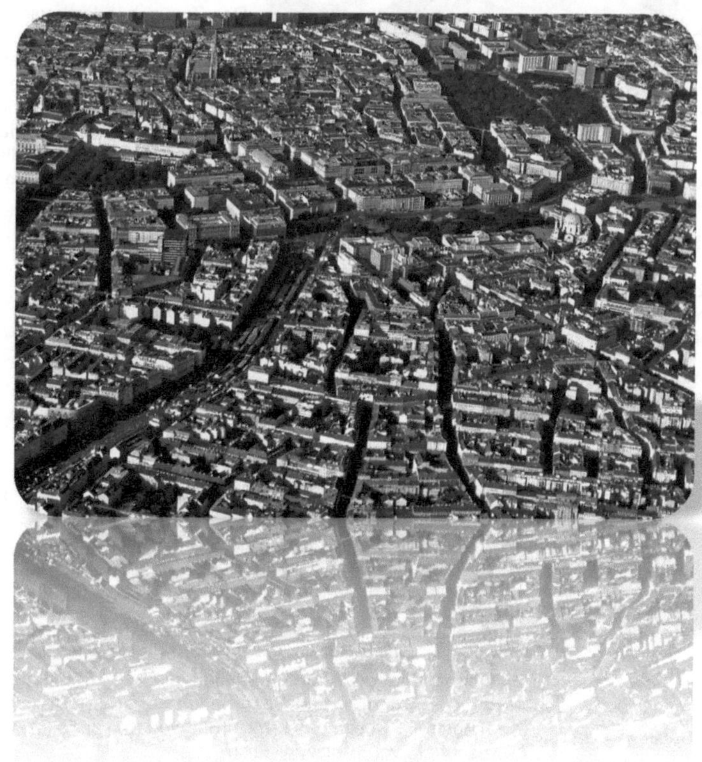

3.2 Ein Rundgang über die Ringstraße

Burgring und Dr.-Karl-Renner-Ring mit Hofburg, Heldenplatz, Volksgarten, Natur- und Kunsthistorischem Museum, Parlament, Rathaus und Burgtheater

Die Ringstraße ist ein weltberühmter Prachtboulevard um die Wiener Innenstadt herum mit zahlreichen Repräsentationsgebäuden aus der Stilepoche des Historismus der zweiten Hälfte des 19. Jahrhunderts. Die gewaltigen Bauten sind Ausdruck imperialer Macht über weite Teile Europas und entstanden in einer Zeit, da Wien rapide bis zur Jahrhundertwende zum 20. Jahrhundert zur viertgrößten Metropole der Welt anwuchs.

Der Zuzug hunderttausender Menschen aus den Kronländern der k u. k. Monarchie während der Zeit der industriellen Revolution ließ die Vorstädte wachsen, die längst ihren dörflichen Charakter verloren hatten. Gleichzeitig war die Innere Stadt immer noch von einer Stadtmauer mit massiven Bastionen umgeben. Diese Befestigungsanlage hatte keine Funktion mehr und stellte lediglich ein ärgerliches Verkehrshindernis dar.

1857 ordnete Kaiser Franz Joseph I. persönlich die *„Auflassung der Umwallung und Fortifikationen der Inneren Stadt, sowie der Gräben um dieselbe"* und den Bau eines Boulevards an dieser Stelle an.

In der Folge wurde ein Architektenwettbewerb ausgeschrieben und es langten 85 Projekte für den Grundplan der Ringstraße ein.

Der Wiener Stadtplan von 1858 zeigt die Lage der Stadtmauern und des Glacis (unbebaute Fläche) rings um die Innere Stadt.

Der Schottenring im Jahre 1875

Im März 1858 begannen beim Rotenturmtor am Donaukanal die Abbrucharbeiten, die erst 1874 abgeschlossen waren. Die Abbruch- und Bauarbeiten dauerten nur sieben Jahre. Die Ringstraße wurde am 1. Mai 1865 von Kaiser Franz Joseph I. in Anwesenheit von Kaiserin Elisabeth, zahlreicher Erzherzöge, Minister und Vertreter der Stadt Wien mit Bürgermeister Andreas Zelinka an der Spitze feierlich eröffnet.

Der Wiener Burgring mit dem äußeren Burgtor um 1872

Der Franz-Josefs-Kai am Donaukanal um 1900

Nach und nach entstanden entlang des Boulevards die großen und teuren Repräsentationsbauten. Sie waren, so meinte man, wie die damals bereits krisengeschüttelte Macht der Habsburgermonarchie für alle Zukunft gemacht.

Doch die geschichtlichen Ereignisse sollten dieser Idee bereits Anfang des 20. Jahrhunderts mit dem Ersten Weltkrieg und dem Zusammenbruch des Reiches ein jähes Ende bereiten. Damit verlor auch Wien seinen Rang unter den wichtigsten Ballungsräumen der Welt und versank für viele Jahrzehnte als Hauptstadt der kleinen Republik Österreich in Bedeutungslosigkeit und Stagnation.

Die Gesamtlänge der Ringstraße beträgt 5,2 km und besteht aus neun Abschnitten, die unterschiedliche Straßennamen tragen: Stubenring, Parkring, Schubertring, Kärntner Ring, Opernring, Burgring, Dr.-Karl-Renner-Ring, Universitätsring und Schottenring.

Der Rundgang:

Der Spaziergang über die Ringstraße wird durch die roten Pfeile auf dem Stadtplan auf der nächsten Seite gekennzeichnet.

Er beginnt am Donaukanal bei der Urania und endet beim Ringturm.

Dabei machen wir kurze Abstecher zum Wiener Musikverein, zur Sezession, zum Rathaus, zur Votivkirche und zur Rossauer Kaserne.

Bei diesem Rundgang werden wir mehr als vier Kilometer zurücklegen.

Die Stationen sind:

Die Urania, die Postsparkasse, das Museum für angewandte Kunst (MAK), der Stadtpark, das Hotel Imperial, der Musikverein, die Staatsoper, das Burgtor, die Sezession, das Parlament, das Burgtheater, das Rathaus, die Universität, die Votivkirche, die Börse, die Rossauer Kaserne und der Ringturm.

 *Anmerkung: Die Hofburg, das Naturhistorische und das Kunsthistorisches Museum wurden bereits ab Seite 127 genau beschrieben.*

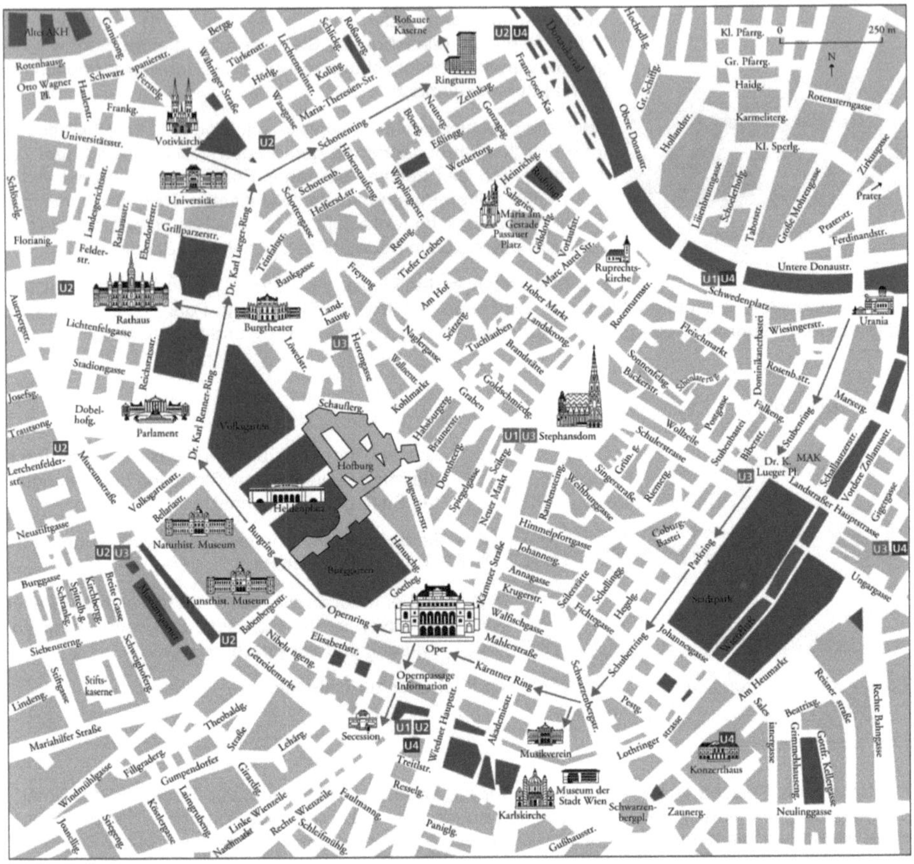

Die Urania

Bereits im 19. Jahrhundert gab es Bestrebungen, wissenschaftliche Erkenntnisse auch einem breiteren Publikum aus Laien näherzubringen. Heute gibt es dafür unter anderem die Volkshochschulen.

Die Idee zur Gründung von Uranias als Bildungsstätten für die Bevölkerung geht auf  den deutschen Astronomen Max Wilhelm Meyer zurück. Im Jahr 1883 kam er nach Wien und berechnete als Assistent der Universität Wien vergangene und zukünftige Sonnenfinsternisse. Nebenbei hielt er Vorträge und entwickelte die Idee einer volksbildenden Institution. In der Folge wurde er nach Berlin abberufen und gründete dort die Berliner Urania.

Der Name „Urania" leitet sich von der Muse Urania ab, die in der griechischen Mythologie als Schutzgöttin der Sternkunde galt.

Max Wilhelm Meyer

Nach dem Vorbild der Berliner Urania wurde in Wien 1897 das Syndikat Wiener Urania als „gemein-nütziges Wirtschaftsunternehmen" gegründet. Zunächst musste sich dieses Unternehmen mit einem provisorischen Holzgebäude im Wiener Prater begnügen.

Sie bot bereits Platz für 800 Personen und enthielt eine Sternwarte mit mehreren Teleskopen. 1898 musste das Gebäude aus finanziellen Gründen geschlossen wer-den. Trotz des Defizits wurde das Unternehmen weitergeführt, wobei die Veranstal-tungen an unterschiedlichen Orten abgehalten wurden.

Dazu gehörten bereits Vorträge mittels Laterna Magica. Dabei handelt es sich um eine Vorläuferin der moder-nen Dia- und Filmprojektoren, wobei nicht nur Bilder, sondern auch bewegte Farbenspiele auf eine Leinwand geworfen werden.

Laterna Magica

1906 zählte das Syndikat Wiener Urania 129 000 Besucher. Der große Besucherandrang war mit den vorhandenen provisorischen Räumlichkei-ten nicht mehr zu bewältigen. Daher wandte sich die Urania bereits im Jahre 1904 an Bürgermeister Lueger zwecks Errichtung eines eigenen, neuen Gebäudes. Für die Planung wurde Max Fabiani, ein Schüler des Jugendstilarchitekten Otto Wagner, beauftragt.

Die Urania nach ihrer Eröffnung 1910

Nach einer Bauzeit von elf Monaten wurde das heutige Bauwerk der Urania am 6. Juni 1910 durch Erzherzog Ferdinand Karl eröffnet und in einen gemeinnützigen Verein umgewandelt. Fortan verfügte die Urania über mehrere Vortragssäle, einen Kinosaal und eine Sternwarte unter der drehbaren Kuppel des 36 Meter hohen Turmes.

Der Kinosaal

Am 8. Juni 1928 wurde in der Ura-nia erstmals in Österreich ein Ton-film gezeigt. Die ersten Tonfilme waren noch Kurzfilme, im Sep-tember 1928 wurde der erste abendfüllende Tonfilm vorge-führt. Als Vorspann wurde der Kurzfilm Hans Moser als Wie-ner Dienstmann gezeigt.

Das Doppelfernrohr im Jahre 1981

Zwischen 2000 und 2003 konnte das Gebäude generalsaniert und mit modernster Technik ausge-stattet werden. 2003 wurde das Urania-Kino neu eröffnet und im Sommer 2003 das neue Urania-Café in Betrieb genommen.

Café Urania

Heute sind in dem Gebäude eine Volkshochschule, ein Kino, ein Café, das Urania-Puppentheater und die Sternwarte untergebracht, welche seit 1980 über ein Doppelfernrohr mit einem Gewicht von rund zwei Tonnen verfügt.

Derzeit finden pro Semester an die 450 Volkshochschulkurse (darunter zahlreiche Sprachkurse), etwa 100 Vorträge, Kulturfestivals, Symposien, Workshops, Diskussi-onsveranstaltungen und Filmvorführungen statt.

Die Sternwarte

Die Österreichische Postsparkasse

Ein Meilenstein moderner Architektur

Die meisten Bauwerke des Historismus mit ihren üppigen Verzierungen und Stilelementen aus längst vergangenen Epochen wurden mit Ziegelsteinen in traditioneller Bauweise errichtet. Diese Jahrtausende alte Bauweise (Massivbauweise) erlaubte nur eine begrenzte Anzahl an Stockwerken und die Grundmauern mussten ziemlich stark und dick sein.

Gegen Ende des 19. Jahrhunderts setzte sich immer mehr die Stahlskelettbauweise durch und in den USA entstanden die ersten Hochhäuser mit mehr als 20 Stockwerken. Die tragenden Elemente waren fortan nicht mehr die Mauern, sondern Stahlkonstruktionen, an denen die relativ dünnen und leichten Wandelemente aufgetragen wurden. Die Fassaden dieser ersten Hochhäuser waren immer noch reichlich verziert. Die Zierelemente wurden jedoch in Form von Verkleidungen an den Wänden befestigt.

Marmortafeln mit unechten Nieten an der Fassade der Postparkasse öffnet wurde.

Flatiron Building 1911

Das wohl berühmteste Beispiel für diese frühe Skelettbauweise ist das 22 Stockwerke hohe Flatiron Building in Manhattan, das im Jahre 1902 er-

Zwischen 1904 und 1906 entstand auch in Wien ein Bauwerk in Skelettbauweise. Dabei handelt es sich um das achtstöckige Gebäude der Österreichischen Postsparkasse nach Plänen von Otto Wagner. Die gesamte Konstruktion wird nunmehr von einer Stahlkonstruktion getragen. Heute ist es eines der berühmtesten und meistfotografierten Jugendstilbauten Wiens.

Viele seiner Zeitgenossen waren allerdings von dem geradlinigen, modernen Gebäude aus Glas, Eisen und Steinplatten zutiefst schockiert. Die auf den eigentlichen Zweck ausgerichtete, schlichte Jugendstilarchitektur verzichtet auf den üppigen Zierrat der zu Ende gehenden Epoche der Wiener Ringstraßenarchitektur und wurde damals als hässlich und neumodisch empfunden.

Skelettbauweı

Lorbeerkränze am Dach

Und trotzdem: Am Dach sind sie immer noch zu finden, die altbekannten Lorbeerkränze des 19. Jahrhunderts. Und im Eingangsbereich befindet sich eine durchaus „altmodische" Büste Kaiser Franz Josephs I.

Büste von Kaiser Franz Joseph I.

Da die etwa 10 cm dicken Marmorplatten an der Außenfassade bei diesem Gebäude vom Putz gehalten werden, haben die Metallnieten daher keine wirkliche Funktion. Die Fassade sollte an einen Geldspeicher erinnern oder an eine mit Eisen beschlagene Schatztruhe als Symbol für die sichere Verwahrung des gesparten Geldes.

Im quadratischen Innenhof befindet sich der Saal mit den Schaltern. Dieser Kassensaal für den Kundenverkehr liegt unter einer verglasten Decke. Der Fußboden besteht aus Glaskacheln, die Licht in die unter dem Gebäude liegenden Räume leiten (Postfach und Postsortierräume). Dort ist es tatsächlich taghell.

Modell der PSK mit Innenhof

Der Kassensaal

Die Gliederung der Innenräume nach Fensterachsen mit nichttragenden Zwischenwänden ist heute noch Standard in Bürogebäuden. Die Möbel sind, wie auch das übrige Inventar, schlicht und funktional.

Wendeltreppe

Und es gab bereits eine Klimaanlage! Otto Wagner hatte von Anfang an die großen Säle klimatisiert, die großen Aluminiumlüfter im Kassensaal sind nicht zu übersehen. Damals durfte Haustechnik noch auffällig sein. Man war stolz auf Heizkörper, Belüftungen und Rohre und stellte die Errungenschaften moderner Technik zur Schau.

Belüftung im Kassensaal

Heute ist in dem Gebäude die Zentrale der BAWAG P.S.K. untergebracht.

Das Kriegsministerium

Gleich gegenüber der eher unscheinbaren Postparkasse fällt der Blick sofort auf ein wuchtiges Gebäude im Stil des Historismus mit einem großen Doppeladler auf dem Dach. Dieses Bauwerk ist das in den Jahren 1909 bis 1913 unter der architektonischen Leitung Ludwig Baumanns errichtete Kriegsministerium der K. u. k. Monarchie.

Der Doppeladler

Der siebenstöckige Bau hat eine Frontlänge von 200 Meter und umfasst neun Innenhöfe. Er beherbergt an die tausend Räume mit etwa 2.500 Fenstern. Der riesige Doppeladler mit einer Flügelspannweite von 16 Metern wurde auf Wunsch von Thronfolger Franz Ferdinand angebracht.

Denkmal von Graf Radetzky

Vor dem Gebäude befindet sich das Denkmal des Feldmarschalls Josef Wenzel Graf Radetzky von Radetz, dem wohl bedeutendsten Heerführer Österreichs in der ersten Hälfte des 19. Jahrhunderts. Nach ihm ist der berühmte Radetzkymarsch von Johann Strauss benannt.

Das Ministerium war für die Führung und Verwaltung des Heers und der Kriegsmarine zuständig.

1913 wurde auf dem Dach eine Funkanlage installiert. Im Jahr 1923 wurde die Sendeanlage umgebaut und diente fortan als erste Hörfunksendeanlage Österreichs.

Nach dem Zerfall der Monarchie wurde das k. u. k. Kriegsministerium im Jahre 1918 aufgelöst. Heute sind in dem Gebäude die Büros mehrerer Bundesministerien untergebracht, vor allem jene des Wirtschafts- und des Sozialministeriums.

Das Museum für angewandte Kunst (MAK)

Auf derselben Seite des Stubenrings wie das Kriegsministerium befindet sich ein langgestreckter Bau im Renaissancestil aus Ziegelsteinen. Dabei handelt es sich um das Österreichische Museum für angewandte Kunst und Gegenwartskunst, auch MAK genannt. Das MAK wurde als Kunstgewerbemuseum angelegt. Heute wird es aber vor allem wegen seiner Ausstellungen moderner Gegenwartskunst besucht.

Bereits im Jahre 1863 erfolgte die Gründung des k. u. k. Österreichischen Museums für Kunst und Industrie. Es wurde zunächst provisorisch in Räumlichkeiten des Ballhauses neben der Wiener Hofburg angesiedelt.

Der Bau am Stubenring erfolgte nach Plänen von Heinrich von Ferstel. Es war der erste am Ring errichtete Museumsbau. 1877 wurde die k. u. k. Kunstgewerbeschule in einem Anbau untergebracht.

1897 übernahm Arthur von Scala, bis dahin Direktor des k. u. k. Orientalischen Museums, die Leitung des Museums für Kunst und Industrie und gewann einige der berühmtesten Künstler und Architekten seiner Zeit als Mitarbeiter. Darunter waren

Der Innenhof

Persönlichkeiten wie Otto Wagner, Koloman Moser, Josef Hoffmann und Alfred Roller. 1947 wurde das Museum in Österreichisches Museum für angewandte Kunst umbenannt und 1949 nach Behebung der Kriegsschäden wiedereröffnet.

Allegorie Erzgießerei - Malerei über dem Eingang des MAK

Heute unterstützt das MAK zeitgenössische Künstler, darunter solche von internationalem Rang, deren Werke im Rahmen von Ausstellungen präsentiert und dann im öffentlichen Raum aufgestellt werden.

In der Schausammlung kann man kunstgewerbliche Gebrauchsgegenstände vom Mittelalter bis zur Gegenwart bewundern. Besonderer Beliebtheit unter den Besucher/innen erfreuen sich die Bestände der Wiener Werkstätte aus der Zeit des Jugendstils. Dazu gehören Möbel der Firmen Thonet und Danhauser, Werkzeichnungen Gustav Klimts, das Porzel-

Moderne Kunst im MAK

Möbel der Firma Danhauser

lanzimmer, Gläser, Spitzen, Silber, Porzellane und Teppiche.

Die Studiensammlung präsentiert kunstgewerbliche Gegenstände nach Materialen und Herstellungstechniken geordnet (z.B. Keramik, Metall, Glas, Textilien). Die MAK-Bibliothek und Kunstblättersammlung umfasst den Zeitraum vom 16. Jahrhundert bis heute, darunter alte Stiche, Plakate, Fotos, Zeichnungen, Aquarelle und Pläne sowie Zeichnungen aus dem Archiv der Wiener Werkstätte.

Die Schausammlung verfügt über folgende Abteilungen:

- ⊙ Romanik Gotik Renaissance
- ⊙ Barock Rokoko Klassizismus
- ⊙ Empire Biedermeier
- ⊙ Historismus Jugendstil Art Déco
- ⊙ Wiener Werkstätte

- ⊙ 20./21. Jahrhundert Architektur
- ⊙ Gegenwartskunst
- ⊙ Orient
- ⊙ Asien

Plakat von Koloman Moser

Der Stadtpark

Solange Wien von einer Stadtmauer umgeben war, fand man rund um die die Innenstadt ein unbebautes Gelände aus Parkanlagen. Diese unbebaute Fläche nannte man Glacis.

Schon im Biedermeier war das Wasserglacis vor dem Karolinenstadttor ein beliebter Ort zum Spazierengehen und zur Unterhaltung. Nach dem Abriss der Wiener Stadtmauer wurde auf diesem Gelände ein englischer

Der Stadtpark um 1862

Landschaftspark angelegt. Die Vorlage stammt vom Landschaftsmaler Joseph Sellény, für die Ausführung und Bepflanzung war der Stadtgärtner Rudolph Siebeck verantwortlich.

In den Jahren 1903 bis 1907 wurde eine Wienflussverbauung mit dem Flussportal, Jugendstil-Pavillons und Ufertreppen errichtet, die zu den Sehenswürdigkeiten im Park zählen.

Wienflussverbauung

Breite Wege führen hindurch und an unzähligen Teich- und Brunnenanlagen vorbei. Heute werden sie von zahlreichen Sitzbänken gesäumt. Bis zum Jahr 1956 mussten die Besucher/innen des Parks für die Benutzung von aufgestellten Sesseln Gebühren bezahlen, die von so genannten „Sesselweibern" eingefordert wurden.

In den Jahren 1865 bis 1867 wurde der prächtige Kursalon im Renaissancestil erbaut. Zur Zeit der Gebrüder Strauss war der Kursalon ein beliebtes Tanz- und Konzertlokal. Heute beherbergt er ein Café-Restaurant und ist ein beliebter Veranstaltungsort für Bälle, Konzerte, Clubbings und Kongresse.

Johann Strauss

Kursalon

Im Stadtpark befindet sich das wohl bekannteste und meistfotografierte Denkmal Wiens. Es handelt sich um das vergoldete und von einem Marmorrahmen umgebene Bronzestandbild von Johann Strauss (Sohn).

Im Park findet man eine große Artenvielfalt an Pflanzen. Die Beete sind so gestaltet, dass zu jeder Jahreszeit Blumen blühen. Manche der alten Bäume stehen heute unter Naturschutz.

Das Hotel Imperial

Richard Nixon, Adolf Hitler, Königin Elisabeth von England, Marschall Tito, Walt Disney, Alfred Hitchcock, Frank Sinatra, Woody Allen und der Popstar Michael Jackson haben wohl nur eines gemeinsam: Sie alle sind im luxuriösesten Hotel der Stadt Wien abgestiegen, dem Hotel Imperial an der Ringstraße.

Das Imperial im Jahre 1880

1994 wurde das Imperial sogar zum besten Hotel der Welt gekürt. Dabei war es ursprünglich gar nicht als Hotel geplant.

In den Jahren 1862 bis 1865 wurde es als Palais für den Herzog Philipp von Württemberg erbaut. Das Gebäude ist der italienischen Renaissance nachempfunden.

Bei der Ausstattung des Inneren des Bauwerks wurde an Aufwand nicht gespart. In den Treppenhäusern, Hallen und Gängen ist man von prunkvollen Säulen, Skulpturen und Balustraden aus Marmor umgeben. Auf dem Podest der Stiege steht die berühmte Plastik „Donauweibchen" von Hanns Gasser.

Der Haupteingang

Der Herzog und seine Frau fühlten sich in diesem Palais nie richtig wohl und so verkauften sie es an eine Investorengruppe, die es zu einem Hotel umbaute. Am 28. April 1873 wurde das neue Hotel zur Wiener Weltausstellung in Anwesenheit von Kaiser Franz Joseph I. und der Kaiserin Elisabeth feierlich eröffnet.

Erst im Jahr 1928 wurden die beiden Obergeschoße aufgesetzt. Nach dem Anschluss Österreichs logierte hier Adolf Hitler, wann immer er in der Stadt war. Nach dem Krieg quartierten sich sowjetische Besatzer ein.

Im Erdgeschoß des Hotels befindet sich das Café Imperial, das mit kostbaren Bildern ausgestattet ist. Eine besondere Spezialität ist die Imperial-Torte, die nach einem streng gehüteten Geheimrezept hergestellt wird. Sie wird in Holzschachteln in alle Welt versandt.

Innenausstattung des Hotel Imperial

Der Wiener Musikverein

Jedes Jahr am 1. Jänner verfolgen Menschen in mehr als 90 Ländern der Welt im Fernsehen live das berühmte Neujahrskonzert der Wiener Philharmoniker. Dieses Konzert, in dem der Donauwalzer nicht fehlen darf, wird aus dem prächtigen großen Saal des Wiener Musikvereins zwischen Ringstraße und Karlsplatz übertragen.

Das Gebäude wurde nach Vorbildern aus der griechischen Antike vom Architekten Theophil von Hansen entworfen und am 6. Jänner 1870 mit einem feierlichen Konzert eröffnet. Es enthält zwei Konzertsäle.

Der große Saal ist mit seiner ausgezeichneten Akustik einer der besten Konzertsäle der Welt. Der Raum enthält eine prachtvolle Orgel und ist reichlich mit Blattgold verziert. An der Decke befindet sich ein Deckengemälde von August Eisenmenger. Der kleine Saal ist mit roten Säulen und grünen Marmorwänden ausgestattet.

Der große Saal

Im Jahr 2004 wurden vier kleinere, unterirdische Säle mit modernster Technik eröffnet, die für Konzerte und andere Veranstaltungen geeignet sind. Sie stammen vom Architekten Wilhelm Holzbauer und sind nach dem jeweils vorherrschenden Grundbaustoff Glas, Metall, Stein und Holz benannt (Gläserner, Hölzerner, Metallener und Steinerner Saal).

Der gläserne Saal

Ausstellungshaus der Wiener Secession

Die Wiener Secession ist eine Vereinigung von Künstlern aus der Zeit des Jugendstils. Die Wiener Variante des Jugendstils wird daher auch als Secessionsstil bezeichnet.

Die Secession wurde am 3. April 1897 von berühmten Künstlern wie Gustav Klimt, Koloman Moser und Josef Hoffmann gegründet. Diese Secessionisten lehnten den damals vorherrschenden und an den Kunststilen der Vergangenheit orientierten Historismus ab.

1898 wurde auch das Ausstellungshaus nach Entwürfen des Otto-Wagner-Schülers Joseph Maria Olbrich erbaut. Das Gebäude in der Nähe des Karlsplatzes und des Naschmarkts wird in Wien kurz als „die Secession" bezeichnet.

Das Innere des Bauwerks ist mit Malereien, Mosaiken, Reliefs und Skulpturen verziert. Der berühmte Beethoven-Fries, ein riesiges Wandgemälde, stammt von Gustav Klimt. Heute kann man den Fries in einem klimatisierten Raum im Souterrain bewundern.

Die Wiener Secession ist bis heute ein wichtiges Ausstellungshaus für zeitgenössische Kunst in Wien.

Modell des Ausstellungshauses der Wiener Secession

Der Beethoven-Fries von Gustav Klimt

Die Staatsoper – eine „versunkene Kiste"

Viele kennen die Fernsehübertragungen vom Wiener Opernball, der alljährlich am letzten Donnerstag im Fasching stattfindet. Dieser Ball zieht regelmäßig prominente und wohlhabende Gäste aus aller Welt an. Seit den 60erJahren finden vor dem Gebäude der Wiener Oper immer wieder Demonstrationen statt, die sich gegen den zur Schau gestellten Reichtum richten und oft zu schweren Auseinandersetzungen mit der Polizei geführt haben.

Beim Opernball wird auch der Raum hinter der Bühne zum Tanzsaal und die Zuschauer bekommen einen Eindruck von den gewaltigen Dimensionen des Gebäudes.

Als kulturelle Einrichtung ist die Wiener Staatsoper die Nachfolgerin der Wiener Hofoper, die bereits im 17. Jahrhundert gegründet wurde. Schon die Hofoper war ein führendes europäisches Opernhaus und erlebte viele Uraufführungen. Ein großer Förderer der Hofoper war der Reformkaiser Joseph II. Die Aufführungen fanden im Laufe der Geschichte an unterschiedlichen Orten, wie dem k.k. Hoftheater am Michaelerplatz oder im Theater am Kärntnertor, statt.

Stiegenaufgang

Im Zuge des Ringstraßenbaus begann im Jahre 1861 der Bau des k.k. Hof-Operntheaters, dem heutigen Gebäude der Wiener Staatsoper. Die Architekten waren August Sicard von Sicardsburg und Eduard van der Nüll. Das Opernhaus ist im Stil der Neorenaissance gehalten. Der Bau dauerte insgesamt acht Jahre.

Zuschauerraum und Bühne 1869

Architekt van der Nüll

Das Gebäude wurde von der Öffentlichkeit nicht sehr geschätzt und man machte sich lustig, weil das Fundament nach Fertigstellung unter dem Niveau der in der Zwischenzeit um einen Meter aufgeschütteten Ringstraße lag. Man verspottete die Oper als „verschüttete Kiste" und in Anspielung auf eine verlorene Schlacht als „Königgrätz der Baukunst". Auch Kaiser Franz Joseph I. sparte nicht mit Kritik.

Der Architekt van der Nüll konnte all diesen Spott und Hohn nicht mehr ertragen und erhängte sich am 4. April 1868. Kaiser Franz Joseph I. war ob des Selbstmords zutiefst schockiert und vermied es in Zukunft, sich zu Kunst und Architektur zu äußern. Von nun an soll er bei solchen Gelegenheiten immer nur gesagt haben „Es war sehr schön, es hat mich sehr gefreut".

Der zweite Architekt August Sicardsburg starb knapp 10 Wochen nach van der Nülls Tod an einem Herzinfarkt.

Am Ende des Zweiten Weltkrieges geriet die Oper nach Bombenangriffen in Brand. Die Zuschauerränge und der Bühnenbereich wurden dabei ein Raub der Flammen.

Zuschauerraum und Bühne heute

Wissenswertes und Sehenswertes:

1949 wurde ein Notdach über der Oper errichtet. Erst am 5. November 1955, also nach dem Staatsvertrag, konnte die Staatsoper mit „Fidelio" von Ludwig van Beethoven neu eröffnet werden.

Der Österreichische Rundfunk nutzte die Eröffnung für eine seiner ersten Liveübertragungen. Damals gab es erst an die 800 Fernsehgeräte in ganz Österreich.

Backstage: Hochtechnologie hinter der Bühne

Die Wiener Staatsoper gilt als eines der führenden Opernhäuser der Welt. Große internationale Stars sind hier aufgetreten, von Maria Callas bis Jessye Norman, Edita Gruberova und Luciano Pavarotti.

Der Zuschauerraum hat 1 709 Sitzplätze und 567 Stehplätze. Der Eiserne Vorhang zeigt auf 170 m² Fläche eine Szene aus dem Mythos von Orpheus und Eurydike von Rudolf Hermann Eisenmenger.

Bei Spezialführungen kannst du auch einen Blick hinter die Kulissen werfen und die beeindruckende Technik eines modernen Musiktheaters bewundern.

Die weitere Route führt vorbei am Burgtor, an der neuen Hofburg mit dem Heldenplatz und den beiden großen Museumsbauten (Naturhistorisches und Kunsthistorisches Museum).

Hofburg und Museen wurden bereits ab Seite 127 genau beschrieben.

Burgtor und Museumsbauten; Parade des Bundesheeres vor dem Burgtor (1930)

Das Parlamentsgebäude

Vielleicht kennst du die Bilder der stundenlangen Live-Übertragungen von Sitzungen aus dem Österreichischen Parlament. Da ist immer derselbe Saal zu sehen, ein schlicht gestalteter Raum mit schmuckloser Inneneinrichtung aus den 50er-Jahren. Dabei handelt es sich um den Sitzungssaal des Nationalrats, der auch technisch veraltet ist, weshalb er demnächst komplett erneuert werden soll.

Das ist aber nur einer der vielen Räumlichkeiten dieses historischen und architektonisch beeindruckenden Gebäudekomplexes. Immerhin tagt hier auch der Bundesrat, die Vertretung der österreichischen Bundesländer. Die Bundesversammlung wiederum besteht aus den 183 Abgeordneten und 61 Mitgliedern des Bundesrates und tritt zu festlichen Anlässen, wie der Angelobung des Bundespräsidenten, zusammen.

Außerdem tagen im Parlamentsgebäude Ausschüsse und die Klubs der einzelnen Parteien haben hier ihre Büros und Klubräume. Im Gebäude befinden sich weiters diverse kleinere Sitzungszimmer für Parlamentsausschüsse. Außerdem sind hier die Arbeitsräume der Nationalratspräsidentin und ihrer beiden Stellvertreter, die Parlamentsdirektion, die Parlamentsbibliothek, der Stenographendienst und ein als „Milchbar" bezeichneter gastronomischer Betrieb untergebracht.

Parlamentssitzung 1930

Es scheint ganz selbstverständlich, dass in einer Demokratie Gesetze in einem Parlament beschlossen werden. Die Österreichische Demokratie ist aber erst im Herbst 1918 entstanden, nachdem die Monarchie des Hauses Habsburg, die viele hundert Jahre lang gewährt hatte, zusammengebrochen war.

Aufruf zu einer Wahlveranstaltung der Sozialdemokraten im Jahre 1897

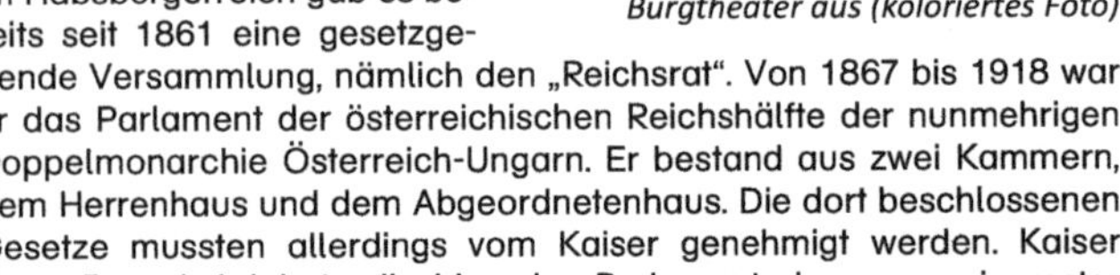

Das k.k. Reichsratsgebäude (heute Parlament) an der Wiener Ringstraße um 1900, aufgenommen vom Burgtheater aus (koloriertes Foto)

Das Gebäude ist allerdings schon älter. Welche Funktion hatte es eigentlich zur Zeit der K. u. k. Monarchie unter Kaiser Franz Joseph I.?

Im Habsburgerreich gab es bereits seit 1861 eine gesetzgebende Versammlung, nämlich den „Reichsrat". Von 1867 bis 1918 war er das Parlament der österreichischen Reichshälfte der nunmehrigen Doppelmonarchie Österreich-Ungarn. Er bestand aus zwei Kammern, dem Herrenhaus und dem Abgeordnetenhaus. Die dort beschlossenen Gesetze mussten allerdings vom Kaiser genehmigt werden. Kaiser Franz Joseph I. lehnte die Idee des Parlamentarismus aus innerster Überzeugung bis zu seinem Tod ab.

1861 gab es noch kein Parlamentsgebäude und es mussten dringend Provisorien geschaffen werden. Das Provisorium für das Abgeordnetenhaus wurde gegenüber der Votivkirche in nur sechs Wochen errichtet und wurde damals von den Wienern spöttisch „Bretterbude" genannt.

Die „Bretterbude", das erste österreichische Parlamentsgebäude

Erst im Jahre 1874 wurde der Grundstein für das heutige Parlamentsgebäude am Ring gelegt. Die Bauarbeiten dauerten neun Jahre und die ersten Plenarsitzungen von Abgeordnetenhaus und Herrenhaus im neuen Reichsratsgebäude fanden im Jahre 1883 statt.

Der Architekt dieses gewaltigen neoklassizistischen Gebäudekomplexes war Theophil von Hansen. Der Industrielle und Kunstmäzen Nikolaus Dumba, Sohn eines Griechen, nahm starken Einfluss auf die Gestaltung des Bauwerks. Das Gebäude erinnert daher an einen alten griechischen Tempel. Auffallend ist auch die Ähnlichkeit des Wiener Parlamentsgebäudes mit dem ebenfalls von Hansen entworfenen und 1874 begonnenen Athener Zappeion.

Theophil von Hansen

Ausrufung der Republik Deutschösterreich 1918

Am 12. November 1918, nach dem Sturz der Habsburgermonarchie, ging die Verfügungsgewalt über das Parlamentsgebäude vom Reichsrat, der an diesem Tag seine letzte Sitzung abhielt, auf das Parlament der Republik Deutschösterreich über.

In den Jahren 1934–1945 war Österreich eine Diktatur, das Gebäude wurde daher in dieser Zeit nicht für parlamentarische Zwecke genutzt.

Nach der Ausschaltung des Parlaments im März 1933 tagte hier der Bundestag, das Gesetzgebungsorgan des austrofaschistischen Ständestaates. Von 1938 bis 1945 wurde das Gebäude vom nationalsozialistischen Regime als „Gauhaus" bezeichnet.

1945 nahmen die beiden Parlamentskammern, Nationalrat und Bundesrat, wieder ihre Arbeit auf.

Im Giebelfeld über dem Haupteingang des Parlamentsgebäudes befindet sich ein 38 Tonnen schweres Relief aus Marmor. Die Darstellung zeigt den Kaiser, wie er den Kronländern, dargestellt als Frauengestalten, die Verfassung gibt. Kaiser Franz Joseph I. selbst wird als römischer Imperator dargestellt. In seiner römischen Toga sieht er aus, als hätte er ein langes Kleid an. In der Bevölkerung spöttelte man daher über dieses Relief und bezeichnete es als "Kaiser im Nachthemd".

Relief über dem Haupteingang

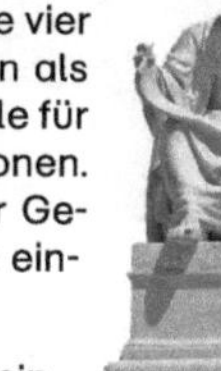

Die Auffahrtsrampe des Parlamentsgebäudes wird von acht aus Marmor gemeißelten Sitzstatuen antiker Geschichtsschreiber gesäumt. Die vier Standbilder an den unteren Enden der Rampe werden als die „Rossebändiger" bezeichnet. Sie gelten als Symbole für die Bezähmung der Leidenschaften und der Emotionen. Wie wir ja wissen, ist die Zügelung der Worte und der Gefühle während hitziger Parlamentsdebatten oft nicht so einfach.

Die berühmteste und auffälligste Figur vor dem Haupteingang des Parlamentsgebäudes ist jedoch die Statue der Pallas Athene. Athene gilt als die Göttin der Weisheit und ist sowohl für Frieden als auch für Krieg zuständig. Sie steht an einem monumentalen Brunnen und hält die Siegesgöttin Nike in der Hand. Dort wacht sie über die österreichische Reichshälfte der Monarchie, symbolisch dargestellt durch Allegorien der Flüsse Inn, Donau, Elbe und Moldau.

Geschichtsschreiber

Pallas Athene

Karyatiden, weibliche Stützfiguren, tragen schweres Gebälk, stützen Balkone, Gesimse und Portale im Inneren und an den Außenfassaden des Bauwerks.

Das Dach ist mit antiken Figuren verziert. Die einzelnen Figurengruppen links und rechts der Hauptachse sind den Themen „Justiz" und „Innere Verwaltung" gewidmet. Auch hier orientierte sich Theophil von Hansen an griechischen Vorbildern. Statuen und Reliefs stellen Tugenden und Staatsaufgaben sowie Kronländer, Flüsse und Städte dar. Zahlreiche Glasflächen am Dach sorgen für zusätzlichen Lichteinfall.

Karyatiden

Rossbändiger

An den Ecken der beiden Saalbauten stehen Pferdegespanne aus Bronze, die sogenannten Quadrigen. Sie sollen den Triumph des Parlamentarismus über den Absolutismus symbolisieren. Die Quadrigen wurden nach dem Entwurf des Bildhauers Vincenz Pilz als Bronzegüsse gefertigt.

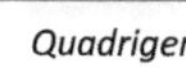

Der prunkvollste Saal im Inneren des Parlamentsgebäudes ist der historische Sitzungssaal, der Tagungsort des ersten multinationalen Parlaments der Welt. Hier trat die gesetzgebende Versammlung für acht Nationen mit elf verschiedenen Muttersprachen mit zuletzt 516 Abgeordneten zusammen. In diesem Saal wurden Reden auf hohem intellektuellem Niveau gehalten. Andererseits war das parlamentarische Leben auch von

Quadrigen

Historischer Sitzungssaal des Reichsrats

Nationalitätenkonflikten geprägt.

Berüchtigt waren damals die sogenannten „Pultdeckelkonzerte": Abgeordnete, die ihrem Unmut Ausdruck verleihen wollten, verursachten durch das Hin- und Herschieben der Pultdeckel großen Lärm und hinderten so den jeweiligen Redner am Sprechen.

Das eindrucksvolle, an ein Zelt erinnernde Glasdach und die Logen erinnern an den Zuschauerraum eines großen Theaters. Wohl auch deshalb eignet sich dieser Saal besonders gut für kulturelle Veranstaltungen, wie sie manchmal anlässlich von feierlichen Sitzungen der Bundesversammlung stattfinden.

Die Säulenhalle

Die Säulenhalle zählt zu den beeindruckendsten Räumlichkeiten Wiens. Sie ist 40 Meter lang und ist von imposanten Säulen umgeben. Von dem 120 Meter langen und 2,30 m breiten Friesgemälde sind seit den Zerstörungen des Zweiten Weltkriegs heute nur noch Teile erhalten. Die Figuren auf Goldgrund stellen die wesentlichsten Ideale und Aufgaben des Parlaments sowie das Zusammenspiel der gesellschaftlichen und staatlichen Kräfte dar.

Das Vestibül und das anschließende Atrium enthalten ein insgesamt rund 100 Meter langes Friesgemälde. Es stammt von Alois Hans Schram und stellt im Treppenbereich die Segnungen des Friedens und im Vestibül die Bürgertugenden dar.

Der heutige Empfangssalon der Nationalratspräsidentin bzw. des Nationalratspräsidenten wird aufgrund der Farbgestaltung auch als „blauer Salon" bezeichnet. Der Wandschmuck ist dem pompejianischen Stil nachempfunden.

Sitzungssaal des Herrenhauses (heute Saal des Nationalrats) 1902

Sitzungssaal des Nationalrats

Im linken Teil des Gebäudes befindet sich der heutige Sitzungssaal des Nationalrates, der als ehemaliger Sitzungssaal des Herrenhauses noch prächtiger ausgestattet war als der Versammlungssaal des Abgeordnetenhauses. Leider wurde der Saal im Zweiten Weltkrieg durch Bombentreffer vollkommen zerstört und wurde in den 50er-Jahren völlig neugestaltet. Einziger Schmuck ist das österreichische Wappentier aus getriebenem Stahl von Rudolf Hoflehner an der Wand hinter dem Präsidium.

Sitzungssaal des Bundesrats

Das Parlamentsgebäude ist für die Ansprüche der heutigen Zeit zu klein geworden. Deshalb wurde es notwendig, auf Räumlichkeiten außerhalb auszuweichen. Seit den 70er-Jahren adaptierte man kontinuierlich neue Büros und Arbeitsräume für parlamentarische Zwecke.

2005 wurde das nahegelegene Palais Epstein am Ring dem Parlament einverleibt. Das Palais war das einstige Wohn- und Geschäftshaus der kunstsinnigen jüdischen Bankiersfamilie Epstein. Als Folge des Börsenkrachs von 1873 musste Epstein sein Palais verkaufen, um den Konkurs der Bank abzuwenden. Später waren hier unter anderem die NS-Reichsstatthalterei, die sowjetische Stadtkommandantur und der Wiener Stadtschulrat untergebracht.

Palais Epstein

Palais Epstein

Palais Epstein

Das Palais wurde, wie auch das Parlamentsgebäude, von Theophil von Hansen entworfen, ist aber im Stil der Neorenaissance gehalten. Als Bauleiter war der junge Otto Wagner tätig. Im Erdgeschoss wurden Bankräume eingerichtet. In dem darüber liegenden Stockwerk befanden sich die Wohnräume der Epsteins mit prunkvoll ausgestatteten Salons. In dem mit Glas überdachten Innenhof findet man einen Brunnen. Er wird von einer Figur der Hygieia, der griechischen Göttin der Gesundheit, dominiert. Gustav Ritter von Epstein wählte dieses Motiv vermutlich wegen seiner zeitlebens angeschlagenen Gesundheit.

Das Bauwerk war in vielen Punkten seiner Zeit weit voraus: Mit versenkbaren Stahlplatten zur Sicherung, verspiegelten Schiebetüren und einer Klimaanlage.

Feier beim Republikdenkmal

Zwischen Parlamentsgebäude und Palais Epstein befindet sich das Republikdenkmal, das an die Errichtung der Republik Österreich am 12. November 1918 erinnern soll. Es wurde im Jahre 1928 eingeweiht und besteht aus Büsten der drei Sozialdemokraten Jakob Reumann, Viktor Adler und Ferdinand Hanusch.

Zur Zeit des Austrofaschismus unter Kanzler Engelbert Dollfuß wurde es abgetragen, in der Stadionhalle gelagert und 1948 wiederaufgebaut.

1961 wurde bei einem Sprengstoffanschlag die Rückseite des Denkmals leicht beschädigt, die Hintergründe des Anschlags wurden bis heute nicht geklärt.

Die Präsidentin des Nationalrats (Mitte) bei einer Veranstaltung für Jugendliche

Parlamentsgebäude und Palais Epstein können im Rahmen von Führungen besichtigt werden. Die Sitzungen des Nationalrates und des Bundesrates sind öffentlich zugänglich. Für den Zutritt zum Gebäude benötigt man lediglich einen Lichtbildausweis.

Tagung im Sprechzimmer

Näheres erfährst du auf der Homepage des Parlaments unter *http://www.parlament.gv.at.*

Plan des Parlamentsgebäudes

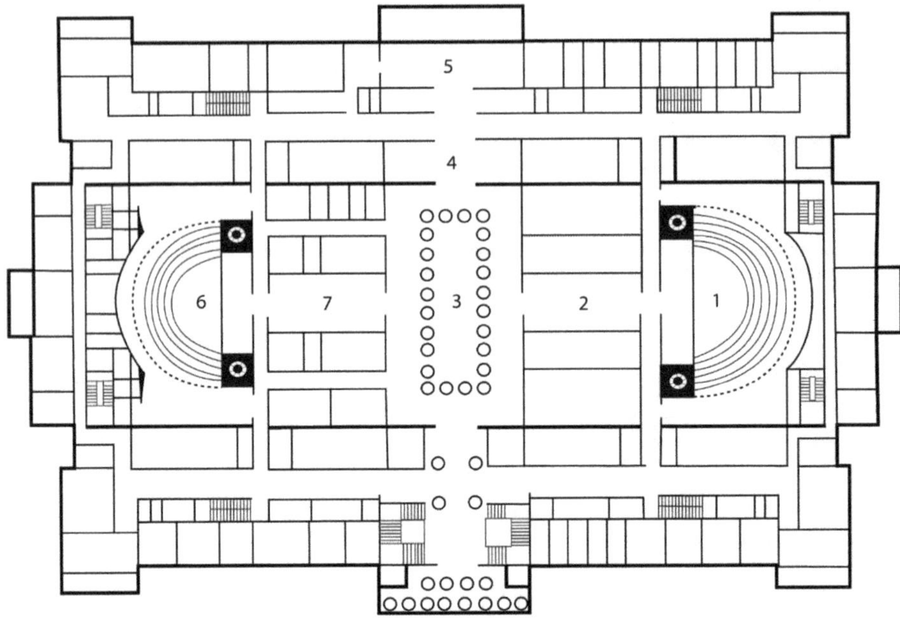

1.) Historischer Sitzungssaal
2.) Sprechzimmer
3.) Säulenhalle
4.) Empfangssalon

5.) Budgetsaal
6.) Sitzungssaal des Nationalrats
7.) Sitzungssaal des Bundesrats

Das Burgtheater

Das Wiener Burgtheater ist nicht nur eine der bedeutendsten Bühnen Europas und das zweitälteste und größte deutschsprachige Sprechtheater. In kaum einer anderen Stadt können Aufführungen in einem Theater so viel Aufmerksamkeit in den Medien erregen wie in Wien. Manchmal sind die Stücke oder Inszenierungen umstritten und sorgen für echte Skandale, die Politik, Boulevardpresse und Kunstbetrieb in Atem halten.

Viele Zeitgenossen von damals können sich noch gut an den großen Wirbel und an die Demonstrationen erinnern, die das Drama „Heldenplatz" von Thomas Bernhard in den 80ern ausgelöst hat. Manche Politiker forderten sogar Aufführungsverbote und die Ausbürgerung Bernhards, der Autor wurde als „Vaterlandsverräter" und „Nestbeschmutzer" beschimpft.

k.k. Hofburgtheater um 1900

Nun ja, das Theater hat im Laufe der Geschichte immer wieder provoziert und polarisiert, wenn es nicht den Erwartungen des gesamten Publikums entsprochen hat. Aber das Burgtheater hat vor allem den Ruf, unumstrittene Werke der Weltliteratur mit international bekannten Schauspieler/innen auf die Bühne zu bringen. Der Burgtheaterstil und das Burgtheaterdeutsch wurden seit den 50er-Jahren für die deutschen Bühnen endgültig richtungsweisend.

Stiegenhaus

Vor der Eröffnung des Gebäudes an der Ringstraße im Jahre 1888 diente das „alte" Burgtheater am Michaelerplatz als „k.k. Theater nächst der Burg". Bis 1918 trug das Theater den Namen „k.k. Hofburgtheater". Das neue Gebäude wurde im neubarocken Stil von den Architekten Gottfried Semper und Karl Freiherr von Hasenauer entworfen, die Bauarbeiten dauerten 14 Jahre.

Der Innenraum des Zuschauerhauses im Jahre 1888 (Gemälde von Gustav Klimt)

Die Deckengemälde in den prunkvollen Stiegenhäusern stammen großteils von den berühmten Jugendstilmalern Gustav Klimt und dessen Bruder Ernst Klimt. Das Gebäude besteht im Wesentlichen aus einem Mitteltrakt, an den zwei Seitenflügel anschließen. Der Mitteltrakt umfasst ein Bühnenhaus mit Giebeldach und an der Hinterseite ein Zuschauerhaus mit Zeltdach.

Statue des Apollon

Über dem Mittelhaus schmückt eine Statue von Apollon die Fassade, über den Haupteingängen befinden sich Friese mit Bacchus und Ariadne. An den Außenseiten sind rundum Büsten von Dichtern wie Calderon, Shakespeare, Molière, Schiller, Goethe, Lessing oder Grillparzer zu sehen. Masken sollen an das antike Theater erinnern. Über dem Haupteingang ist die alte Aufschrift „k.k. Hofburgtheater" immer noch zu sehen.

Das Burgtheater war bereits zum Zeitpunkt seiner Eröffnung mit modernster Technik ausgestattet. Einzigartig ist das riesige Belüftungssystem, das sich in einer Luftansaughütte auf der Seite des Volksgartens verbirgt.

Büste von William Shakespeare

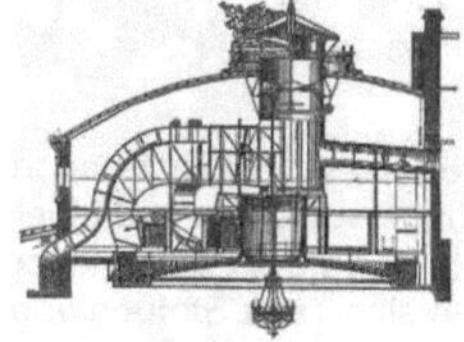

Die Pläne dazu stammen von Ignaz Gridl. Die frische Luft wird durch Filter geblasen, gereinigt und temperiert. Die verbrauchte Luft wird durch das Messinggitter eines Kristalllusters im Zentrum der Saaldecke aus dem Zuschauerraum ins Freie abgezogen. Den Sog dafür erzeugt ein „Blasengel", eine Engelsfigur mit Trompete, die als Wetterfahne auf der Kuppel steht.

Plan des Belüftungssystems

Das Wiener Rathaus

Das Wiener Rathaus wurde von 1872 bis 1883 nach Entwürfen des Architekten Friedrich von Schmidt im Stil der Neugotik errichtet. Hier befinden sich die Amtsräume des Wiener Bürgermeisters und Landeshauptmanns, des Gemeinderates, des Wiener Stadtsenates, der Wiener Landesregierung sowie des Magistratsdirektors und diverser Magistratsabteilungen.

In der zweiten Hälfte des 19. Jahrhunderts stiegen Fläche und Einwohnerzahl Wiens durch die Eingemeindung zahlreicher Vorstädte erheblich an. Das Alte Rathaus in der Wipplingerstraße war zu klein geworden. In den Jahren 1858 bis 1865 wurde auf Anordnung von Kaiser Franz Josef I die Stadtmauer abgerissen und an ihrer Stelle die Ringstraße errichtet.

Im Jahre 1868 kam es zur Ausschreibung für den Bau eines neuen Rathauses, aus welcher der deutsche Architekt Friedrich Freiherr von Schmidt als Sieger hervorging. Das Wiener Rathaus ist eines von vielen historistischen Prachtbauten, die zu dieser Zeit entlang der Ringstraße entstanden sind.

F. Schmidt

Die Außenfassade ist ein herausragendes Beispiel für einen Profanbau der Neugotik. Das Bauwerk und vor allem der 103,3 m hohe Turm erinnern an die Tradition flämischer Rathäuser der Gotik, wie etwa das Rathaus von Brüssel, um äußerlich an die mittelalterliche Tradition städtischer Freiheit anzuknüpfen.

Der Grundriss mit sieben Höfen folgte allerdings eher dem Vorbild barocker Paläste. Eine Zuordnung des gesamten Wiener Rathauses zur Neugotik ist daher mit Vorsicht zu verwenden und entsprach auch nicht der Absicht des Architekten.

Das Gebäude ist 152 m lang und 127 m breit. Die 1.575 Räume haben 2.035 Fenster. Der Bau besteht aus einem Füllwerk aus billigen Ziegeln, das außen mit kostbarem Naturstein aus Kalk und Kalksandstein verkleidet ist. Das Gestein wurde zum Teil aus fernen Gegenden Europas geliefert. So wurde der Jurakalk für die Fenstersäulen aus Trient importiert, das Material für die Balustradenfiguren stammt sogar aus Nancy in Frankreich.

Das Rathaus von
Brüssel

Auf der Spitze des 98 m hohen Hauptturms an der Front zur Ringstraße steht der Rathausmann, eine 3,5 m hohe Figur aus Kupfer in Form eines Standartenträgers in Rüstung. Sie wurde von Alexander Nehr gestaltet und von dem Fabrikbesitzer Ludwig Wilhelm der Stadt geschenkt. Vorbild für den Rathausmann dürfte die Prunkrüstung Kaiser Maximilians I gewesen sein.

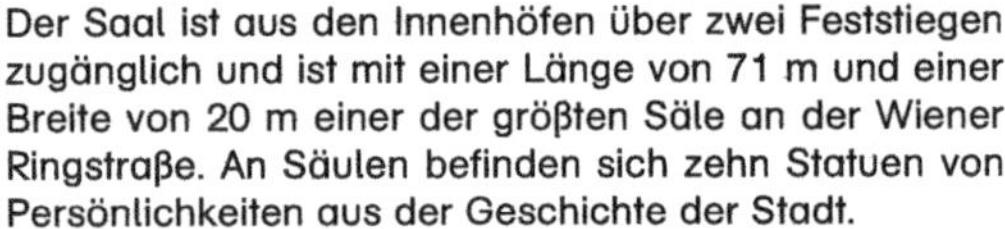

Der prachtvolle Festsaal des Rathauses befindet sich im 1. Stock an der Vorderfront des Rathauses. Er ist zwei Geschoße hoch, mit Blick auf Ringstraße und die Innere Stadt.

Der Saal ist aus den Innenhöfen über zwei Feststiegen zugänglich und ist mit einer Länge von 71 m und einer Breite von 20 m einer der größten Säle an der Wiener Ringstraße. An Säulen befinden sich zehn Statuen von Persönlichkeiten aus der Geschichte der Stadt.

Festsaal des Rathauses

Der Festsaal, der kleinere Wappensaal und weitere Räume im 1. Stock werden sehr häufig für Ausstellungen, Konzerte und Bälle genutzt. Auch der international bekannte „Life Ball", Europas größte Aids-Benefiz-Veranstaltung, wird in einer Vielzahl von Räumen im Rathaus gefeiert.

Im 1. Stock befindet sich an der Hinterfront des Rathauses ein weiterer doppelgeschoßiger Saal mit originalgetreuer Holzvertäfelung und Möblierung. Es ist der Plenarsaal des Wiener Gemeinderates. Hier tagt der (der gleichzeitig auch als Wiener Landtag fungiert). Die Sitze der 100 Abgeordneten sind in klassischem Parlamentsstil halbkreisförmig und nach hinten ansteigend angeordnet. Vom 2. Stock aus ist die Zuschauergalerie zugänglich.

Im südlichen Teil des Rathauses befindet sich im ersten Stock, unweit des Bürgermeisterbüros, der Stadtsenatssitzungssaal. Hier finden die Sitzungen der Wiener Landesregierung statt.

Rathaus Wien Feststiege

Im Repräsentationsgeschoß des Hauses haben außerdem die wissenschaftliche Bibliothek der Stadt und des Landes Wien, sowie einige amtsführende Stadträte und Spitzenbeamte ihre Büros.

Life Ball im Rathaus

Das Josefstädter Glacis (1860).
Heute befindet sich hier der Rathauspark.

Ein Teil des ehemaligen Josefstädter Glacis vor dem Rathaus wurde zum heutigen Rathausplatz umgestaltet. Der Rathausplatz wird häufig für Großveranstaltungen und Events bei freiem Eintritt genutzt.

Seit 1991 findet dort jährlich im Juli und August das Film Festival statt, in der Vorweihnachtszeit hat hier der traditionelle Christkindlmarkt (Wiener Adventzauber) geöffnet, von Mitte Jänner bis Anfang März befindet sich hier der Wiener Eistraum, ein mobiler Eislaufplatz. Die Wiener Festwochen werden meist auf dem Rathausplatz eröffnet und die traditionellen Maiaufmärsche der Sozialdemokraten werden hier seit den 20er Jahren am 1. Mai abgehalten.

Statue Heinrich Jasomirgott II

Der Rathauspark

Der großzügig angelegte Zugang von der Ringstraße zum Rathaus wird zu beiden Seiten von insgesamt acht Marmorstatuen von Persönlichkeiten der österreichischen Geschichte gesäumt. Diese Statuen standen ursprünglich im Bereich des heutigen Karlsplatzes auf der 1854 eröffneten Elisabethbrücke über den Wienfluss. Es sind die Statuen von Heinrich II. Jasomirgott, Leopold VI., Rudolf IV., Niklas Graf Salm, Rüdiger Graf Starhemberg, Johann Bernhard Fischer von Erlach, Leopold Karl von Kollonitsch und Joseph von Sonnenfels.

Die Votivkirche

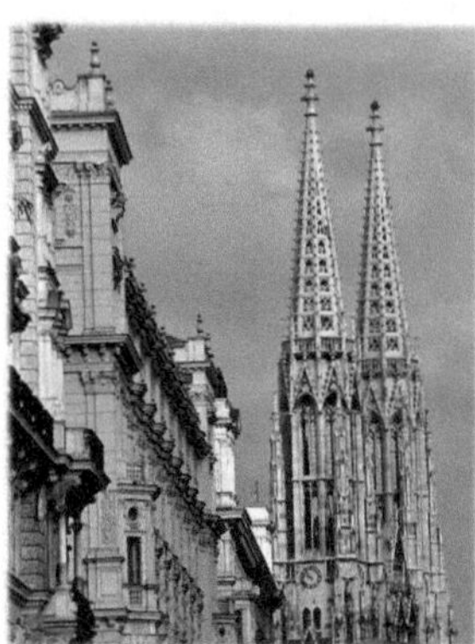

Die Votivkirche befindet sich in der Nähe der Ringstraße in unmittelbarer Nachbarschaft zum Hauptgebäude der Universität Wien. Sie ist eines der bedeutendsten neugotischen Sakralbauwerke der Welt. Mit einer Höhe von 99 Metern ist die Votivkirche die zweithöchste Kirche Wiens.

Wegen ihrer gotisch anmutenden Fassade wird sie von Touristen im Vorbeigehen oft mit dem Stephansdom verwechselt. Allerdings geht ihre Architektur auf den Historismus des 19. Jahrhunderts zurück. Der Entwurf stammt von dem berühmten Wiener Ringstraßenarchitekten Heinrich Ferstel. Geweiht wurde die Votivkirche am 24. April 1879 anlässlich der Silberhochzeit des Kaiserpaares.

Ihre Enstehung hat die Kirche einer Bluttat zu verdanken. Am 18. Februar 1853 verübte der ungarische Schneidergesellen János Libényi ein Messerattentat auf den jungen Kaiser Franz Joseph I. Er war ein ehemaliger Husar in Wien und versuchte, Franz Joseph I. mit einem Küchenmesser zu ermorden.

Der Kaiser unternahm an diesem Tag einen Spaziergang auf der Kärntnertor-Bastei in Wien. János Libényi stürzte sich mit einem Küchenmesser auf ihn. Zwar konnte der Angriff größtenteils durch den Adjutanten Graf O'Donnell abgewehrt werden. Doch der Kaiser erlitt eine Wunde unterhalb des Hinterkopfes.

Der Attentäter wurde durch den Adjutanten mit einem Säbel niedergestreckt. Er wurde zum Tode verurteilt und acht Tage später, am 26. Februar 1853, bei der Spinnerin am Kreuz durch den Strang hingerichtet.

Das Messerattentat auf Kaiser Franz Joseph am 18. Februar 1853

Die gotische Säule bei der Spinnerin am Kreuz (ca. 1840). Hier befand sich die Richtstätte, an der Libényi gehängt wurde.

Franz Josephs Bruder, Erzherzog Ferdinand Maximilian, der spätere Kaiser von Mexiko, rief nach dem Attentat „zum Dank für die Errettung Seiner Majestät" zu Spenden auf, um in Wien eine neue Kirche zu bauen. 300.000 Bürger folgten dem Spendenaufruf.

Für den Kirchenbau wurde ein Architektenwettbewerb ausgeschrieben. Dabei wurden 75 Projekte von Architekten aus der Donaumonarchie, Deutschland, England und Frankreich eingereicht. Die Jury entschied sich für das Projekt des damals erst 26-jährigen Architekten Heinrich Ferstel.

Als Baugrund wurde ein Areal im Gebiet des abgerissenen Glacis in der Alservorstadt ausgewählt. Die Grundsteinlegung erfolgte am 24. April 1856 durch Kaiser Franz Joseph und Kardinal Rauscher in Anwesenheit von 80 Erzbischöfen und Bischöfen.

Der Bau der Kirche nahm über 20 Jahre in Anspruch. Dabei entstand eine dreischiffige Basilika mit einem Chorumgang und einem Kapellenkranz. Der Chor liegt im Westen der Kirche. An der östlichen Hauptfassade ragen die zwei kolossalen Türme empor. Der Sandstein, aus dem der Kirchenbau hauptsächlich besteht, stammt aus den Steinbrüchen bei Wöllersdorf sowie aus Brunn am Steinfeld.

Ausschnitt aus dem „Jägerstätterfenster"

Ursprünglich gab es 78 bemalte Glasfenster mit meist figurenreichen Darstellungen. Im Zweiten Weltkrieg wurden die Glasfenster zerstört und anschließend provisorisch verglast. In den Jahren 1960 bis 1973 wurde die Kirche restauriert.

Stand der Bauarbeiten an der Votivkirche um 1866

Bei dieser Gelegenheit wurden auch die Glasfenster neugestaltet. Ein Fenster wurde dem Kriegsdienstverweigerer Franz Jägerstätter gewidmet. Im Zweiten Weltkrieg wurde er von den Nationalsozialisten wegen „Wehrkraftzersetzung" zum Tode verurteilt und hingerichtet.

Der neogotische Hochaltar wurde von dem Bildhauer Joseph Gasser entworfen und teilweise gefertigt. Der Altartisch ist aus Laaser Marmor gefertigt und wird von sechs Säulen aus ägyptischen Alabaster gestützt.

In der Kirche befinden sich vier Kapellen: Die Bischofs-, die Rosenkranz-, die Kreuz- und die Taufkapelle. Weitere Altäre beziehungsweise Kapellen gibt es an der linken und rechten Seite des Langhauses und den Marienaltar in der Mitte des Chorumganges.

Eine weitere Besonderheit der Superlative ist die große Orgel. Sie wurde von der Orgelbauanstalt E. F. Walcker in Ludwigsburg erbaut. Die Orgel ist das einzige Werk dieser Bauweise und Größe, die weitgehend unverändert geblieben ist und gilt daher heute als eine der bedeutendsten Denkmalorgeln der Welt.

Chor der Votivkirche mit dem neogotische Hochaltar

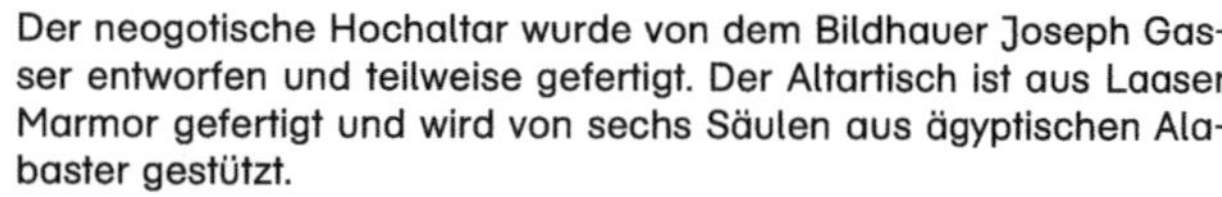

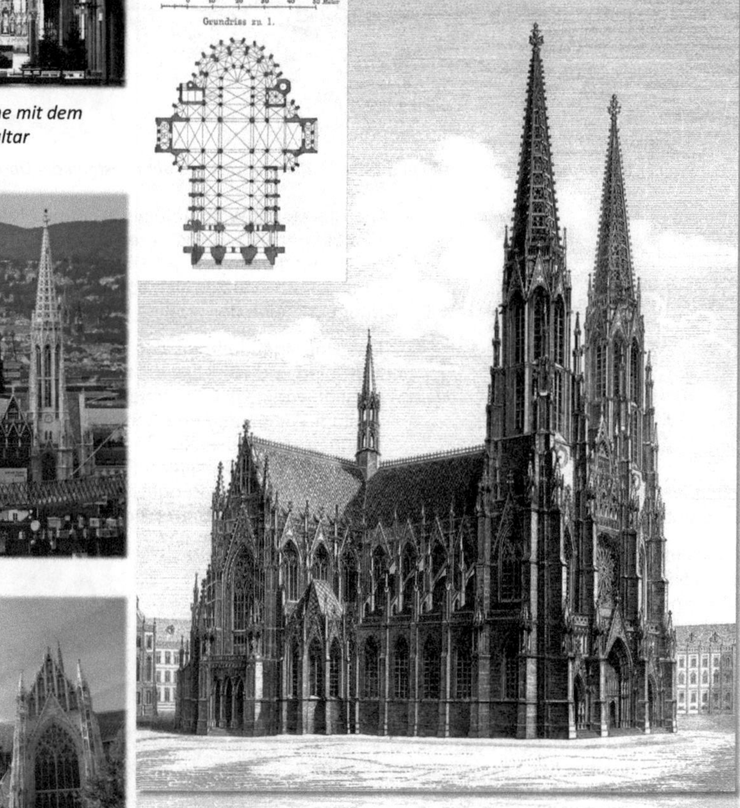

Die Votivkirche mit Grundrissplan: Grafik aus dem jahre 1879.

Hauptgebäude der Universität Wien

Die Wiener Universität zwischen 1890 und 1900 (Farblithografie aus dem Bestand der Library of Congress)

Die Universität Wien (lateinisch „Alma Mater Rudolphina Vindobonensis") wurde bereits im Jahre 1365 gegründet. Sie ist mit derzeit fast 100.000 Student/innen die größte Hochschule in Österreich sowie im deutschsprachigen Raum und eine der größten in Europa.

Das Hauptgebäude an der Ringstraße von Heinrich Ferstel konzipiert und 1873 bis 1884 erbaut. Die mittelalterliche Universität war in verschiedenen Gebäuden in der historischen Altstadt Wiens untergebracht. Ihr erstes Haus war das 1385 eröffnete Herzogskolleg in der heutigen Postgasse 7 - 9. 1623, wurde an derselben Stelle das frühbarocke Jesuitenkolleg errichtet. Es ist mit der Universitätskirche und einigen Zubauten noch heute als „Alte Universität" erhalten und beherbergt unter anderem das Archiv der Universität Wien.

Unter Maria Theresia wurde in den Jahren 1753 bis 1755 unmittelbar neben dem Jesuitenkollegium ein neues Hauptgebäude, die „Neue Aula", errichtet. Während des Revolutionsjahres 1848 war die Aula ein zentraler Versammlungsort der Aufständischen. Daher wurde nach der gewaltsamen Niederschlagung der Revolution die Universität vom Militär besetzt. Die Studenten wurden aus der Altstadt vertrieben. dass Gebäude wurde 1857 der Akademie der Wissenschaften übergeben, die es bis heute beherbergt.

Im Jahre 1868 genehmigte der Kaiser die von der Stadtverwaltung schon lange geforderte Auflassung des großen Parade- und Exerzierplatzes nahe der Altstadt. Am 25. Juli 1870 wurde entschieden, die Universität am Ring zu bauen. Bis zum Sommer 1872 fanden unzählige Verhandlungen und Besprechungen statt, in denen die einzelnen Fakultäten ihre Raumanforderungen bekanntgaben, die dann von Ferstel koordiniert werden mussten.

Barrikade bei der Universität am 26. Mai 1848

Uni Wien Feststiege

Mit den Bauarbeiten wurde ein Jahr später, am 14. Juli 1873, begonnen. Die Errichtung der Fundamente erwies sich als sehr schwierig, da das Areal im Bereich der Mölker Bastei von alten Minengängen aus der Zeit der Türkenkriege durchzogen war.

Auf den Tag genau zehn Jahre nach Baubeginn, am 14. Juli 1883, starb Heinrich Freiherr von Ferstel. Sein Schwager Karl Köchlin und sein Sohn Max von Ferstel übernahmen die Leitung der Bauarbeiten. Ein Jahr später, am 10. Oktober 1884 wurde die Universität in Anwesenheit des Kaisers feierlich eröffnet.

Ferstel hatte für das Gebäude den Stil der italienischen Hochrenaissance gewählt, nachdem er vor Baubeginn während einer Studienreise die Universitäten von Padua und Genua besucht hatte. Der Baukomplex besitzt einen großen Arkadenhof und acht kleinere Höfe. An der Ringstraße liegt die markant vorspringende Säulenhalle. Das Relief im Giebel zeigt die Geburt der Minerva, der Göttin der Weisheit.

Die Arkaden mit den Denkmälern

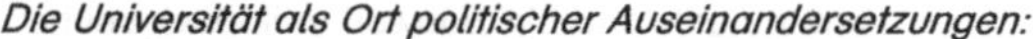

Universitätsbibliothek

An der Rückseite des Gebäudes zur Reichsratsstraße befindet sich die Universitätsbibliothek mit dem großen Lesesaal. Da die Bibliothek keine Fenster hatte, wurde die Wand entlang der Reichsratsstraße mit Sgraffiti verziert. Das Auditorium Maximum wurde erst in den 1930er Jahren errichtet. Es ist der größte Vorlesungssaal Österreichs.

Vom großen, zentralen Arkadenhof aus kann man alle wichtigen Stiegen erreichen. 1885 beschloss der Akademische Senat, dass verdiente Professoren posthum mit einem Denkmal im Arkadenhof geehrt werden können, und zwar frühestens fünf Jahre nach deren Tod. Heute stehen in den Arkaden bereits die Denkmäler von 154 Persönlichkeiten, die an der Uni Wien als Professoren tätig waren.

Die Universität als Ort politischer Auseinandersetzungen:

Im Hauptgebäude der Universität Wien wurden immer wieder politische Auseinandersetzungen ausgetragen. In der Zwischenkriegszeit sorgten vor allem die Nationalsozialisten für Krawalle. In den Jahren 1928 und 1932 fanden bereits antisemitische Ausschreitungen an der Universität statt.

Burschenschafter stürmten in die Hörsäle und zerrten „jüdisch" aussehenden Studenten unter Schlägen aus dem Saal und prügelten sie bis zur Rampe der Universität hinunter. 1936 wurde der deutsche Philosoph Moritz Schlick auf einer Stiege des Hauptgebäudes von einem seiner ehemaligen Studenten ermordet.

Studentenprotest vor dem Hauptgebäude (2009)

Am 31. März 1965 demonstrierten Vertreter von Studentenorganisationen, ehemalige Widerstandskämpfer sowie Gewerkschafter in Wien in der Inneren Stadt gegen den nationalsozialistisch eingestellten Historiker Taras Borodajkewycz.

Die Affäre hatten zwei prominente Studenten ins Rollen gebracht, nachdem sie Mitschriften aus Borodajkewycz Vorlesungen mit Hilfe des Kabarettisten Oskar Bronner veröffentlichten uns somit einem

Wiener Student/innen im Jahre 1925

breiteren Publikum zugänglich machten. Die beiden Studenten waren der spätere Bundespräsident Heinz Fischer und Ferdinand Lacina, der in den Jahren 1986 bis 1995 als Finanzminister tätig war.

Beim Zusammenstoß mit einer vom „Ring Freiheitlicher Studenten" (RFS), der Studentenorganisation der FPÖ, organisierten Gegendemonstration wurde der ehemalige Widerstandskämpfer Ernst Kirchweger von dem Studenten und bereits zu einer Gefängnisstrafe verurteilten Neonazi Günther Kümel beim Hotel Sacher mit einem Faustschlag ins Gesicht niedergeschlagen. Er erlitt Verletzungen, an denen er zwei Tage später starb. Kirchweger gilt heute als erstes Todesopfer einer politischen Gewalttat in der Zweiten Republik.

Gedenktafel für Ernst Kirchweger in der Sonnwendgasse

Der im Jahre 1923 von Antisemiten und Antidemokraten in der Aula aufgestellte Siegfriedskopf wurde erst im Jahre 2006 nach jahrzehntelangen Protesten aus der Aula entfernt.

Das Ringtheater

Wenn du nun vom Hauptgebäude der Universität den Schottenring entlang in Richtung Donaukanal gehst, kommst du an einem sehr kühl wirkenden Amtsgebäude aus den 70er Jahren des 20. Jahrhunderts vorbei, in dem heute die Landespolizeidirektion Wien untergebracht ist. Das Areal, auf dem dieses Gebäude steht, könnte eine grauenhafte Geschichte erzählen, wenn es nur reden könnte.

Hier befand sich im 19. Jahrhundert das Ringtheater. Im Jahre 1872 ehielt ein Konsortium von drei Herren die Konzession für ein *„neues stabiles Theater auf dem Schottenring gegenüber der Börse unter dem Namen Komische Oper' für theatralische Vorstellungen jeder Art und des Balletts".*

Mit der Planung wurde der Architekt Emil von Förster betraut. Bei der Planung hatte er das Problem, dass ihm nur eine kleine Bauparzelle für ein großes Theater zur Verfügung stand. Das Theater sollte 1700 Personen fassen. Deshalb strebte er eine Raumerweiterung nach oben an und es entstand ein Bauwerk mit einer unübersichtlichen und verschachtelten Gliederung von

Das Ringtheater (vor1881)

Vestibülen, Gängen und Stiegenhäusern. Die „Komische Oper", die im Unterschied zur Hofoper „leichte" Opern spielen sollte, wurde bereits am 17. Jänner 1874 mit Rossinis „Der Barbier von Sevilla" eröffnet.

Das Theater stand von Anfang an unter keinem guten Stern. Keinem von mehreren Direktoren gelang es, das Haus zum Erfolg zu führen, zeitweilig war es sogar geschlossen. Zu finanziellen Schwierigkeiten kamen auch immer wieder technische Pannen. Mit 1. Juni 1881 pachtete Franz Jauner das Theater in der Hoffnung, dass nunmehr unter seiner eitung das Unternehmen endlich gedeihen werde.

Die fürchterlichen Ereignisse vom 8. Dezember 1881 machten jedoch alle Hoffnungen zunichte und führten zu einer der größten Katastrophen in der Geschichte Wiens.

Als knapp vor einer Aufführung von „Hoffmanns Erzählungen" die Besucher für den Vorstellungsbeginn um 19 Uhr ihre Plätze einnahmen, wurde hinter der Bühne Gasbeleuchtung entzündet.

Die Brandruine des Ringtheaters

Durch ein technisches Gebrechen strömte Gas aus, welches bei einem weiteren Zündversuch explodierte. Das entstandene Feuer sprang in Windeseile auf die Bühnendekoration über, bevor es sich schließlich aich noch im Zuschauerraum ausbreitete.

Die aus Öllampen bestehende Notbeleuchtung soll aus Geldmangel nicht gebrannt haben. Außerdem konnten die in Panik geratenen Besucher die Notausgänge nur nach innen öffnen, was allerdings unter demDruck der Menschen nicht möglich war. Aufgrund einer Fehleinschätzung der Lage hielt die Polizei im Theatervorraum Helfer mit dem Hinweis „Alles gerettet!" von weiteren Rettungsversuchen ab.

Nach offiziellen Angaben kamen bei dem verheerenden Feuer mindestens 384 Todesopfer ums Leben. Daraufhin wurde 1882 ein neues Gesetz betreffend die Einrichtung der Theater und Sicherheitsvorkehrungen (unter anderem Eiserner Vorhang, nach außen öffnende Türen, Imprägnierung der Bühnendekorationen) erlassen.

An der Stelle des Ringtheaters entstand in der Folge das so genannte „Sühn Haus", ein Zinshaus, dessen Zinsertrag wohltätigen Zwecken zufloss. Es wurde während des Zweiten Weltkrieges schwer beschädigt und 1951 abgetragen. Erst in den Jahren 1969 bis 1974 wurde auf dem unglückseligen Grund jenes Amtsgebäude errichtet, in welchem die Landespolizeidirektion Wien untergebracht wurde. Heute erinnert an den Brand noch eine Gedenktafel am Polizeigebäude.

Die Wiener Börse

Auf der rechten Seite wird dir gewiss ein Prachtbau mit rötlicher Fassade und griechischen Säulen im Stil der Neorenaissance auffallen. Hier befand sich bis zum Umzug der Wiener Börse AG in das Palais Caprara-Geymüller im Jahr 2000 der Sitz die Wiener Börse.

Die Wiener Börse wurde im Jahre 1771 von Maria Theresia gegründet und gehört zu den ältesten Wertpapierbörsen der Welt. Anfänglich wurden nur Anleihen, Wechsel und Devisen gehandelt. In der Mitte des 19. Jahrhunderts führte die wachsende Industrialisierung zu einem gewaltigen Wirtschaftsaufschwung und viele Unternehmen finanzierten sich mit Aktien über die Börse.

Die Wiener Börse im Jahre 1914

Infolge einer Spekulationswelle kam es am 9. Mai 1873 zum großen Wiener Börsenkrach. Der "schwarze Freitag" führte zum Konkurs Hunderter Betriebe und Werkstätten, aber auch großer Firmen und Banken. Es dauerte viele Jahre, bis sich der Finanzmarkt von der Katstrophe erholte. 1877 wurde das von Theophil von Hansen entworfene Börsegebäude am Schottenring feierlich eröffnet.

Mit dem Anschluss Österreichs an das Deutsche Reich im Jahre 1938 verlor die Wiener Börse ihre Selbstständigkeit. Erst im Jahre 1948 wurde die Börse wiedereröffnet.

Am 13. April 1956 zerstörte ein Großbrand einen Teil des Börsegebäudes. Im Dezember 1959 waren die Renovierungsarbeiten abgeschlossen und die Wiener Börse konnte ihren Betrieb wiederaufnehmen. Heute wickelt die Wiener Börse AG ihre Geschäfte im 1. Bezirk, in der Wallnerstraße 8 ab.

4. Tipps und Infos

- Infoservices für Kinder und Jugendliche
- Spezielle Programme für Kinder und Jugendliche
- Sport, Action und Bewegung
- Museen in Wien

* Adressen, Telefonnummern, Internertlinks, Emailadressen oder Anmeldemodalitäten für Besichtigung unterliegen immer wieder Änderungen, weshalb der Autor nicht für die aktuelle Gültigkeit der diesbzüglichen Angaben garantieren kann. Die Hinweise entsprechen dem Stand von 1. Oktober 2016.

Infoservices für Kinder und Jugendliche

✳ Verein wienXtra

wienXtra ist eine Impulsgebende Stelle der Wiener Kinder- und Jugendarbeit und arbeitet für die Stadt Wien und in enger Kooperation mit der MA 13-Fachbereich Jugend.
wienXtra veranstaltet und koordiniert Freizeitaktionen, die Spaß machen und starkes Bildungspotential haben. Bei wienXtra gibt's viele Info-, Beratungs- und Bildungsangebote rund um die Themen Kinder und Jugendliche und die Programme für Schulen erweitern die Angebotspalette.
Adresse: Friedrich-Schmidt-Platz 5, 1082 Wien

Homepage: *http://www.wienxtra.at*

✳ Kinderkalender: Freizeit- und Veranstaltungstipps für Kinder & Familien

Freizeit Tipps und Infos für Kinder und Familien mit regionalen Stadtführern und einem bundesweiten Veranstaltungskalender mit aktuellen Events aus Deiner Stadt oder Region.
Homepage: *http://www.kinder-kalender.at*

✳ Sunny

Sunny ist die Anlaufstelle für Familien, die auf der Suche nach familien- und kindertauglichen Freizeitangeboten sind.
Adresse: Liechtensteinstraße 25, Top 26/27, 1090 Wien
Homepage: *http://www.sunny.at*

Spezielle Programme für Kinder und Jugendliche

✳ ZOOM Kindermuseum

Im ZOOM Kindermuseum darf nach Lust und Laune gefragt, berührt, geforscht, gefühlt und gespielt werden. Kinder erkunden hier mit allen Sinnen die Welt - allein oder in kleinen Teams.
Adresse: Museumsplatz 1, 1070 Wien
Homepage: *http://www.kindermuseum.at*

✳ Albertina: Familienprogramm

Das Familienprogramm umfasst Mitmach-Führungen durch die aktuellen Ausstellungen, Kreativ-Workshops im Atelier und Kunstkurse für die Meister von morgen.
Adresse: Albertinaplatz 1, 1010 Wien
Homepage: *www.albertina.at*

✳ Belvedere: Kinderführungen mit Kreativworkshops

Regelmäßige Kinderführungen mit Kreativworkshops im Atelier Pinselstrich führen etwa in die Zeit des Mittelalters, erzählen Geschichten zu Gustav Klimts goldenen Gemälden oder beschäftigen sich mit Themen der aktuellen Sonderausstellungen.
Im Atelier Pinselstrich können junge Museumsfans anschließend selbst gestalterisch arbeiten und kreativ sein (für Kinder von drei bis fünf sowie von sechs bis elf Jahren). Anmeldung erforderlich.
Adresse: Prinz-Eugen-Straße 27, 1030 Wien
Homepage: *www.belvedere.at*

✳ Kunsthistorisches Museum: öffentliche Führungen für Kinder

In den Ausstellungen des Kunsthistorischen Museums gibt es jeden Samstag
spannende Führungen, bei denen Kinder und Jugendliche vieles erfahren
können, aber auch die Gelegenheit haben, einiges zu entdecken, anzugrei-
fen oder auszuprobieren.

Sa 15.00 Uhr, 5-8jährige, Dauer ca. 60 Min.,
Sa 16.00 Uhr, 9-12jährige, Dauer ca. 60 Min.
Die Teilnahme ist für Kinder gratis.

Je nach Thema ist der Treffpunkt: KHM, Antikensammlung, Neue Burg, Sammlung alter Musikinstrumente, Neue Burg, Hofjagd- und Rüstkammer, Hofburg, Schatzkammer, Schönbrunn, Wagenburg.

Adresse: Maria-Theresien-Platz, 1010 Wien
Homepage: *www.khm.at*

✳ MAK - Museum für angewandte Kunst: Kinderprogramme

Das Kinderprogramm des MAK bietet den jüngsten Museumsbesuchern mit
einem abwechslungsreichen Programm die Möglichkeit, die Sammlungen
und Ausstellungen des MAK spielerisch zu entdecken und zu erforschen.
Adresse: Stubenring 5, 1010 Wien
Homepage: *www.mak.at*

✳ MUMOK - Museum Moderner Kunst: Mitgemacht, aufgemalt und hergehört!

Was Kinder über moderne und zeitgenössische Kunst zu sagen haben, er-
fährt man an Samstagen und Sonntagen ab 14 Uhr im MUMOK. In den ak-
tuellen Ausstellungen und den Sammlungspräsentationen kommen Besucher
im Alter zwischen 4 und 12 Jahren zu Wort. Aber es wird nicht nur über
Kunst gesprochen! Nach spielerischen Ausstellungsrundgängen werden im
Atelier künstlerische Techniken erprobt.
Adresse: Museumsplatz 1, 1070 Wien
Homepage: *www.mumok.at*

✳ Naturhistorisches Museum: Schauen - Spielen - Selber Forschen

Führungen und Angebote für Kinder:

- Kinder von 3-5 Jahren: jeden letzten Sonntag im Monat um 16 Uhr
- Kinder ab 6 Jahren: jeden Samstag um 14 Uhr, an Sonn- und Feiertagen um 10 und 14 Uhr
- Mikrotheater:
  jeden Samstag, Sonntag und Feiertag um 13.30, 15.30 und 16.30

Führungen und Angebote für Erwachsene/Jugendliche:

- NHM Highlights-Führung:
  in deutscher Sprache jeden Freitag um 15 Uhr und jeden Samstag um 16 Uhr
  in englischer Sprache jeden Freitag um 16 Uhr und jeden Samstag um 15 Uhr
- Über den Dächern Wiens-Führung:
  in deutscher Sprache jeden Mittwoch um 18.30 Uhr und jeden Sonntag um 16 Uhr
  in englischer Sprache jeden Sonntag um 15 Uhr
  Kindern unter 12 Jahren ist das Betreten des Daches nicht gestattet.
- NHM Darkside:
  1x pro Monat um 22 Uhr (Tickets im Vorverkauf an der Museumskassa)

Adresse: Maria-Theresien-Platz, 1010 Wien
Homepage: *www.nhm-wien.ac.at*

✱ Theatermuseum: Kinderprogramme

Hereinspaziert! Das Theatermuseum macht Kinder spielend, bastelnd oder verkleidet mit den verschiedensten Formen des Theaters bekannt! Ob Schatten-, Improvisations- oder Puppentheater, für jeden ist etwas dabei - im Rahmen der Theaterkids-Nachmittage für 5- bis 10-Jährige.
Eine kleine Bühne steht für Kinder und ihre Phantasie bereit!
Adresse: Lobkowitzplatz 2, 1010 Wien
Homepage: *www.theatermuseum.at*

✱ Technisches Museum Wien: Angebote für Kinder & Familien

Das Technische Museum Wien ist eine Welt für sich. Viele interaktive Objekte, die nach dem Prinzip "Ursache - Wirkung" aufgebaut sind, machen Technik erfahrbar und buchstäblich
"be-greifbar".

Angebote für Kinder & Familien unter:
http://www.technischesmuseum.at/aktivitaeten-und-programme/kinder-und-familien

Adresse: Mariahilfer Straße 212, 1140 Wien
Homepage: *www.technischesmuseum.at*

✱ Heeresgeschichtliches Museum: Angebote für Kinder und Jugendliche

Das Heeresgeschichtliche Museum beleuchtet die Geschichte der Habsburgermonarchie vom Ende des 16. Jahrhunderts bis zum Ende der Monarchie 1918 sowie die Jahre danach bis 1945. Die Rolle des Heeres und die militärische Vergangenheit auf hoher See stehen im Vordergrund.

Angebote für Kinder & Familien unter:
http://www.hgm.at/de/service-kontakt/kinder.html
Adresse: Arsenal, Objekt 1, 1030 Wien
Homepage: *www.hgm.or.at*

✱ Wien Museum: spielen, erzählen, lernen

Im Wien Museum sind mehrere Museen der Stadt zu einer Museumsgruppe zusammengefasst. Neben dem Haupthaus am Karlsplatz, das als Museumsneubau am 23. April 1959 eröffnet wurde, und der Hermesvilla, einem ehemals kaiserlichen Schloss, bestehen zahlreiche Außenstellen in Form von Spezialmuseen, Musikerwohnungen und Ausgrabungsstätten.

Liste der Museen und Außenstellen des Wien Museums:

Wien Museum Karlsplatz, Hermesvilla, Otto-Wagner-Pavillon Karlsplatz, Otto-Wagner-Hofpavillon Hietzing, Pratermuseum, Uhrenmuseum, Mozarthaus Vienna in der Domgasse, Beethoven-Wohnung Heiligenstadt, Beethoven-Eroicahaus, Beethoven-Pasqualatihaus, Haydnhaus, Schubert Geburtshaus, Johann-Strauß-Wohnung, Ausgrabungen Michaelerplatz, Virgilkapelle, Römermuseum, Neidhart-Fresken.

Infos zu Kinder- und Familienführungen, Workshops und Ferienspielen unter:
http://www.wienmuseum.at/de/vermittlung/fuer-kinder/wien-museum-fuer-kinder.html

Adresse: Wien Museum Karlsplatz, Karlsplatz 8, 1040 Wien
Homepage: *www.wienmuseum.at*

✳ Tiergarten Schönbrunn Unterrichtsführungen:

Für Kindergartengruppen und Schulklassen aller Altersstufen geeignet. Nach telefonischer Absprache.

- Modellierkurs:

  Der Modellierkurs ist für Kindergartengruppen und Schulklassen aller Altersstufen geeignet. Das Programm umfasst eine kindgerechte Führung, bei der das Verhalten und der Körperbau der Tiere beobachtet und erklärt werden. Anschließend wird das jeweilige Tier aus selbsttrocknender Modelliermasse geformt. Die Tierfiguren können als Andenken an den Zoobesuch mitgenommen werden.

- Heimtier-Seminar:

  Für Schüler im Alter von 8 - 14 Jahren. Die Heimtier-Seminare vermitteln grundlegende Kenntnisse über die Haltung von Kaninchen, Meerschweinchen und Wellensittichen. Am Ende eines Kurses sollten die Schüler/innen die Bedürfnisse der besprochenen Tiere kennen, diese besser "verstehen" und ihnen dadurch ein gutes Leben bieten können.

- Ethologie-Seminar:

  Beobachten und verstehen! Für Schüler/innen ab einem Alter von 14 Jahren. Bei diesem Seminar werden theoretische und praktische Erkenntnisse aus der modernen Verhaltensforschung vermittelt. In Kleingruppen werden Verhaltensbeobachtungen an ausgewählten Zootieren durchgeführt.

- Lehrer/innen-Seminar:

  Angehende und ausübende Lehrer/innen lernen in diesem Seminar den Zoo als Unterrichtsstätte kennen. Methoden und Möglichkeiten des außerschulischen Lernens und Lehrens werden dabei näher erläutert.

✳ Haus des Meeres: Führungen für Kinder und Jugendliche

Führungen werden für Kinder ab dem Besuch der Volksschule angeboten und ab ca. 20 Schüler/innen angeboten. Die Führungen selbst ist kostenlos (zu bezahlen ist der jeweilige Zooeintritt, pro 10 zahlenden Schüler/innen ist der Eintritt für eine Begleitperson kostenlos).

Inhaltlich können Sie bei den Führungen wählen zwischen einer "Highlight-Führung" quer durch unterschiedliche Abteilungen des Hauses, oder Spezialführungen zu den Bereichen:

- Wirbeltiere
- Reptilien
- Korallen
- Bionik
- Haie & Rochen
- Anpassungen an das Leben im Wasser
- Natur begreifen

Die Anmeldung für Führungen erfolgen ausschließlich telefonisch unter 0664/544 08 20.

Adresse: Fritz-Grünbaum-Platz 1, 1060 Wien
Homepage: *http://www.haus-des-meeres.at*

✳ Madame Tussauds Wien: Wachsfiguren-Kabinett im Prater

Adresse: Riesenradplatz, 1020 Wien
Homepage: *https://www.madametussauds.com/wien*

✳ Kunstvermittlung "Museum Hundertwasser"

Das Kunst Haus Wien ist ein von Friedensreich Hundertwasser gestaltetes Museum. Es beherbergt die weltweit einzige permanente Ausstellung der Werke von Friedensreich Hundertwasser. Darüber hinaus werden regelmäßig Wechselausstellungen von Werken anderer Künstler gezeigt. Die Ausstellungsfläche beträgt rund 1600 m².

Das KUNST HAUS WIEN bietet ein interaktives Programm für Kinder und Jugendliche an, dessen Elemente ganz gezielt auf die Bedürfnisse der jungen Besucher und Besucherinnen abgestimmt sind. Für jede Altersgruppe wurde nach museumspädagogischen Kriterien ein eigener Führungsweg erstellt.

Da erst mit zunehmendem Alter Wissen vorwiegend über Zuhören aufgenommen wird, bieten die Vermittlungsprogramme zusätzlich zum gesprächsorientierten Rundgang die Möglichkeit, dem Thema Hundertwasser sinnlich, interaktiv und spielerisch zu begegnen.

Für Schulklassen, Kinder- und Jugendgruppen Anmeldung unter Tel. +43-1-712 04 95-12, E-Mail *info@kunsthauswien.com*. Terminreservierung mindestens eine Woche im Voraus.

Adresse: Untere Weißgerberstraße 13, 1030 Wien
Homepage: *http://www.kunsthauswien.com*

✳ Dialog im Dunkeln: Pädagogisches Programm

Dialog im Dunkeln ist eine Ausstellung, bei der es nichts zu sehen gibt. In Gruppen von maximal acht Personen werden BesucherInnen von blinden oder sehbehinderten Guides durch völlig abgedunkelte Räume begleitet.

In diesen sind Alltagssituationen nachgestellt, die durch die Lichtlosigkeit zum reizvollen Abenteuer werden. Ein Besuch ist eine gleichermaßen unterhaltsame und lehrreiche Erfahrung, die BesucherInnen sich selbst und ihre blinden / sehbehinderten Mitmenschen besser verstehen lässt.

Pädagogisches Programm: Für Schulklassen wird ein pädagogisches Programm zu stark ermäßigten Preisen angeboten. Beratung und Reservierung unter 01 / 890 60 60.

Adresse: Schottenstift, Freyung 6 - 1. Hof UG, 1010 Wien
Homepage: *http://www.imdunkeln.at*

✳ 3. Mann Tour durch die Wiener Kanalisation

Die Verfolgungsjagd des Orson Welles alias Harry Lime im Film "Der Dritte Mann" wurde weltberühmt und mit Ihr die Wiener Kanalisation. Heute präsentiert sich die Wiener Kanalisation als modernstes Abwassersystem, das technologische Innovationen mit großer Geschichte verbindet. Interessierte können einen Blick in diese unheimliche und unbekannte Stadt unter der Stadt werfen und auf den Spuren des berühmten Penicillinschmugglers Harry Lime Neues und Altes aus der Unterwelt erfahren.

3. Mann Tour - Kanal speziell für Kinder ab 12 Jahren: Führungen finden zu jeder vollen Stunde statt! Max. 20 Personen pro Führung! Reservierungen sind unbedingt erforderlich!
Tel.: +43 1 4000-3033
Standort: Karlsplatz-Girardipark, 1010 Wien
Kontaktadresse: Modecenterstraße 14/Block C, 1030 Wien
Homepage: *https://www.drittemanntour.at*

Sport, Action und Bewegung

✳ Goodlands Skatepark

Diesen Park kannst du mit Skateboards, Inlineskates, Scooter, BMX und ähnlichen Sportgeräten während der Öffnungszeiten täglich von 8:00 Uhr bis 21:30 Uhr nutzen.
Die Anlage gleicht einer futuristischen Betonlandschaft. Mit seinen Curbs, einer kleinen Streetfläche und der riesigen Bowllandschaft bietet er alles für Skater und BMX Biker.
Adresse: Bergmillergasse Ecke Christine Enghausweg, 1140 Vienna
Homepage: *http://www.skate4life.at*

✳ Skatepark Prater

Rustenschacherallee 1, 1020 Wien

✳ Skatepark im Währingerpark

Mollgasse 2, 1180 Wien

✳ Skatepark im Forsthauspark

Der Skatepark befindet sich Im Forsthauspark in der Fosthausgasse, 1200 Wien

In den Hochseilklettergärten am Kahlenberg, im Strandbad Gänsehäufel und auf der Donauinsel kann man gut gesichert klettern, balancieren und Spaß haben.

✳ Waldseilpark Kahlenberg

Adresse: Josefsdorf 47, 1190 Wien
Homepage: *www.waldseilpark-kahlenberg.at*

✳ Hochseilklettergarten im Gänsehäufelbad

Adresse: Moissigasse 21, 1220 Wien
Homepage: *http://www.hochseilklettergarten.at*

✳ Donauinsel-Kletterpark

Adresse. Am Kaisermühlendamm
Homepage: *http://www.donauinsel-kletterpark.at*

Museen in Wien

A

- Albertina: Albertinaplatz 1, 1010 Wien
- Alt Wiener Schnapsmuseum: Wilhelmstrasse 19-21, 1120 Wien
- Architekturzentrum Wien: MuseumsQuartier, Museumsplatz 1, 1070 Wien
- Arena 21/Ovalhalle: MuseumsQuartier, Museumsplatz 1, 1070 Wien
- Arnold-Schönberg-Center: Schwarzenbergplatz 6, Eingang Zaunergasse 1-3, 1030 Wien
- Aspern-Essling 1809: Asperner Heldenplatz 9, 1220 Wien

B

- BA-CA Kunstforum: Freyung 8, 1010 Wien
- Barocke Klosterapotheke des ehemaligen Ursulinenklosters: Johannesgasse 8, 1010 Wien
- Bestattungsmuseum der Bestattung Wien: Goldeggasse 19, 1040 Wien

- Bezirksmuseum Innere Stadt: 1. Bezirk, Wipplingerstraße 8, Altes Rathaus,
  Telefon 01-534 36/01127
- Bezirksmuseum Leopoldstadt: 2. Bezirk, Karmelitergasse 9 (Seiteneingang),
  Telefon 01-211 06 02/127
- Bezirksmuseum Landstraße: 3. Bezirk, Sechskrügelgasse 11, Tel./Fax: 01 - 4000 / 03-127
- Bezirksmuseum Wieden: 4. Bezirk, Klagbaumgasse 4, Telefon 01-581 78 11
- Bezirksmuseum Margareten: 5. Bezirk, Schönbrunner Straße 54, Tel.: 0676 / 414 3861,
  Tel./Fax: 0043 1 544 29 02
- Bezirksmuseum Mariahilf: 6. Bezirk, Mollardgasse 8, Mezzanin, Telefon 01-586 78 68
- Bezirksmuseum Neubau: 7. Bezirk, Stiftgasse 8, Telefon 01-524 50 52
- Bezirksmuseum Josefstadt: 8. Bezirk, Schmidgasse 18, Tel.: 01- 403 64 15
- Bezirksmuseum Alsergrund: 9. Bezirk, Währingerstraße 43, Tel.:   01 - 400 34 09 127
- Bezirksmuseum Favoriten: 10. Bezirk, Ada-Christen-Gasse 2B, Telefon + Fax: 01- 689 81 93
- Bezirksmuseum Simmering: 11. Bezirk, Enkplatz 2, Telefon 01-740 34-111 27
- Bezirksmuseum Meidling: 12. Bezirk, Längenfeldgasse 13-15, Telefon: 01 / 817 65 98
- Bezirksmuseum Hietzing: 13. Bezirk, Am Platz 2, Telefon 01-877 76 88
- Bezirksmuseum Penzing: 14. Bezirk, Penzinger Straße 59, Telefon 01-897 28 52
- Bezirksmuseum Rudolfsheim-Fünfhaus: 15. Bezirk, Rosinagasse 4 (Ecke Gasgasse),
  Tel./Fax: 891 34/15 127 (zu den Öffnungszeiten)
- Bezirksmuseum Ottakring: 16. Bezirk, Richard-Wagner-Platz 19b, Telefon: 01-4000 / 161 27
- Bezirksmuseum Hernals: 17. Bezirk, Hernalser Hauptstraße 72-74, Tel.: 01-403 43 38
- Bezirksmuseum Währing: 18. Bezirk, Währinger Straße 124, Tel.: 01 4000 -18127
- Bezirksmuseum Döbling - Villa Wertheimstein: 19. Bezirk, Döblinger Hauptstraße 96,
  Tel./Fax: 01-368 65 46
- Bezirksmuseum Brigittenau: 20. Bezirk, Dresdner Straße 79, Telefon: 01- 330 5068
- Bezirksmuseum Floridsdorf: 21. Bezirk, Prager Straße 33, Tel/Fax: 01-270 51 94
- Bezirksmuseum Donaustadt: 22. Bezirk, Kagraner Platz 53+54,
  Telefon und Fax 01-203 21/26
- Bezirksmuseum Liesing: 23. Bezirk, Canavesegasse 24, Telefon und Fax 01-869 88 96
- Bibelzentrum am Museumsquartier: Breitegasse 4-8/ Erdgeschoß, 1070 Wien
- Böhmerwaldmuseum Wien und Erzgebirger Heimatstube: Ungargasse 3, 1030 Wien

C

- Collegium Hungaricum Wien – Galerie UngArt: Hollandstraße 4: 1020 Wien

D

-
- Dampf-Nostalgiefahrt (19:10 - 22:50): Südbahnhof (Ostseite), 1100 Wien
- designforum: MuseumsQuartier, Museumsplatz 1, Hof 7, 1070 Wien
- Dialog im Dunkeln: Freyung 6, 1010 Wien
- Dommuseum: Stephansplatz 6/Durchgang Wollzeile, 1010 Wien

E

- Ernst Fuchs Museum: Hüttelbergstraße 26, 1140 Wien

- Esperantomuseum der Österreichischen Nationalbibliothek: Herrengasse 9, Palais Mollard, 1010 Wien

F

- Foltermuseum: Esterhazypark, 1060 Wien (direkt neben Haus des Meeres), 1060 Wien

G

- Galerie ArtPoint: Universitätsstr. 5, 1010 Wien
- Geldmuseum der Oesterreichischen Nationalbank: Otto-Wagner-Platz 3, 1090 Wien
- Gemäldegalerie der Akademie der bildenden Künste: Schillerplatz 3, 1. Stock, 1010 Wien
- Generali Foundation: Wiedner Hauptstraße 15, 1040 Wien
- Globenmuseum der Österreichischen Nationalbibliothek: Herrengasse 9, Palais Mollard, 1010 Wien

H

- Haus der Musik Wien: Seilerstätte 30, 1010 Wien
- Haus-, Hof- und Staatsarchiv: Minoritenplatz 1, 1010 Wien
- Heeresgeschichtliches Museum: Arsenal/Objekt 1, 1030 Wien
- Heindl-Schokowelt - Erstes Wiener Schokolademuseum: Willendorfergasse 2-8, 1230 Wien
- Heizungsmuseum Wien: Längenfeldgasse 13-15, Stiege 2, Keller, 1120 Wien
- Hofmobiliendepot Möbel Museum Wien: Andreasgasse 7, 1070 Wien

J

- Josephinum - Sammlungen der Medizinischen Universität Wien: Währinger Straße 25, 1090 Wien
- Jüdisches Museum der Stadt Wien: Dorotheergasse 11, 1010 Wien

K

- Kaiser Franz Joseph Hutmuseum/K. u. K. Weinschatzkammer: Piaristengasse 45, 1080 Wien
- Kindermuseum Schloss Schönbrunn: 1130 Wien
- Kuffner Sternwarte Wien: Johann-Staud-Straße 10, 1160 Wien
- Kulturfleckerl Essling/Fatty-George-Jazzmus: Eßlinger Hauptstraße 96, 1220 Wien
- Kunsthalle Wien: MuseumsQuartier, Museumsplatz 1, 1070 Wien
- Kunsthistorisches Museum: Maria-Theresien Platz, 1010 Wien
- Künstlerhaus: Karlsplatz 5, 1010 Wien
- Kunstraum NÖ: Herrengasse 13, 1014 Wien

L

- Leopold Museum: MuseumsQuartier, Museumsplatz 1, 1070 Wien
- Lichtenstein Museum: Fürstengasse 1, 1090 Wien
- Lipizzaner Museum: Stallburg, Reitschulgasse 2, 1010 Wien

M

- MAK - Österreichisches Museum für angewandte Kunst / Gegenwartskunst: Stubenring 5, 1010 Wien
- Marzipan- und Demelmuseum: Kohlmarkt 14, 1010 Wien
- MOYA - Museum of Young Art Europe: Löwelstraße 20, 1010 Wien

- Museum Aspern-Essling 1809: Asperner Heldenplatz 9, 1220 Wien
- Museum auf Abruf (MUSA): Felderstraße 6-8 (neben dem Rathaus), 1010 Wien
- Museum für Verhütung und Schwangerschaftsabbruch: Mariahilfer Gürtel 37/ 1. Stock, 1150 Wien
- Museum im Schottenstift: Freyung 6, 1010 Wien
- Museum Moderner Kunst Stiftung Ludwig Wien: MuseumsQuartier, Museumsplatz 1, 1070 Wien
- MuseumsQuartier Wien: Museumsplatz 1, 1070 Wien

N

- Naturhistorisches Museum: Burgring 7, 1010 Wien
- Neidhart Fresken: Tuchlauben 19, 1010 Wien
- Neue Burg: Heldenplatz, 1010 Wien

O

- Oberes Belvedere: Prinz-Eugen-Straße 27, 1030 Wien
- Österreichisches Filmmuseum: Augustinerstraße 1, 1010 Wien
- Österreichisches Gesellschafts- und Wirtschaftsmuseum: Vogelsanggasse 36, 1050 Wien
- Österreichisches Museum für Volkskunde: Laudongasse 15-19, 1080 Wien
- Österreichisches Pharma- und Drogisten Museum: Währinger Straße 14, 1090 Wien
- Österreichisches Theatermuseum: Palais Lobkowitz, Lobkowitzplatz 2, 1010 Wien

P

- Papyrusmuseum der Österreichischen Nationalbibliothek: Heldenplatz - Neue Hofburg (Eingang Mitteltor), 1010 Wien
- Pfadfindermuseum und Institut für Pfadfindergeschichte: Loeschenkohlgasse 25, 1150 Wien
- Phonomuseum: Mollardgasse 8/2/16, 1060 Wien; Telefon 01- 581 11 5: Eintritt frei, Führung nach Vereinbarung; Öffnungszeiten: jeden Mittwoch außer an Feiertagen oder Schulferien: 16-19 Uhr, oder nach telefonischer Vereinbarung.
- Prunksaal der Österreichischen Nationalbibliothek: Josefsplatz 1, 1010 Wien

Q

- Quartier21: MuseumsQuartier, Museumsplatz 1,1070 Wien

R

- RadioKulturhaus: Argentinierstraße 30a, 1040 Wien
- Rauchfangkehrer-Museum im Bezirksmuseum Wieden: Klagbaumgasse 4, 1040 Wien

S

- Schatzkammer: Hofburg, Schweizerhof, 1010 Wien
- Schatzkammer des Deutschen Ordens: Singerstraße 7, Stiege I, 2. Stock, 1010 Wien
- Schmetterlinghaus im Palmenhaus: Burggarten, 1010 Wien
- Schuhmuseum: Florianigasse 66, 1080 Wien
- Schüttkasten: Simonsgasse, 1220 Wien;
- Secession: Friedrichstraße 12, 1010 Wien
- Sigmund Freud Museum: Berggasse 19, 1090 Wien
- Sisi-Museum: Hofburg, Michaelerkuppel, 1010 Wien
- Staatsopernmuseum: Hanuschgasse 3 / Goethegasse 1, 1010 Wien

- Straßenbahnmuseum: Florianigasse 66, 1030 Wien, Eingang am Ludwig-Kößler-Platz

T

- Tanzquartier Wien: MuseumsQuartier, Museumsplatz 1, 1070 Wien
- Technisches Museum Wien: Mariahilfer Straße 212, 1140 Wien

U

- Uhrenmuseum: Schulhof 2, 1010 Wien
- Urania Sternwarte Wien: Uraniastraße 1, 1010 Wien

V

- Volksbildungshaus Wiener Urania: Uraniastraße 1, 1010 Wien

W

- Wien Museum Karlsplatz: Karlsplatz, 1040 Wien
- Wiener Schneekugelmuseum: Schumanng. 87, 1170 Wien
- Wiener Schuhmuseum: Florianigasse 66, 1080 Wien
- Wiener Straßenbahnmuseum: Ludwig-Koeßler-Platz, 1030 Wien
- WienXtra-kinderinfo: MuseumsQuartier, Museumsplatz 1, Hof 2, 1070 Wien

Z

- Zeiss Planetarium Wien: Oswald-Thomas-Platz 1, 1020 Wien
- ZOOM Kindermuseum: MuseumsQuartier, Museumsplatz 1, 1070 Wien

5. Rätselspiele, Quiz- und Denkaufgaben

Die Spiele und Aufgaben im Überblick

1. Wien in Zahlen: Multiple Choice

Kreuze die richtigen Zahlen an!
Falls du Fragen nicht beantworten kannst, verwende bitte
die Suche im Internet.

1 Wie viele Einwohner hat Wien derzeit?

- 1.560.378 ☐
- 1.840.573 ☐
- 1.642.126 ☐
- 2.153.824 ☐

2 Wie viele Menschen wohnen im gesamten Ballungsraum Wien?

- 1.927.349 ☐
- 2.164.175 ☐
- 3.143.277 ☐
- 2.680.667 ☐

3 Wie viele Menschen wohnen in Wien auf einem Quadratkilometer?

- 437 Einw. pro km² ☐
- 1437 Einw. pro km² ☐
- 2437 Einw. pro km² ☐
- 4437 Einw. pro km² ☐

4 Wie hoch ist in Wien der Anteil von Personen, die keine österreichische Staatsbürgerschaft besitzen?

- 7,4 % ☐
- 17,4 % ☐
- 27,4 % ☐
- 37,4 % ☐

Wien in Zahlen: Multiple Choice

Kreuze die richtigen Zahlen an!
Falls du Fragen nicht beantworten kannst, verwende bitte
die Suche im Internet.

5 Wie groß ist die Fläche Wiens?

- 114,87 km² ☐
- 414,87 km² ☐
- 614,87 km² ☐
- 814,87 km² ☐

6 Wie viel von dieser Fläche besteht aus Wasser?

- 1,7 % ☐
- 4,7 % ☐
- 8,7 % ☐
- 12,7 % ☐

7 Wie lang ist das öffentliche Kanalnetz unterhalb der Stadt?

- rund 400 km ☐
- rund 900 km ☐
- rund 1.500 km ☐
- rund 2.400 km ☐

8 Wie hoch ist der Anteil an arbeitssuchenden Personen, die in Wien derzeit keine Arbeit finden?

- 3,3 % ☐
- 13,3 % ☐
- 21,3 % ☐
- 28,3 % ☐

Wien in Zahlen: Multiple Choice

Kreuze die richtigen Zahlen an!
Falls du Fragen nicht beantworten kannst, verwende bitte
die Suche im Internet.

9 Wie viele Gästeübernachtungen weist Wien jährlich auf?

- ca. 4 Millionen ☐
- ca. 9,5 Millionen ☐
- ca. 12,5 Millionen ☐
- ca. 14,5 Millionen ☐

10 Wie viele Fahrgäste benutzen jährlich die Wiener U-Bahn?

- ca. 140 Millionen ☐
- ca. 440 Millionen ☐
- ca. 840 Millionen ☐
- ca. 1 Milliarde ☐

11 Wie stark wächst derzeit die Bevölkerung Wiens in einem einzigen Jahr?

- Kein Wachstum ☐
- um ca. 0,4 Prozent ☐
- um ca. 1,4 Prozent ☐
- um ca. 2,4 Prozent ☐

11 Wie lange muss ein Wiener im Durchschnitt arbeiten, um sich einen „Big Mac" kaufen zu können?

* Was ist das für eine komische Frage?
Der Big Mac wird zu internationalen Vergleichen der Kaufkraft herangezogen, da es sich bei diesem Burger um ein weltweit standardisiertes Produkt handelt (Big-Mac-Index).

- ca. 14 Minuten ☐
- ca. 18 Minuten ☐
- ca. 23 Minuten ☐
- ca. 36 Minuten ☐

Wien in Zahlen: Multiple Choice

Kreuze die richtigen Zahlen an!
Falls du Fragen nicht beantworten kannst,
verwende bitte die Suche im Internet.

1.) **Wie viele Einwohner hat Wien derzeit?**
1.840.573

2.) **Wie viele Menschen wohnen im gesamten Ballungsraum Wien?**
2.680.667

3.) **Wie viele Menschen wohnen in Wien auf einem Quadratkilometer?**
4437 Einwohner pro km²

4.) **Wie hoch ist in Wien der Anteil von Personen, die keine österreichische Staatsbürgerschaft besitzen?**
27,4 Prozent

5.) **Wie groß ist die Fläche Wiens?**
414,87 km²

6.) **Wie viel von dieser Fläche besteht aus Wasser?**
4,7 Prozent

7.) **Wie lang ist das öffentliche Kanalnetz unterhalb der Stadt?**
rund 2.400 km

8.) **Wie hoch ist der Anteil an arbeitssuchenden Personen, die in Wien derzeit keine Arbeit finden?**
13,3 Prozent

9.) **Wie viele Gästeübernachtungen weist Wien jährlich auf?**
ca. 14,5 Millionen

10.) **Wie viele Fahrgäste benutzen jährlich die Wiener U-Bahn?**
ca. 440 Millionen

11.) **Wie stark wächst derzeit die Bevölkerung Wiens in einem einzigen Jahr?**
um ca. 2,4 Prozent

12.) **Wie lange muss ein Wiener im Durchschnitt arbeiten, um sich einen Big Mac kaufen zu können?**
ca. 14 Minuten. Im Vergleich mit anderen Städten muss er daher für einen Cheeseburger nicht lange arbeiten. Die Kaufkraft in Wien ist relativ hoch.

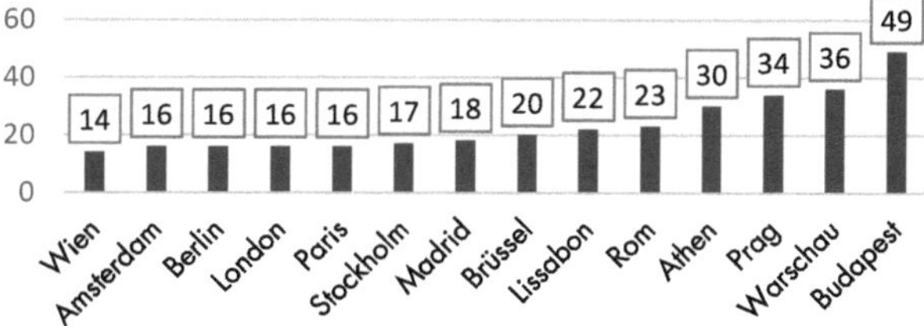

2. Wiener Gemeindebezirke finden

Ordne den Wiener Gemeindebezirken ihre Nummern von 1 bis 23 zu und trage die richtigen Zahlen in die grauen Felder ein!

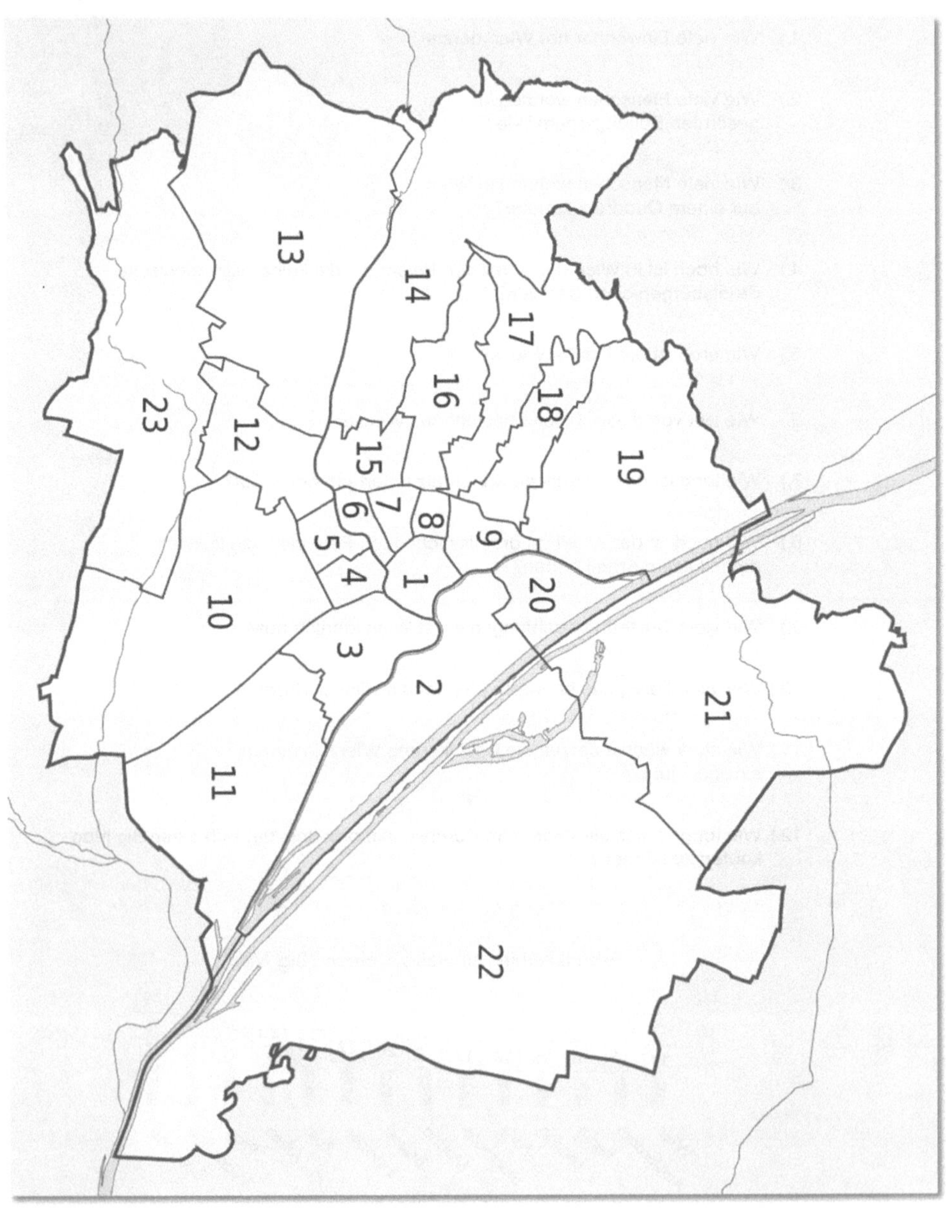

Wiener Gemeindebezirke finden

Ordne den Wiener Gemeindebezirken ihre Nummern von 1 bis 23 zu und
trage die richtigen Zahlen in die grauen Felder ein!

Brigittenau			Währing
Leopoldstadt			Mariahilf
Rudolfsheim-Fünfhaus			Neubau
Wieden			Penzing
Simmering			Donaustadt
Innere Stadt			Hernals
Margareten			Josefstadt
Ottakring			Meidling
Landstraße			Alsergrund
Favoriten			Hietzing
Döbling			Floridsdorf
Liesing			

**Welche Bezirke liegen außerhalb
des Wiener Gürtels (Außenbezirke)?**

Wiener Gemeindebezirke finden

Ordne den Wiener Gemeindebezirken ihre Nummern von 1 bis 23 zu und trage die richtigen Zahlen in die grauen Felder ein!

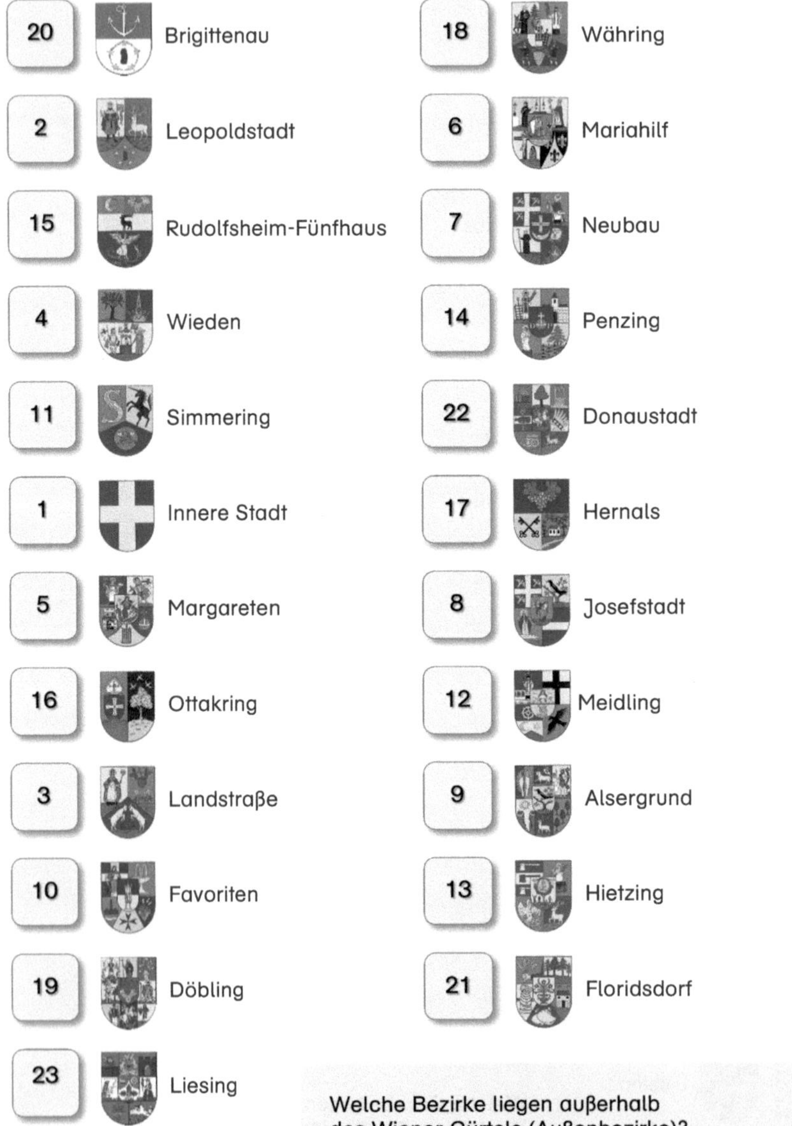

Welche Bezirke liegen außerhalb des Wiener Gürtels (Außenbezirke)?

Die Bezirke 10 bis 23

3. Wiener Gemeindebezirke: Puzzle

Nanu! Hier sind die 23 Gemeindebezirke gehörig durcheinandergraten.
Versuche, sie zu Nummerieren oder auszuschneiden und wieder
zusammenzusetzen!

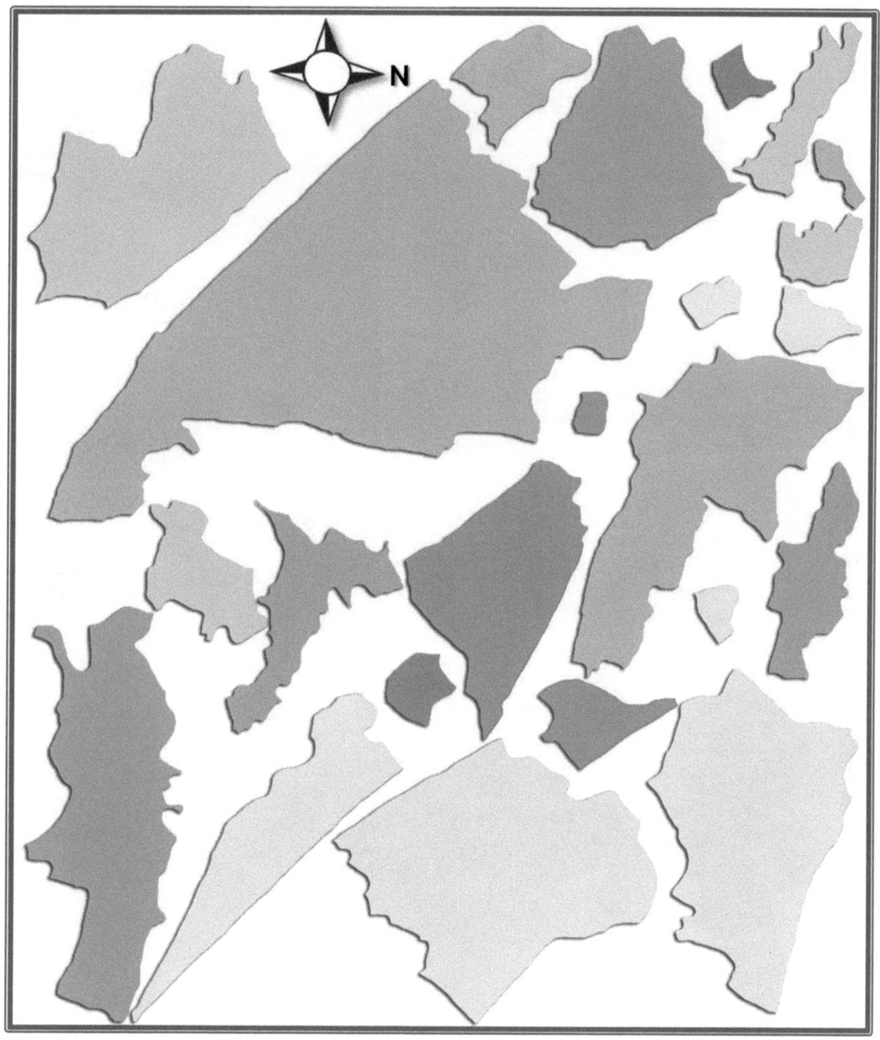

Wiener Gemeindebezirke: Puzzle

Nanu! Hier sind die 23 Gemeindebezirke gehörig durcheinandergraten. Versuche, sie zu Nummerieren oder auszuschneiden und wieder zusammenzusetzen!

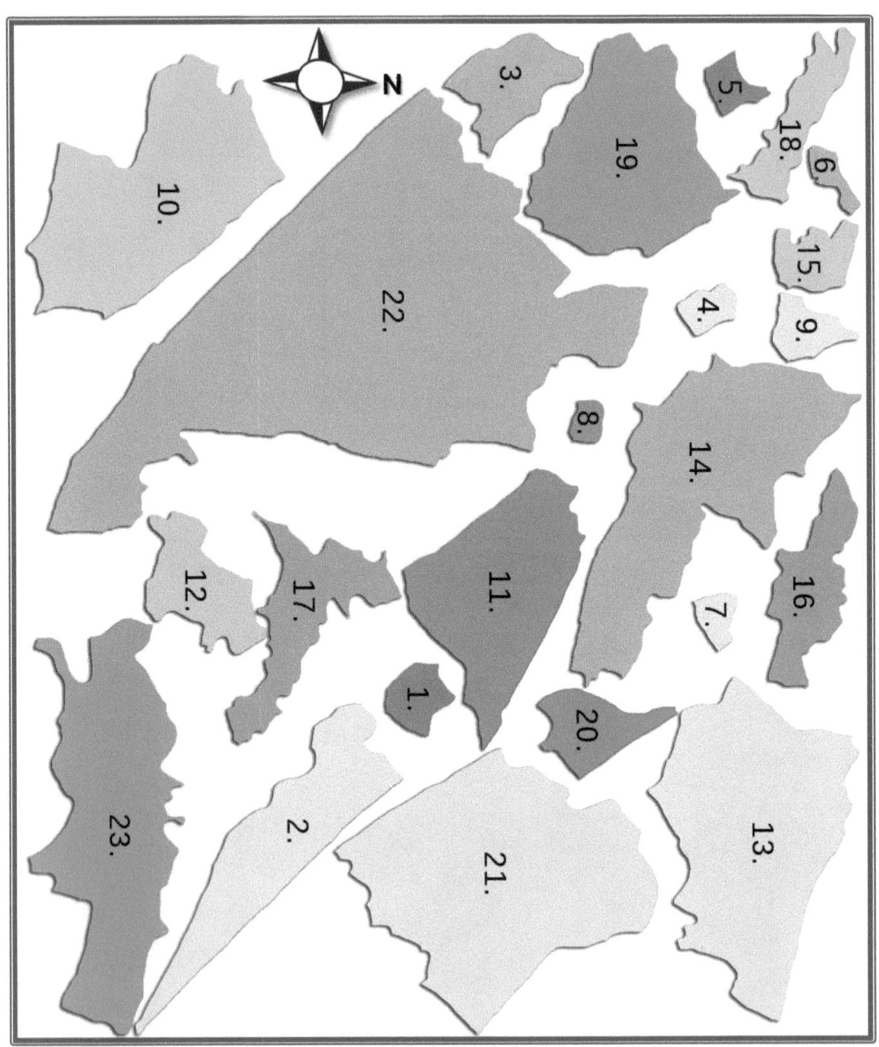

Wiener Gemeindebezirke: Puzzle

Nanu! Hier sind die 23 Gemeindebezirke gehörig durcheinandergraten.
Versuche, sie zu Nummerieren oder auszuschneiden und wieder
zusammenzusetzen!

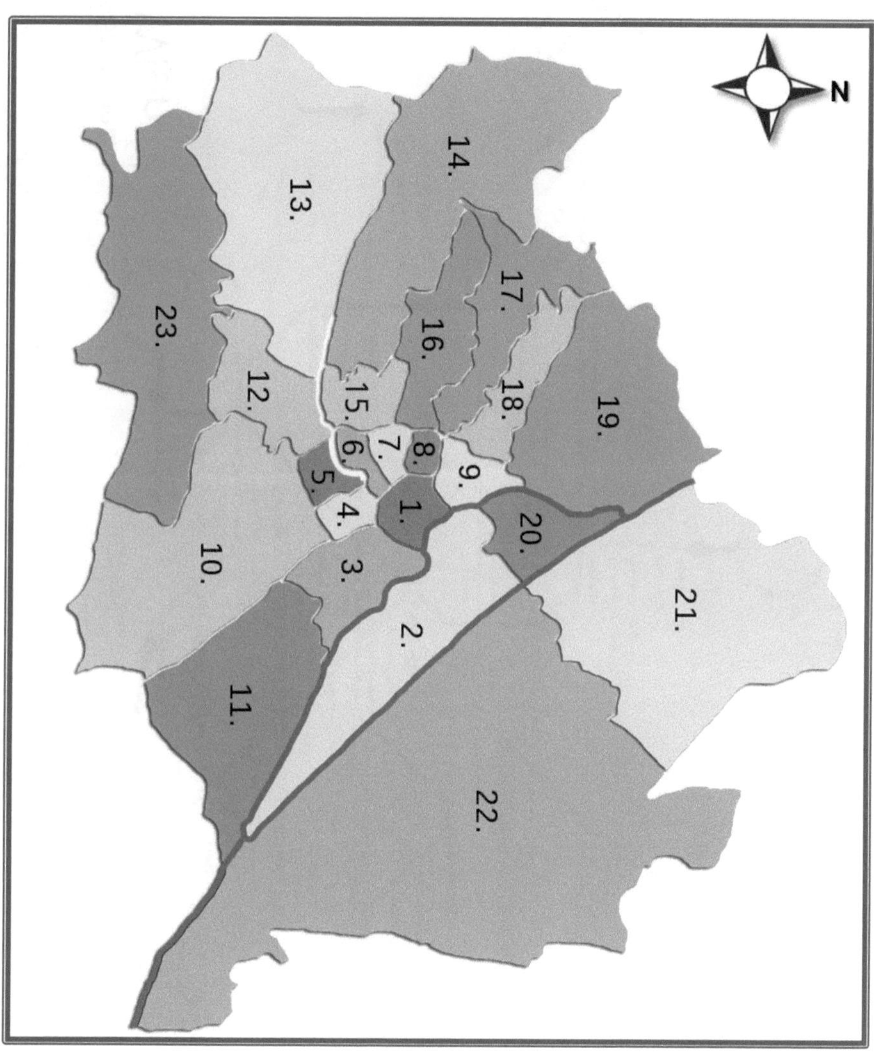

4.   U-Bahn-Rätsel

Wien hat fünf U-Bahn-Linien (U1, U2, U3, U4, U6). Ordne den neun
angegebenen Endstationen die richtige U-Bahn-Linie zu!

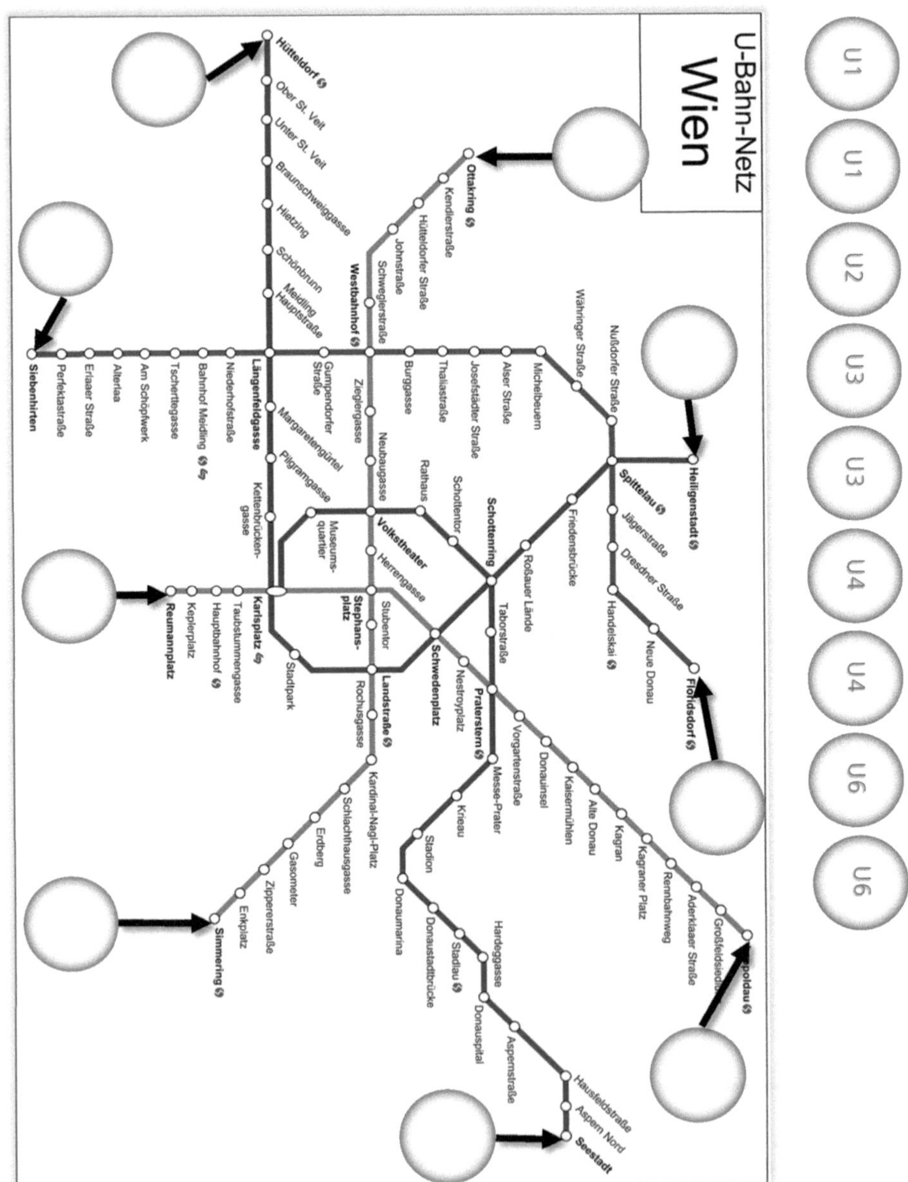

U-Bahn-Rätsel

Wien hat fünf U-Bahn-Linien (U1, U2, U3, U4, U6). Ordne den neun
angegebenen Endstationen die richtige U-Bahn-Linie zu!

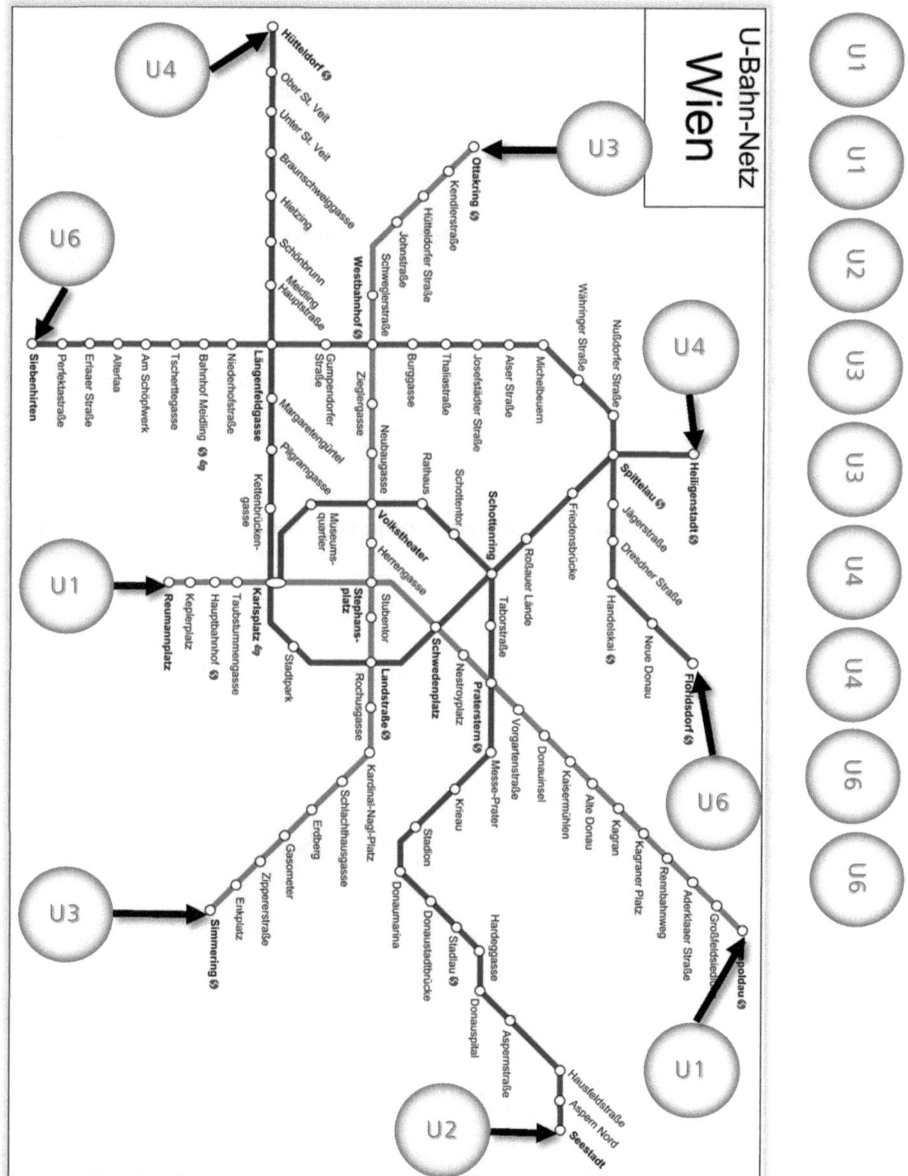

U-Bahn-Rätsel

Welche U-Bahn-Station passt nicht zur angegebenen Linie?

U1

Karlsplatz   Stephansplatz   Heiligenstadt   Schwedenplatz   Praterstern   Donauinsel

U2

Seestadt   Praterstern   Schottenring   Rathaus   Westbahnhof   Volkstheater

U3

Westbahnhof   Simmering   Landstraße   Stephansplatz   Volkstheater   Hütteldorf

U4

Hütteldorf   Schönbrunn   Reumannplatz   Karlsplatz   Schwedenplatz   Heiligenstadt

U6

Floridsdorf   Handelskai   Spittelau   Stephansplatz   Währinger Straße   Westbahnhof

U-Bahn-Rätsel

Welche U-Bahn-Station passt nicht zur angegebenen Linie?

U1

Karlsplatz   Stephansplatz   ~~Heiligenstadt~~   Schwedenplatz   Praterstern   Donauinsel

U2

~~Seestadt~~   Praterstern   Schottenring   Rathaus   Westbahnhof   Volkstheater

U3

Westbahnhof   Simmering   Landstraße   Stephansplatz   Volkstheater   ~~Hütteldorf~~

U4

Hütteldorf   Schönbrunn   ~~Reumannplatz~~   Karlsplatz   Schwedenplatz   Heiligenstadt

U6

Floridsdorf   Handelskai   Spittelau   ~~Stephansplatz~~   Währinger Straße   Westbahnhof

5. City Walk – Innere Stadt: Rätselrally

Folge der Route auf dem Plan der Wiener City und beschreibe an den einzelnen Stationen, welche Sehenswürdigkeiten du dort erkennen kannst!

Rätselrally durch den ersten Bezirk (Fragen):

City Walk – Innere Stadt: Rätselrally

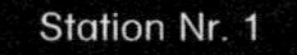

Wenn du die Route auf dem Plan einhalten möchtest, dann musst du zunächst zur Station Nr. 1 an der Ringstraße gelangen. Dorthin kannst du z.B. mit den U-Bahn-Linien U1, U2 und U3 fahren (U-Bahn-Station Karlsplatz). Anschließend musst du den richtigen Aufgang zur Ringstraße finden.

Nachdem du die Rolltreppe hochgefahren bist, stehst du vor einem markanten Gebäude aus dem 19. Jahrhundert. Dieses Bauwerk wurde im Jahre 1869 in Anwesenheit von Kaiser Franz Joseph eröffnet und beherbergt eines der bedeutendsten Musiktheater Europas.

Einmal im Jahr findet dort ein großer Ball statt, zu dem Prominente aus aller Welt anreisen.

Der Architekt wurde seinerzeit für sein Werk in der Öffentlichkeit und auch vom Kaiser heftig kritisiert und beging daraufhin Selbstmord.

Fragen:

1.) Welches berühmte Gebäude wird hier beschrieben?

2.) In welchem Monat findet der große Ball statt und wie wird er genannt?

3.) Wer war der unglückliche Architekt, der durch die öffentliche Meinung in den Selbstmord getrieben wurde?

Spaziere die Kärntner Straße hinauf in Richtung Norden. Nach etwas mehr als einem halben Kilometer siehst du, bevor du den großen Platz vor dem Dom betrittst, auf der linken Seite eine kleine Vitrine aus Glas. Darin befindet sich ein Baumstamm aus dem Mittelalter, der über und über mit rostigen Nägeln beschlagen ist.

Fragen:

1.) Wie nennt man diesen Baumstamm, der Untersuchungen zufolge um das Jahr 1440 gefällt wurde?

2.) Was könnte im Mittelalter der Grund für die Benagelung von Holz auf öffentlichen Plätzen gewesen sein?

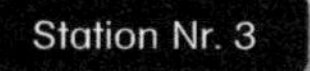

Der Dom ist das bekannteste Wahrzeichen Wiens. Dazu findest du ausführliche Rätselfragen und Informationen in diesem Rätselheft.

Fragen:

1.) Wie heißt der Dom?

2.) In welcher geschichtlichen Epoche wurde er erbaut?

3.) In welchem Baustil wurde der Dom errichtet?

Auf dem Platz vor dem Dom fällt ein ganz besonderes modernes Bauwerk auf, das anstelle eines prunkvollen Hauses errichtet wurde, welches leider im Zweiten Weltkrieg den Luftangriffen zum Opfer gefallen ist. In der Glasfassade des Gebäudes spiegelt sich der Dom. Im Inneren ist ein Einkaufszentrum untergebracht.

Fragen:

1.) Welches Gebäude wird hier beschrieben?

2.) Wie heißt der berühmte zeitgenössische Architekt, der dieses Gebäude entwarf?

City Walk – Innere Stadt: Rätselrally

Station Nr. 5 Wenn du nun den Graben entlanggehst, fällt dir bestimmt ein Denkmal auf, das an eine schwere Plage erinnert. Diese Katastrophe kostete heutigen Schätzungen zufolge mindestens 12.000 Wienern das Leben. Das bedeutet, dass von den damals etwa 60.000 Bewohnern der Stadt jeder Sechste dieser Plage zum Opfer fiel!

Fragen:

1.) Wie heißt dieses Denkmal am Graben?

2.) An welche Katastrophe soll es erinnern und in welchem Jahr fand dieses Ereignis statt?

3.) In welchem Baustil wurde das Denkmal errichtet?

Station Nr. 6 Nun gelangst du zu einem Kirchengebäude mit Kuppeldach, das im Jahre 1733 geweiht wurde. An dieser Stelle standen bereits lange Zeit davor Kirchen. Somit handelt es sich um die älteste Pfarre der Stadt.

Fragen:

1.) Wie heißt diese Kirche?

2.) Seit wann wurden an dieser Stelle Kirchen gebaut?

Station Nr. 7 Wenn du diese Station erreichst, befindest du dich auf einem der historisch bedeutendsten Plätze der Wiener Innenstadt. Er befindet sich im ältesten Kern der Stadt in unmittelbarer Nachbarschaft des Römischen Militärlagers Vindobona und dem mittelalterlichen Judenviertel. Im Hochmittelalter hatten hier die Babenberger ihre Residenz.

Vieles von dem ist heute an der Oberfläche nicht mehr zu sehen, da die alten Stadtteile im Laufe der Jahrhunderte überbaut wurden. Aber der Platz hat sehr viele Sehenswürdigkeiten zu bieten, die du heute besichtigen kannst.

Fragen:

1.) Auf welchem historisch bedeutenden Platz befindest du dich gerade?

2.) Nenne einige Sehenswürdigkeiten, die dir auf diesem Platz auffallen!

3.) Im ehemaligen Bürgerlichen Zeughaus ist heute die Zentrale eines wichtigen Einsatzdienstes untergebracht, den du im Ernstfall unter der Notrufnummer 122 erreichen kannst. Um welchen Einsatzdienst handelt es sich dabei?

4.) An der Fassade des Bürgerlichen Zeughauses befindet sich ein Gedenkstein, auf dem ein Mann ohne Kopf zu sehen ist. Woran erinnert dieser Gedenkstein?

Station Nr. 8 Der Judenplatz war im Mittelalter das Zentrum der jüdischen Gemeinde Wiens. Auf diesem Platz befindet sich heute ein bedeutendes Mahnmal.

Fragen:

1.) Woran erinnert das Mahnmal auf dem Judenplatz?

2.) Im Jahre 1421 fand in Wien eine besonders brutale Verfolgung der Wiener Juden statt. Welcher Habsburger Herrscher ordnete diese Grausamkeiten an?

3.) An welchem Haus am Judenplatz befindet sich noch immer eine antisemitische Inschrift in lateinischer Sprache, die das Massaker von 1421 verherrlicht?

Rätselrally durch den ersten Bezirk (Fragen):

City Walk – Innere Stadt: Rätselrally

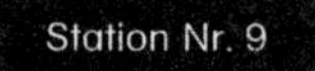

Wenn du an Station Nr. 9 angelangt bist, dann stehst du vor einem großen barocken Kirchengebäude. Vor der Barockzeit stand an dieser Stelle bereits eine alte Kirche, deren Gründung auf einen österreichischen Markgrafen zurückgeht, der damals seine Residenz aus Klosterneuburg nach Wien verlegte.

Fragen:

1.) Wie heißt die Kirche?

2.) Wer war jener Gründer der Kirche, der im Mittelalter seine Residenz nach Wien verlegte und somit Wien zur Hauptstadt des Herzogtums Österreich machte?

3.) Welchem Orden gehören das Stift und die Kirche?

4.) Aus welchem Land kamen im Mittelalter die ersten Mönche zur Zeit des Markgrafen?

*5.) Im Museum des Stiftes befindet sich ein berühmter Altar aus der Zeit der Gotik mit Szenen aus der Bibel und seltenen Ansichten von zwei österreichischen Städten.
Wie bezeichnet man diesen Flügelaltar und welche Stadtansichten kann man auf den Bildern erkennen?*

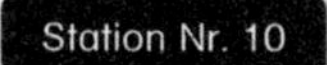

An Station Nr. 10 kannst du eine der ältesten gotischen Kirchen Österreichs besichtigen. Die Klosterkirche wurde bereits im Jahre 1224 von dem Babenberger Herzog Leopold VI. gegründet. Nach dem Stadtbrand von 1275 wurde sie von einem König von Böhmen, der gleichzeitig auch Herzog von Österreich war, wiederaufgebaut. Nach seinem Tod in der Schlacht auf dem Marchfeld (bei Dürnkrut) im August 1278 wurde dieser König in dieser Kirche dreißig Wochen lang bei sommerlichen Temperaturen aufgebahrt, bevor man seinen Leichnam schließlich nach Znaim überführte!

Fragen:

1.) Welche Klosterkirche kannst du hier besichtigen?

2.) Zu welchem Orden gehörte das Kloster ursprünglich, bevor dieser Orden unter Kaiser Joseph II. in den Bezirk Alsergrund ausgesiedelt wurde?

3.) Wer war dieser für die mitteleuropäische und österreichische Geschichte sehr bedeutende König von Böhmen und Herzog von Österreich?

4) Welches Herrscherhaus, das Österreich dann bis zum Ende der Monarchie regieren sollte, ging aus der Schlacht am Marchfeld als Sieger hervor?

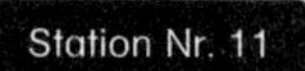

Du stehst jetzt auf dem Ballhausplatz zwischen der Hofburg und einem barocken Palais. In diesem Gebäude amtierte einst Fürst Wenzel Anton Kaunitz von 1753 bis 1792 als Haus-, Hof- und Staatskanzler für Maria Theresia und Joseph II.

Fragen:

1.) Welche sehr wichtige Funktion für die Republik Österreich hat dieses Gebäude heute und welche politische Funktion ist mit diesem Gebäude verbunden?

2.) Wer hat diese Funktion derzeit inne?

3.) Welche umstrittene politische Persönlichkeit der Ersten Republik wurde dort am 25. Juli 1934 von einem Putschisten erschossen?

Rätselrally durch den ersten Bezirk (Fragen):

City Walk – Innere Stadt: Rätselrally

Station Nr. 12
Wenn du deinen Blick auf dem Ballhausplatz in eine andere Richtung wendest, dann siehst du den Eingang zum Leopoldinischen Trakt der Wiener Hofburg.

Fragen:

1.) Welcher höchste Amtsinhaber der Republik Österreich hat in diesem Gebäude seinen Amtssitz?

2.) Nenne einige dieser Amtsinhaber seit dem Ende der k.k. Monarchie! Insgesamt waren es bisher 11 Personen.

Station Nr. 13
Nun stehst du auf dem wohl bekanntesten Platz Wiens. Dieser großzügig angelegte Platz und die meisten der umliegenden Gebäude wurden nach dem Schleifen der alten Stadtmauern in der zweiten Hälfte des 19. Jahrhunderts angelegt. Ursprünglich war der Platz als „Kaiserforum" geplant, wobei noch weitere Gebäude hinzugekommen wären. Diese Pläne wurden nicht vollendet.
Auf der nördlichen Seite, zur Innenstadt hin, wird der Platz durch Trakte der alten Hofburg begrenzt.

Fragen:

1.) Auf welchem Platz befindest du dich jetzt?

2.) Benenne die Gebäude bzw. Denkmäler, die im Plan mit den Buchstaben A, B, C und D gekennzeichnet sind!

3.) Welche Museen sind in jenem Gebäude untergebracht, auf dem im Plan der Buchstabe C steht?

Station Nr. 14
Wenn du nun durch eine Passage Richtung Innenstadt gehst, kommtst du auf einen Platz, der von Trakten der alten Hofburg umgeben ist.

Fragen:

1.) Wie heißt dieser Platz?

2.) Nenne jene Trakte der Hofburg, die diesen Platz umgeben!

3.) Welchem Kaiser ist das Denkmal auf diesem Platz gewidmet?

4.) Welches alte Instrument zur Messung der Tageszeit befindet sich an der Fassade der Amalienburg? (Buchstabe F)

5.) Wie heißt jener älteste Trakt der Hofburg, der im Plan mit dem Buchstaben E gekennzeichnet ist?

6.) Welche bedeutende Sammlung mit wertvollen Kunstobjekten aus Edelmetallen befindet sich im Innenhof dieses Traktes?

7.) Welche Museen befinden sich im Reichskanzleitrakt der Hofburg? (Buchstabe G)

☞ Hinweis: Weitere Rätsel und Infos zur Hofburg findest du ab Seite 283 in diesem Heft!

City Walk – Innere Stadt: Rätselrally

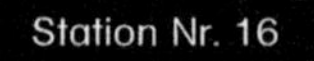

Station Nr. 15

Du hast die alte Hofburg durch das Michaelertor verlassen. Nun stehst du auf einem Platz, auf dem es mehrere interessante Sehenswürdigkeiten zu besichtigen gibt.

Vielleicht fällt dir als erstes die rechteckige Vertiefung auf, in der verschiedene Mauerreste zu sehen sind.

Dann wirst du eine Kirche mit barocker Fassade, einem schmalen gotischen Turm und einem spitzen Dach bemerken. Die Mauern dieser Kirche gehen auf das Mittelalter zurück. Ein fünfgeschossiges Haus an der Ecke zwischen Schauflergasse und Herrengasse scheint so gar nicht zu den anderen alten Fassaden auf diesem Platz zu passen.

Fragen:

1.) Auf welchem Platz befindest du dich gerade?

2.) Welche alten Mauerreste kannst du in der Mitte des Platzes besichtigen? Aus welchen geschichtlichen Epochen stammen sie?

3.) Wie heißt die Kirche (sie ist eine der ältesten in Wien)?

4.) Unter welchem Babenberger Herzog und in welchem Jahr wurde die Pfarre gegründet?

5.) Welche gruseligen Räumlichkeiten unter der Kirche können nur im Zuge von Führungen besichtigt werden?

6.) Wie heißt das fünfstöckige Haus an der Ecke zur Herrengasse? In welchem Stil wurde es erbaut und welcher berühmte Architekt hat es entworfen?

7.) Welche Szenen stellen die Figurengruppen in den beiden Brunnen an der Fassade der alten Hofburg dar?

Station Nr. 16

An Station 16 befindest du dich auf einem relativ kleinen Platz, der aber von gewaltigen Trakten der alten Hofburg aus der Barockzeit umgeben ist.

Fragen:

1.) Wie heißt dieser Platz?

2.) Welche drei Gebäude der alten Hofburg umgeben den Platz?

3.) Welche prunkvollen Ballsäle aus der Zeit Maria Theresias befinden sich in einem dieser Trakte der alten Hofburg?

4.) Welche bedeutende Sammlung von alten Büchern und Landkarten befindet sich an diesem Platz?

5.) Welchem österreichischen Kaiser gilt das Reiterdenkmal inmitten des Platzes?

Station Nr. 17

Hier gibt es eine Kirche aus der Zeit der Gotik zu besichtigen, die heute in einen Trakt der alten Hofburg eingebunden ist.

Fragen:

1.) Welche Kirche kannst du hier besichtigen?

2.) Nenne einige geschichtlich bedeutende Persönlichkeiten aus dem europäischen Adel, die in dieser Kirche ihre Hochzeiten feierten!

3.) Welches eindrucksvolle Grabdenkmal einer Erzherzogin aus dem 18. Jahrhundert kannst du im Inneren der Kirche entdecken?

City Walk – Innere Stadt: Rätselrally

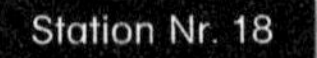

Du befindest dich auf einem großzügig gestalteten Platz, an dem sich eine der bedeutendsten Kunstsammlungen der Welt befindet. Dort werden rund eine Million Zeichnungen und druckgrafische Blätter von der Renaissance bis zur Gegenwart aufbewahrt. Der Eingangsbereich zur Ausstellung ist von einem auffallenden Flugdach bedeckt, das im Jahre 2001 von einem bekannten Wiener Architekten entworfen wurde.

In der Mitte des Platzes steht ein modernes Denkmal mit riesigen Blöcken aus Granit, an denen sich Reliefs mit Szenen aus dem schrecklichsten Kapitel österreichischer Geschichte des 20. Jahrhunderts befinden.

Fragen:

1.) Welcher Platz ist hier gemeint und wonach ist er benannt?

2.) Wie heißt die weltberühmte Kunstsammlung an diesem Platz?

3.) Welcher Architekt hat das Flugdach über dem Eingangsbereich entworfen?

4.) Fällt dir ein sehr bekanntes Bild aus der Sammlung ein, auf dem das wohl bekannteste Nagetier der Welt abgebildet ist?

5.) Welcher Künstler hat dieses Bild (ein Aquarell) gemalt?

6.) An welches grauenhafte zeitgeschichtliche Ereignis sollen die Granitblöcke und Reliefs des Denkmals erinnern?

7.) Welcher Bildhauer hat dieses Mahnmal geschaffen?

8.) Welche Szenen werden im Brunnen unterhalb der Rampe zur Kunstsammlung dargestellt?

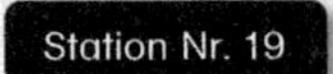

Dieser Platz fällt zunächst durch seine repräsentativen Bürgerhäuser aus dem 19. Jahrhundert auf. Die relativ kleine Kirche mit purpurroter Fassade wirkt daneben eher unscheinbar. Unter dieser Kirche befindet sich allerdings eine Gruft, die zu den Hauptsehenwürdigkeiten Wiens gehört und jährlich mehr als 200.000 Besucher aus aller Welt anzieht.

In der Mitte des Platzes befindet sich ein prachtvoller Brunnen, den man sich näher ansehen sollte.

Fragen:

1.) Nenne den Namen des Platzes!

2.) Wie heißt die Kirche und welche katholische Ordensgemeinschaft ist dort untergebracht?

3.) Welches bedeutende Herrschergeschlecht hat in der Gruft unter der Kirche seine letzte Ruhestätte gefunden?

4.) Nenne einige Namen von Personen, die hier bestattet sind!

5.) Welches ist das größte und prunkvollste Grabmal in dieser Gruft?

6.) In welchem Jahr fand hier die letzte Beisetzung statt und wer wurde damals bestattet? Das Begräbnis wurde von Fernsehstationen live in alle Welt übertragen.

7.) Von welchem bedeutenden Künstler des 18. Jahrhunderts stammt der große Brunnen?

8.) Was bedeuten die Figuren in der Mitte des Brunnens?

Hinweis: Weitere Sehenswürdigkeiten der Wiener Innenstadt und entlang der Ringstraße findest du auf den Seiten 259, 261 und 283 in diesem Heft!

Rätselrally durch den ersten Bezirk (Fragen):

City Walk – Innere Stadt: Rätselrally

Station Nr. 20 Wenn du nun um die Albertinarampe herumgehst, dann kommst du in einen Park, in dem ein überaus bemerkenswertes Bauwerk aus dem 19. Jahrhundert steht. Derartige Konstruktionen entstanden erst zur Zeit der Industrialisierung, als neue Möglichkeiten der Verwendung von Eisen und Glas als Baustoffe entwickelt wurden.

Fragen:

1.) Welches Bauwerk wird hier beschrieben?

2.) In welchem Stil wurden Inneneinrichtung und Fassade gestaltet?

3.) Welche Verzierungen erkennst du im mittleren Trakt des Gebäudes?

4.) Nenne Gründe, warum man zu dieser Zeit derartige Bauwerke errichtete!

5.) Wie heißt der Garten, in dem sich dieses Bauwerk befindet?

Station Nr. 21 Nun führt die Route der Rätselrally wieder zu ihrem Ausgangspunkt an der Ringstraße zurück. Auf dem Weg dorthin kommst du an einem traditionsreichen und luxuriösen Gastronomie- und Beherbergungsbetrieb vorbei, welcher außerdem für das Rezept einer ganz besonderen Mehlspeise weltbekannt ist.

Fragen:

1.) Wie heißt dieser sehr bekannte Gastronomie- und Beherbergungsbetrieb?

2.) Welche weltbekannte und patentrechtlich geschützte Wiener Mehlspeise kann man nur dort bestellen?

3.) Fallen dir Spielfilme oder Fernsehserien ein, die an diesem Ort spielen?

Das war die Wiener Innenstadt im Jahre 1609. Falls du mit einer Zeitmaschine dorthin reisen könntest, würdest du einige Orte wiederkennen, die du während der Rätselrally besucht hast? Wenn ja, dann benenne dir bekannte Stellen und markiere sie mit einem Stift!

City Walk – Innere Stadt: Rätselrally

Station Nr. 1

Fragen:

1.) Welches berühmte Gebäude wird hier beschrieben?

2.) In welchem Monat findet der große Ball statt und wie wird er genannt?

3.) Wer war der unglückliche Architekt, der durch die öffentliche Meinung in den Selbstmord getrieben wurde?

Antworten:

1.) Die Wiener Staatsoper

2.) Der Opernball findet jährlich zur Faschingszeit im Februar statt.

3.) Eduard van der Nüll

Wiener Staatsoper

Opernball

Eduard van der Nüll

Station Nr. 2

Fragen:

1.) Wie nennt man diesen Baumstamm, der Untersuchungen zufolge um das Jahr 1440 gefällt wurde?

2.) Was könnte im Mittelalter der Grund für die Benagelung von Holz auf öffentlichen Plätzen gewesen sein?

Antworten:

1.) Stock im Eisen

2.) Die wahrscheinlichste Theorie für die mittelalterliche Benagelung ist der alte Brauch, in Kreuze, Bäume und sogar Felsen Nägel zum Schutz vor Krankheiten oder als Dank für die Heilung von solchen zu schlagen – als Votivgabe, ähnlich dem Brauch der Münzbrunnen oder Wünschelbrunnen, in die man kleine Münzen wirft. Nägel waren im Mittelalter immerhin ein kostbares Gut!

Stock im Eisen

Die Benagelung

Stock-im-Eisen-Platz um 1895

City Walk – Innere Stadt: Rätselrally

Station Nr. 3

Fragen:

1.) Wie heißt der Dom?

2.) In welcher geschichtlichen Epoche wurde er erbaut?

3.) In welchem Baustil wurde der Dom errichtet?

Antworten:

1.) Stephansdom

2.) Der Dom wurde im Spätmittelalter errichtet.

3.) Im Stil der Gotik

Stephansdom

Gotische Motive am Dom

Heidentürme (Westfassade)

Station Nr. 4

Fragen:

1.) Welches Gebäude wird hier beschrieben?

2.) Wie heißt der berühmte zeitgenössische Architekt, der dieses Gebäude entwarf?

Antworten:

1.) Das Haas-Haus

2.) Hans Hollein

Glasfassade des Haas-Hauses

Haas-Haus am Stephansplatz

Architekt Hans Hollein

City Walk – Innere Stadt: Rätselrally

Station Nr. 5

Fragen:

1.) Wie heißt dieses Denkmal am Graben?

2.) An welche Katastrophe soll es erinnern und in welchem Jahr fand dieses Ereignis statt?

3.) In welchem Baustil wurde das Denkmal errichtet?

Antworten:

1.) Die Pestsäule

2.) Die Pestsäule am Graben erinnert an die große Pestepidemie im Jahre 1679.

3.) Barock

Pestsäule am Graben

Detailfoto der Pestsäule

Die Pest in Wien (Grafik 1880)

Station Nr. 6

Fragen:

1.) Wie heißt diese Kirche?

2.) Seit wann wurden an dieser Stelle Kirchen gebaut?

Antworten:

1.) Peterskirche

2.) Die erste Kirche an dieser Stelle geht auf die Spätantike zurück und ist somit die älteste Kirche und Pfarre der Stadt Wien. Sie wurde in der zweiten Hälfte des 4. Jahrhunderts errichtet. Dazu wurde das Kasernengebäude des römischen Lagers Vindobona zu einer Basilika umgebaut.

Die Peterskirche

Die Kuppel der Peterskirche

Die Peterskirche im Jahre 1609

City Walk – Innere Stadt: Rätselrally

Station Nr. 7

Fragen:

1.) Auf welchem historisch bedeutenden Platz befindest du dich gerade?

2.) Nenne einige Sehenswürdigkeiten, die dir auf diesem Platz auffallen!

3.) Im ehemaligen Bürgerlichen Zeughaus ist heute die Zentrale eines wichtigen Einsatzdienstes untergebracht, den du im Ernstfall unter der Notrufnummer 122 erreichen kannst. Um welchen Einsatzdienst handelt es sich dabei?

4.) An der Fassade des Bürgerlichen Zeughauses befindet sich ein Gedenkstein, auf dem ein Mann ohne Kopf zu sehen ist. Woran erinnert dieser Gedenkstein?

Antworten:

1.) Der Platz heißt „Am Hof".

2.) Die Kirche am Hof, das Bürgerliche Zeughaus, die Mariensäule

3.) Die Wiener Berufsfeuerwehr

4.) Das Denkmal erinnert an Mitglieder der Berufsfeuerwehr, die während der Zeit des Austrofaschismus und unter der Gewaltherrschaft der Nationalsozialisten ermordet wurden. Es stammt vom Bildhauer Mario Petrucci und zeigt einen enthaupteten Feuerwehrmann, der seinen Kopf unter dem rechten Arm trägt.

Der Platz „Am Hof" mit Mariensäule und Kirche

Das Bürgerliche Zeughaus

Gedenkstein der Zentralfeuerwache

Station Nr. 8

Fragen:

1.) Woran erinnert das Mahnmal auf dem Judenplatz?

2.) Im Jahre 1421 fand in Wien eine besonders brutale Verfolgung der Wiener Juden statt. Welcher Habsburger Herrscher ordnete diese Grausamkeiten an?

3.) An welchem Haus am Judenplatz befindet sich noch immer eine antisemitische Inschrift in lateinischer Sprache, die das Massaker von 1421 verherrlicht?

Antworten:

1.) Das Mahnmal erinnert an die jüdischen Opfer des Nationalsozialismus in Österreich.

2.) Am 12. März 1421 wurden auf Befehl von Herzog Albrecht V. etwa zweihundert Überlebende der bereits im Jahre 1420 von ihm angeordneten Judenverfolgung auf der sogenannten Gänseweide in Erdberg zum Scheiterhaufen geführt und vor den Augen der Bevölkerung lebendig verbrannt.

3.) Am Haus „Zum großen Jordan" am Judenplatz Nr. 2 befindet sich ein spätgotisches Wappenrelief mit einer Inschrift, die sich auf die mörderische Judenverfolgung von 1421 bezieht und in lateinischer Sprache die Tötung der Juden als „Reinigung von Schmutz und Übel" bejubelt.

City Walk – Innere Stadt: Rätselrally

Das Mahnmal für die
österreichischen jüdischen
Opfer der Shoa

Judenverbrennung von
Deggendorf 1338 in der
Weltchronik von
Hartmann Schedel (1493)

Das antisemitische Relief
am Haus „Zum großen Jordan"
mit der lateinischen Inschrift

Station Nr. 9

Fragen:

1.) Wie heißt die Kirche?

2.) Wer war jener Gründer der Kirche, der im Mittelalter seine Residenz nach Wien verlegte und somit Wien zur Hauptstadt des Herzogtums Österreich machte?

3.) Welchem Orden gehören das Stift und die Kirche?

4.) Aus welchem Land kamen im Mittelalter die ersten Mönche zur Zeit des Markgrafen?

5.) Im Museum des Stiftes befindet sich ein berühmter Altar aus der Zeit der Gotik mit Szenen aus der Bibel und seltenen Ansichten von zwei österreichischen Städten.
Wie bezeichnet man diesen Flügelaltar und welche Stadtansichten kann man auf den Bildern erkennen?

Antworten:

1.) Die „Schottenkirche" (Basilika Unserer Lieben Frau zu den Schotten) ist eine römisch-katholische Pfarrkirche und zugleich die Klosterkirche einer Benediktinerabtei des Schottenstifts.

2.) Herzog Heinrich II. Jasomirgott aus dem Geschlecht der Babenberger (1107 bis 1177) verlegte seine Residenz nach Wien, gründete das Kloster und ließ an dieser Stelle die erste Kirche erbauen.

3.) Stift und Kirche gehören dem Benediktinerorden.

4.) Die Mönche kamen aus Schottland.

5.) Zwischen 1469 und 1475 wurde ein großer Flügelaltar, der sogenannte Schottenmeisteraltar, geschaffen. Die Hintergrundlandschaften der Bibelszenen zeigen ziemlich genaue Ansichten der Städte Wien und Krems.

Die „Schottenkirche"

Denkmal für Heinrich II.
Jasomirgott an der
Fassade der Kirche

Bibelszene auf dem
Schottenaltar vor dem
Hintergrund Wiens (1470)

City Walk – Innere Stadt: Rätselrally

Station Nr. 10

Fragen:

1.) Welche Klosterkirche kannst du hier besichtigen?

2.) Zu welchem Orden gehörte das Kloster ursprünglich, bevor dieser Orden unter Kaiser Joseph II. in den Bezirk Alsergrund ausgesiedelt wurde?

3.) Wer war dieser für die mitteleuropäische und österreichische Geschichte sehr bedeutende König von Böhmen und Herzog von Österreich?

4) Welches Herrscherhaus, das Österreich dann bis zum Ende der Monarchie regieren sollte, ging aus der Schlacht am Marchfeld als Sieger hervor?

Antworten:

1.) Die Minoritenkirche

2.) Es gehörte dem Orden der Franziskaner. Die Minoriten oder „Minderbrüder" (fratres minores) waren nämlich Franziskaner. Sie wurden 1224 von Herzog Leopold VI. nach Wien gerufen und gründeten das Wiener Minoritenkloster.

3.) Es war König Ottokar Přemysl. Er wurde auf dem Schlachtfeld bei Dürnkrut im Marchfeld getötet, vermutlich durch einen Racheakt eines Ritters aus Kärnten.
Rudolf von Habsburg ging aus der Schlacht als Sieger hervor.
Nach seinem Tod wurde Ottokar zunächst in der Wiener Minoritenkirche 30 Wochen lang aufgebahrt und 1279 in der Krypta der Klosterkirche des Znaimer Minoritenklosters beigesetzt. Erst im Jahre 1297 wurden seine sterblichen Überreste nach Prag überführt.

4.) Die Habsburger

Die Minoritenkirche

Statue Ottokar Přemysls
in der Minoritenkirche

Gotische Arkaden mit Epitaphen
(Gräber ohne Leichnam)

König Přemysl Ottokars Sohn Wenzel (kniendes Kind) bittet Rudolf von Habsburg um die Leiche seines 1278 in der Schlacht bei Dürnkrut gefallenen Vaters (Gemälde von Anton Pettner aus dem Jahre 1826).

City Walk – Innere Stadt: Rätselrally

Station Nr. 11

Fragen:

1.) Welche sehr wichtige Funktion für die Republik Österreich hat dieses Gebäude heute und welche politische Funktion ist mit diesem Gebäude verbunden?

2.) Wer hat dieses Funktion derzeit inne?

3.) Welche umstrittene politische Persönlichkeit der Ersten Republik wurde dort am 25. Juli 1934 von einem Putschisten erschossen?

Antworten:

1.) In dem Gebäude befindet sich heute das Bundeskanzleramt.

2.) Der österreichische Bundeskanzler ist derzeit (seit dem 17. Mai 2016) Christian Kern. Sollte sich in der Zwischenzeit etwas daran geändert haben, nenne den aktuellen Bundeskanzler!

3.) Bundeskanzler Engelbert Dollfuß wurde am 25. Juli 1934 während eines nationalsozialistischen Putschversuchs von einem Mann namens Otto Planetta erschossen.

Das Bundeskanzleramt

Bundeskanzler Engelbert Dollfuß

Zimmer im Bundeskanzleramt

Station Nr. 12

Fragen:

1.) Welcher höchste Amtsinhaber der Republik Österreich hat in diesem Gebäude seinen Amtssitz?

2.) Nenne einige dieser Amtsinhaber seit dem Ende der k.k. Monarchie! Insgesamt waren es bisher 11 Personen.

Antworten:

1.) Der Bundespräsident der Republik Österreich

2.) Karl SEITZ (1918–1920), Dr. Michael HAINISCH (1920–1928), Wilhelm MIKLAS (1928–1938), Dr. Karl RENNER (1945–1950), Dr. Theodor KÖRNER (1951–1957), Dr. Adolf SCHÄRF (1957–1965), Dr. Franz JONAS (1965–1974), Dr. Rudolf KIRCHSCHLÄGER (1974–1986), Dr. Kurt WALDHEIM (1986–1992), Dr. Thomas KLESTIL (1992–2004), Dr. Heinz Fischer (2004-2016)

Eingang zur Präsidentschaftskanzlei

Empfang durch den Bundespräsidenten

Der Arbeitsplatz des Bundespräsidenten

City Walk – Innere Stadt: Rätselrally

Station Nr. 13

Fragen:

1.) Auf welchem Platz befindest du dich jetzt?

2.) Benenne die Gebäude bzw. Denkmäler, die im Plan mit den Buchstaben A, B, C und D gekennzeichnet sind!

3.) Welche Museen sind in jenem Gebäude untergebracht, auf dem im Plan der Buchstabe C steht?

Antworten:

1.) Du befindest dich auf dem Heldenplatz.

2.) A: Reiterstandbild Erzherzog Karls, B: Reiterstatue Prinz Eugens, C: die Neue Burg, D: das äußere Burgtor

3.) Die Neue Burg beherbergt die Hofjagd- und Rüstkammer, die Sammlung alter Musikinstrumente, das Weltmuseum Wien (zuvor Museum für Völkerkunde), das Ephesos-Museum, die Papyrussammlung und das Papyrusmuseum Wien. Lesesäle der Österreichischen Nationalbibliothek befinden sich ebenfalls dort.

Der Heldenplatz mit der Neuen Burg und dem Reiterstandbild Erzherzog Karls

Überdachter Innenhof im Weltmuseum (Neue Burg)

Das äußere Burgtor

Station Nr. 14

Fragen:

1.) Wie heißt dieser Platz?

2.) Nenne jene Trakte der Hofburg, die diesen Platz umgeben!

3.) Welchem Kaiser ist das Denkmal auf diesem Platz gewidmet?

4.) Welches alte Instrument zur Messung der Tageszeit befindet sich an der Fassade der Amalienburg? (Buchstabe F)

5.) Wie heißt jener älteste Trakt der Hofburg, der im Plan mit dem Buchstaben E gekennzeichnet ist?

6.) Welche bedeutende Sammlung mit wertvollen Kunstobjekten aus Edelmetallen befindet sich im Innenhof dieses Traktes?

7.) Welche Museen befinden sich im Reichskanzleitrakt der Hofburg? (Buchstabe G)

Antworten:

1.) Der Platz heißt „In der Burg" (früher nannte man ihn „Franziskanerplatz").

2.) Schweizertrakt, Reichskanzleitrakt, Amalienburg, Leopoldinischer Trakt

3.) Das Denkmal ist Kaiser Franz I. gewidmet (Franz Stephan von Lothringen; 1708 – 1765).

4.) Es ist eine astronomische Sonnenuhr.

City Walk – Innere Stadt: Rätselrally

5.) *Der Schweizertrakt ist der älteste Teil der Hofburg. Seine Anfänge gehen auf König Ottokar II. Přemysl von Böhmen (1230-1278) zurück. Er begann um 1275 mit der Errichtung einer Burganlage innerhalb der Stadtmauern Wiens. Diese Burganlage war mit vier Türmen rund um einen rechteckigen Hof ausgestattet, den man heute als Schweizerhof kennt.*

6.) *Die Kaiserliche Schatzkammer in der Hofburg ist der Teil der einstigen Sammlungen des Hauses Habsburg bzw. Habsburg-Lothringen, in dem sehr kostbare Objekte mit höchster Bedeutung für Adel und Klerus verwahrt wurden. Es handelt sich um eine der bedeutendsten Sammlungen dieser Art. Hier kannst du unter anderem die Originale der österreichischen Reichsinsignien sowie die Reichskrone der Habsburger bewundern.*

7.) *Im Reichskanzleitrakt der Hofburg befinden sich die Kaiserappartements, das Sisi-Museum und die Silberkammer. In den Kaiserappartements sind heute noch die originalen Amts- und Wohnräume von Kaiser Franz Joseph und Kaiserin Elisabeth zu besichtigen.*
Das Sisi-Museum ist Kaiserin Elisabeth („Sisi") gewidmet. In der ehemaligen Hofsilber- und Tafelkammer werden wertvolle Porzellan-, Glas- und Silberservice aus dem Besitz der Habsburger aufbewahrt.

Der Platz „Am Hof" (Panoramaansicht)
(1) Die Amalienburg mit Türmchen und astronomischer Sonnenuhr
(2) Der Reichskanzleitrakt mit den Museen
(3) Der Schweizertrakt
(4) Denkmal für Kaiser Franz I.

Die Silberkammer

Schatzkammer: Reichskrone

Die Hofburg im 16. Jhdt.

Hofburg Wien - Kaiserappartements:
Kaiserliche Badewanne

Hofburg Wien - Kaiserappartements:
Turn- und Toilettezimmer Kaiserin Elisabeths

City Walk – Innere Stadt: Rätselrally

Station Nr. 15

Fragen:

1.) Auf welchem Platz befindest du dich gerade?

2.) Welche alten Mauerreste kannst du in der Mitte des Platzes besichtigen? Aus welchen geschichtlichen Epochen stammen sie?

3.) Wie heißt die Kirche (sie ist eine der ältesten in Wien)?

4.) Unter welchem Babenberger Herzog und in welchem Jahr wurde die Pfarre gegründet?

5.) Welche gruseligen Räumlichkeiten unter der Kirche können nur im Zuge von Führungen besichtigt werden?

6.) Wie heißt das fünfstöckige Haus an der Ecke zur Herrengasse? In welchem Stil wurde es erbaut und welcher berühmte Architekt hat es entworfen?

7.) Welche Szenen stellen die Figurengruppen in den beiden Brunnen an der Fassade der alten Hofburg dar?

Antworten:

1.) Du befindest dich auf dem Michaelerplatz.

2.) Zwischen 1989 und 1991 wurden auf dem Michaelerplatz archäologische Ausgrabungen durchgeführt. Neben mittelalterlichen und neuzeitlichen Mauern wurden bei den Grabungen auch Reste der römischen Lagervorstadt (Canabae) freigelegt.

3.) Die Michaelerkirche (Pfarrkirche zu St. Michael)

4.) Die älteste Kirche an dieser Stelle wurde von 1219 bis 1221 durch den Babenberger Herzog Leopold VI. errichtet und war im 13. Jahrhundert eine von drei Pfarreien in Wien. Neben dem Stephansdom und dem Schottenstift ist sie daher eine der ältesten Kirchen der Stadt. Die Michaelerkirche ist einer der wenigen Gebäude mit romanischen Bauelementen in Wien. Manche Elemente wurden nachträglich, vor allem im Barock, überbaut bzw. hinzugefügt.

5.) Unter der Kirche kann man die Michaelergruft besichtigen. In den unterirdischen Gewölben wurden etwa 4000 reiche Bürger und Adelige beigesetzt. Die Michaelergruft ist berühmt für ihre Mumien, die wahrscheinlich durch das Klima in der Gruft entstanden sind.

6.) Das Haus an der Ecke zur Herrengasse ist das Looshaus. Es wurde im Jahre 1909 von dem berühmten Architekten Adolf Loos entworfen. Das Haus gilt als eines der bekanntesten Bauwerke der Wiener Moderne. Stilistisch ist es allerdings schwer einzuordnen. Das Bauwerk war ein Schock für die an die vielen Verzierungen des Historismus und des Jugendstils gewöhnten Wiener Bürger. Für Kaiser Franz Joseph, der das Haus von der Hofburg aus sehen konnte, war es ein ständiger Ärger.

7.) Die marmornen Figurengruppen der beiden Brunnen sollen „Österreichs Macht zur See" und „Österreichs Macht zu Lande" darstellen. Die Brunnenschalen sind aus rotem Granit angefertigt.

Der Michaelerplatz

Die alten Mauerreste

Das Looshaus

City Walk – Innere Stadt: Rätselrally

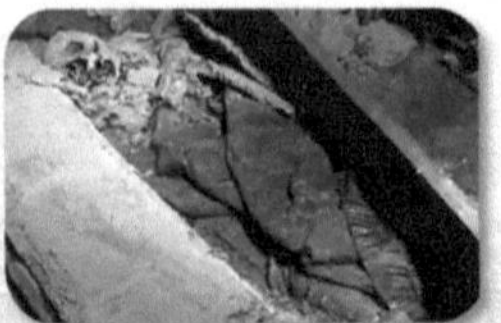

Mumien in der Michaelergruft

Brunnen mit Figurengruppe „Österreichs Macht zur See"

Blick vom Graben auf den Michaelerplatz und den Michaelertrakt der Hofburg

Station Nr. 16

Fragen:

1.) Wie heißt dieser Platz?

2.) Welche drei Gebäude der alten Hofburg umgeben den Platz?

3.) Welche prunkvollen Ballsäle aus der Zeit Maria Theresias befinden sich in einem dieser Trakte der alten Hofburg?

4.) Welche bedeutende Sammlung von alten Büchern und Landkarten befindet sich an diesem Platz?

5.) Welchem österreichischen Kaiser gilt das Reiterdenkmal inmitten des Platzes?

Antworten:

1.) Josefsplatz

2.) Der Platz ist umgeben vom Redoutensaaltrakt, der Hofbibliothek und dem Augustinertrakt.

3.) Die Redoutensäle

4.) Im Habsburger Kaiserreich galt die Wiener Hofbibliothek als eine der umfangreichsten Universalbibliotheken der Welt. Besonders sehenswert ist der große barocke Prunksaal. 1769 drohte das Gebäude wegen des enormen Gewichts der Bücher einzustürzen. Kaiserin Maria Theresia und ihr Sohn Joseph II. ließen es deshalb verstärken. Bei dieser Gelegenheit wurde ein neuer offener Platz, der Josefsplatz, erschaffen.

5.) Das Reiterdenkmal soll an Kaiser Joseph II. erinnern. Joseph II. (1741 – 1790) war ein Sohn von Maria Theresia. Er gilt als bedeutender Reformer und Vertreter des aufgeklärten Absolutismus.

Der Josefsplatz

Der große Redoutensaal

Der Prunksaal der Hofbibliothek

Regal mit alten Büchern in der Hofbibliothek

City Walk – Innere Stadt: Rätselrally

Station Nr. 17

Fragen:

1.) Welche Kirche kannst du hier besichtigen?

2.) Nenne einige geschichtlich bedeutende Persönlichkeiten aus dem europäischen Adel, die in dieser Kirche ihre Hochzeiten feierten!

3.) Welches eindrucksvolle Grabdenkmal einer Erzherzogin aus dem 18. Jahrhundert kannst du im Inneren der Kirche entdecken?

Antworten:

1.) Die Augustinerkirche ist die ehemalige kaiserliche Hofpfarrkirche der Habsburger. Heute ist sie Teil des Albertina-Traktes der Wiener Hofburg.

2.) Sehr bedeutende Trauungen in der Augustinerkirche waren:

- *Die Hochzeit der Erzherzogin Maria Theresia mit Franz von Lothringen im Jahre 1736*
- *Die Stellvertreterhochzeit ihrer Tochter Erzherzogin Marie Antoinette am 19. April 1770 mit dem späteren König von Frankreich, Ludwig XVI.*
- *Die Trauung von Kaiser Franz Joseph I. mit Prinzessin Elisabeth (Sisi) von Bayern am 24. April 1854.*

3.) Das Grabdenkmal für Erzherzogin Marie Christine von Antonio Canova aus dem Jahre 1805.

Die Augustinerkirche

Kaiserliche Hochzeit zwischen Joseph II. und Isabella von Parma (1760) in der Augustinerkirche

Grabdenkmal für Erzherzogin Marie Christine von Antonio Canova

Station Nr. 18

Fragen:

1.) Welcher Platz ist hier gemeint und wonach ist er benannt?

2.) Wie heißt die weltberühmte Kunstsammlung an diesem Platz?

3.) Welcher Architekt hat das Flugdach über dem Eingangsbereich entworfen?

4.) Fällt dir ein sehr bekanntes Bild aus der Sammlung ein, auf dem das wohl bekannteste Nagetier der Welt abgebildet ist?

5.) Welcher Künstler hat dieses Bild (ein Aquarell) gemalt?

6.) An welches grauenhafte zeitgeschichtliche Ereignis sollen die Granitblöcke und Reliefs des Denkmals erinnern?

7.) Welcher Bildhauer hat dieses Mahnmal geschaffen?

8.) Welche Szenen werden in dem Brunnen unterhalb der Rampe zur Kunstsammlung dargestellt?

City Walk – Innere Stadt: Rätselrally

Antworten:

1.) Der Albertinaplatz

2.) Die Sammlung Herzog Alberts zählt weltweit zu den bedeutendsten Kunstsammlungen. Über 50 Jahre nutzte er ein internationales Netzwerk von Händlern sowie Auktionen von umfangreichen Privatsammlungen, um 14.000 Zeichnungen und 200.000 Druckgrafiken zu erwerben. Viele der Zeichnungen zählen heute zu den berühmtesten Werken der Kunstgeschichte.

3.) Im Jahre 2001 entwarf der Architekt Hans Hollein ein Flugdach für den Eingangsbereich der Albertina. Der so genannte „Soravia Wing" sorgte seinerzeit für heftige Diskussionen, wie so oft, wenn neue und alte Architektur aufeinandertreffen.

4.) „Der Feldhase"

5.) „Der Feldhase" stammt von Albrecht Dürer (1502).

6.) Das Mahnmal gegen Krieg und Faschismus steht seit 1988 auf dem Wiener Albertinaplatz. Es ist allen Opfern von Krieg und Faschismus gewidmet.

7.) Das Mahnmal ist ein Werk des österreichischen Bildhauers Alfred Hrdlicka (1928 – 2009).

8.) Unterhalb der Rampe befindet sich der Albrechtsbrunnen (auch Danubiusbrunnen). Er wurde 1864–1869 nach Plänen von Moritz von Löhr errichtet. In den Nischen stehen Skulpturen, die in der Mitte die Donau und in den Nischen daneben die großen Nebenflüsse der Donau darstellen.

Die Albertina

Das Flugdach über dem Eingang zur Kunstsammlung

„Der Feldhase" von Albrecht Dürer

Das Mahnmal gegen Krieg und Faschismus

Der Albrechtsbrunnen

Das Palais Herzog Alberts mit der Augustinerbastei (1816)

Der Albertinaplatz

City Walk – Innere Stadt: Rätselrally

Station Nr. 19

Fragen:

1.) Nenne den Namen des Platzes!

2.) Wie heißt die Kirche und welche katholische Ordensgemeinschaft ist dort untergebracht?

3.) Welches bedeutende Herrschergeschlecht hat in der Gruft unter der Kirche seine letzte Ruhestätte gefunden?

4.) Nenne einige Namen von Personen, die hier bestattet sind!

5.) Welches ist das größte und prunkvollste Grabmal in dieser Gruft?

6.) In welchem Jahr fand hier die letzte Beisetzung statt und wer wurde damals bestattet? Das Begräbnis wurde von Fernsehstationen live in alle Welt übertragen.

7.) Von welchem bedeutenden Künstler des 18. Jahrhunderts stammt der große Brunnen?

8.) Was bedeuten die Figuren in der Mitte des Brunnens?

Antworten:

1.) Neuer Markt

2.) Bei der Kirche handelt es sich um die Kapuzinerkirche. Sie ist Teil eines Klosters, in dem der Wiener Kapuzinerorden untergebracht ist.

3.) Die Habsburger wurden in der Kaisergruft unter dem Kapuzinerkloster beigesetzt.

4.) In der Kaisergruft ruhen 138 Personen sowie vier Herzurnen. Einige der bekanntesten Grabmäler in der Gruft sind jene von Maria Theresia, ihrem Ehemann Kaiser Franz Stephan von Lothringen und ihrem Sohn Kaiser Joseph II. Weitere berühmte Namen wären zum Beispiel Kaiser Karl VI., Kaiser Franz Joseph I., Kaiserin Elisabeth ("Sisi") oder Otto von Habsburg (letzter Kronprinz von Österreich-Ungarn).

5.) Das auffälligste und prunkvollste Grabmal ist der Doppelsarkophag von Maria Theresia und ihrem Ehmann Kaiser Franz Stephan von Lothringen.

6.) Als bisher letzte Bestattung fand die von Otto Habsburg, Sohn des letzten Kaisers von Österreich (Karl IV.), am 16. Juli 2011 statt. Tausende Schaulustige beobachteten den Kondukt vom Stephansdom zur Kapuzinergruft durch die Wiener Innenstadt.

7.) Der Providentiabrunnen wird im Volksmund „Donnerbrunnen" genannt. Er wurde von dem Bildhauer Georg Raphael Donner in den Jahren 1737 bis 1739 errichtet.

8.) In der Mitte des Brunnens steht die Providentia als Symbol der Voraussicht beziehungsweise der guten Regierung, die sich wohl nicht zuletzt auch auf die gute Wasserversorgung Wiens bezieht. Umgeben wird sie von vier Figuren, welche die Flüsse March, Enns, Ybbs und Traun darstellen.

Der Neue Markt

Die Kapuzinerkirche

Der Sarkophag von Maria Theresia und Kaiser Franz Stephan

City Walk – Innere Stadt: Rätselrally

Der Sarkophag von Kaiser Karl IV.

Die Särge von Kaiser Franz Joseph I. und Kaiserin Elisabeth („Sisi")

Der „Donnerbrunnen"

Station Nr. 20

Fragen:

1.) Welches Bauwerk wird hier beschrieben?

2.) In welchem Stil wurden Inneneinrichtung und Fassade gestaltet?

3.) Welche Verzierungen erkennst du im mittleren Trakt des Gebäudes?

4.) Nenne Gründe, warum man zu dieser Zeit derartige Bauwerke errichtete!

5.) In einem Flügel des Bauwerks kann man exotische Fluginsekten bewundern. Wie heißt dieser Teil des Gebäudes?

6.) Wie heißt der Garten, in dem sich dieses Bauwerk *befindet?*

Antworten:

1.) Das Palmenhaus

2.) Inneneinrichtung und Fassade des Palmenhauses wurden im Jugendstil gestaltet.

3.) Die Dekorationen am Mitteltrakt zeigen unter anderem Vasen, Frauenfiguren mit Kränzen und Knaben. Die Motive stammen von Josef Václav Myslbek.

4.) Das 19. Jahrhundert war die Blütezeit des europäischen Kolonialismus und der industriellen Revolution. Gleichzeitig verstärkte der Aufstieg der Naturwissenschaften das Bedürfnis, exotische Objekte, Tiere und Pflanzen nach Europa zu bringen, systematisch zu sammeln und in der Öffentlichkeit zur Schau zu stellen. Moderne Gewächshäuser in der Art und Größe des Palmenhauses wurden erst durch die Entwicklung der Stahlbauweise möglich.
Das wohl bekannteste Beispiel für ein derartiges Gewächshaus ist der „Crystal Palace", der eigens für die erste Weltausstellung 1851 in London (Great Exhibition) im viktorianischen Baustil errichtet wurde.

5. Schmetterlinghaus

6.) Burggarten

Das Palmenhaus im Burggarten

Die Jugendstilfassade des des Palmenhauses

Exotischer Edelfalter im Schmetterlinghaus

City Walk – Innere Stadt: Rätselrally

Der „Crystal Palace" im Hyde Park in London (1851)

Station Nr. 21

Fragen:

1.) Wie heißt dieser sehr bekannte Gastronomie- und Beherbergungsbetrieb?

2.) Welche weltbekannte und patentrechtlich geschützte Wiener Mehlspeise kann man nur dort bestellen?

3.) Fallen dir Spielfilme oder Fernsehserien ein, die an diesem Ort spielen?

Antworten:

1.) Hotel Sacher

2.) Die Sachertorte. Das Originalrezept für diese berühmteste aller Torten wird im Hotel Sacher in einem Safe aufbewahrt und wie ein Schatz gehütet.

3.) „Hotel Sacher": Deutscher Spielfilm von Erich Engel aus dem Jahr 1939.
„Hallo - Hotel Sacher … Portier!": Fernsehserie in 26 Folgen mit Fritz Eckhardt aus den Jahren 1974 und 1975.

Das Hotel Sacher hinter der Wiener Staatsoper

Café Sacher

Sachertorte

☞ Hinweis: Weitere Sehenswürdigkeiten der Wiener Innenstadt und entlang der Ringstraße findest du auf den Seiten 259, 261 und 283 in diesem Heft!

6.   Der Stephansdom: Rätselseiten

Die Kärtchen zeigen Sehenswürdigkeiten des Stephansdoms.

Trage die richtigen Nummern in die grauen Felder im Grundrissplan des Doms ein!

Der „Fenstergucker"
unterhalb der Kanzel   **1**

Die Heidentürme über dem
Westportal des Doms   **2**

Grabmal Kaiser Friedrichs III.
(verstorben 1493)   **3**

Taufbecken in der
Katharinenkapelle (1481)   **4**

Der Stephansdom: Rätselseiten

Wiener Neustädter Altar (1447) **5**

Dienstbotenmadonna (um 1320) **6**

„Zahnwehherrgott" an der Außenfassade des Doms **7**

Treppe zu den Katakomben unter dem Dom **8**

Das Hauptportal („Riesentor") auf der Westseite des Doms **9**

Der unvollendete Nordturm mit der „Pummerin" (Glocke) **10**

Der Stephansdom: Rätselseiten

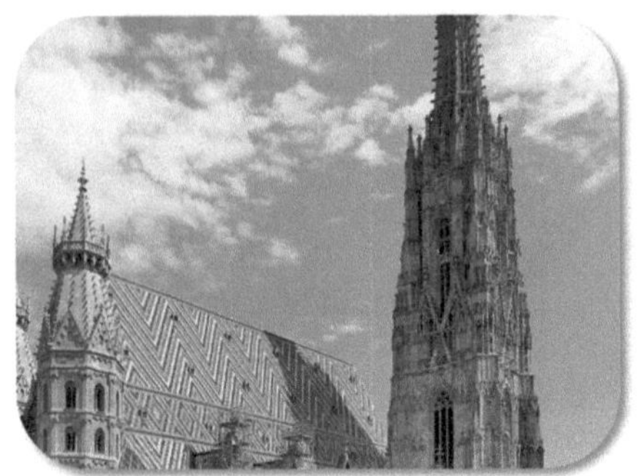

Südturm von St. Stephan
(136 m hoch)

11

Barocker Hochaltar des Doms
(geweiht 1647)

12

Merke dir diese Geschichte und beantworte Fragen dazu:

Die Katakomben:
Ein Ausflug in die finstere Unterwelt von St. Stephan

Jn den Katakomben zu St. Stephan
in Wien. Bild aus der Zeitschrift „Die
Gartenlaube", 1872.

Unter dem Dom befindet sich eine weitläufige Anlage von etwa 30 Grabkammern, die seit dem 19. Jahrhundert „Katakomben" genannt wird. Der Zugang erfolgt durch eine Stiege im linken Seitenschiff. Die Katakomben gehen im Kern auf eine fürstliche Grabkammer zurück, die Herzog Rudolf IV. um das Jahr 1363 errichten ließ. Unter Maria Theresia wurde die Anlage stark erweitert.

In einer Gruft sind die Eingeweide von zahlreichen Habsburgern (unter anderem von Napoleon Franz Bonaparte) sowie die Wiener Kardinäle und Erzbischöfe und Mitglieder des Domkapitels begraben. Die Körper der Habsburger liegen dann meist in der Kapuzinergruft und die Herzen in der „Herzerlgruft" der Augustinerkirche.

Nach der Sperre des oberirdischen Friedhofs wurden ab 1745 die „neuen Grüfte" angelegt, die aus Platzmangel nicht unter dem Dom, sondern unter dem Stephansplatz errichtet wurden. Insgesamt wurden mehr als 10.000 Leichname hier unterirdisch deponiert. Diese Praxis wurde 1783 unter Kaiser Joseph II. verboten, viele Gebeine verblieben aber unter dem Dom. Ein Teil der Katakomben kann bei Führungen besichtigt werden.

Der Stephansdom: Rätselseiten

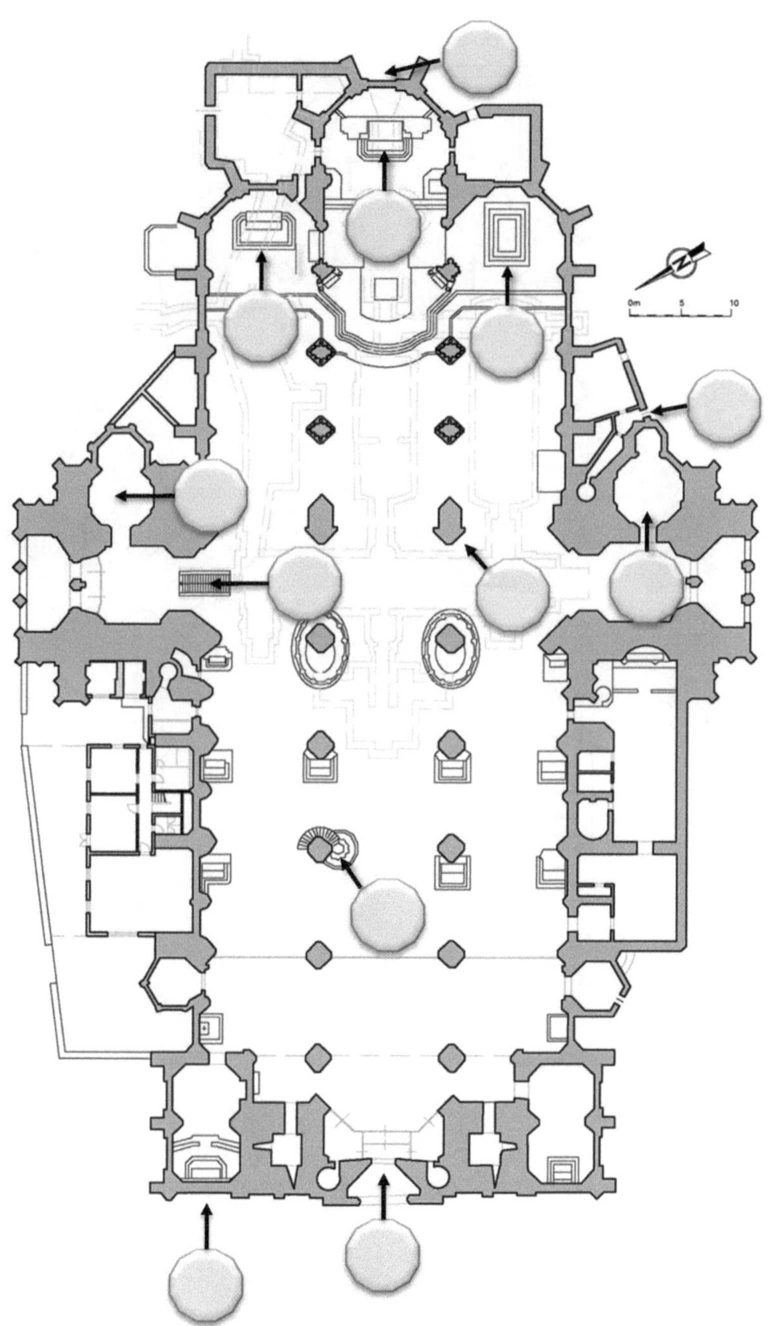

Der Stephansdom: Rätselseiten

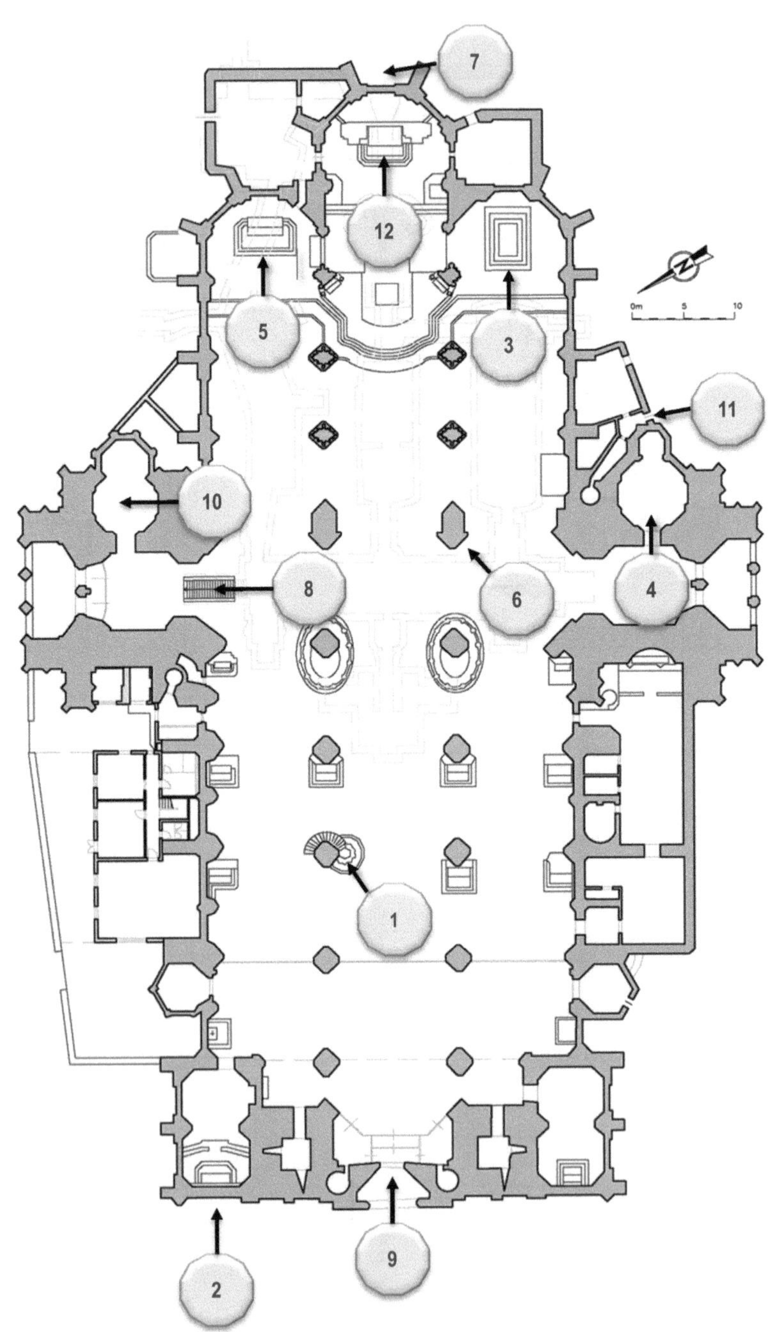

Der Stephansdom: Rätselseiten

In welchem Jahrhundert bekam die weitläufige Grabanlage unter dem Stephansdom die Bezeichnung "Katakomben"?

Wie viele Grabkammern umfasst die Begräbnisstätte?

Welche Herrscherpersönlichkeit errichtete die erste Grabkammer und begründete damit die Katakomben von St. Stephan?

In welchem Jahrhundert geschah das?

In der Gruft wurden die Eingeweide von Adeligen und hohen Repräsentanten des Klerus bestattet.
Um welche Persönlichkeiten handelte es sich dabei?

Wo wurden die Körper der Habsburger bestattet?

Beitrag zu den Katakomben (Seite 218) lesen – Fragen:

Der Stephansdom: Rätselseiten

Wo wurden die Herzen der Habsburger beigesetzt?

Warum wurden im 18. Jahrhundert die „Neuen Grüfte" unter dem Stephansplatz angelegt?

Ungefähr wie viele Leichname wurden in der Folge in den Katakomben deponiert?

Unter welchem Kaiser wurden die Beisetzungen unter dem Dom verboten?

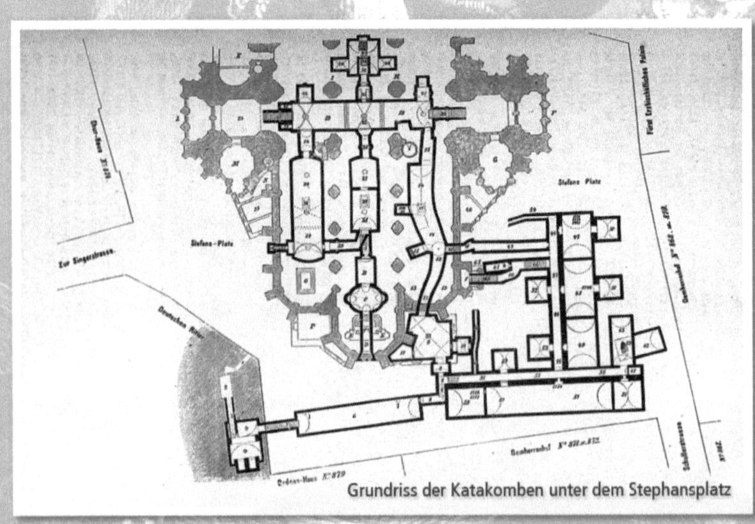

Grundriss der Katakomben unter dem Stephansplatz

Der Stephansdom: Rätselseiten

In welchem Jahrhundert bekam die weitläufige Grabanlage unter dem Stephansdom die Bezeichnung "Katakomben"?

Im 19. Jahrhundert

Wie viele Grabkammern umfasst die Begräbnisstätte?

Etwa 30 Grabkammern

Welche Herrscherpersönlichkeit errichtete die erste Grabkammer und begründete damit die Katakomben von St. Stephan?

Herzog Rudolf IV.

In welchem Jahrhundert geschah das?

Im 14. Jahrhundert (um das Jahr 1363)

In der Gruft wurden die Eingeweide von Adeligen und hohen Repräsentanten des Klerus bestattet.
Um welche Persönlichkeiten handelte es sich dabei?

Herrscherpersönlichkeiten aus dem Hause Habsburg,
Wiener Kardinäle, Erzbischöfe und Mitglieder des Domkapitels

Wo wurden die Körper der Habsburger bestattet?

In der Kapuzinergruft

Der Stephansdom: Rätselseiten

Wo wurden die Herzen der Habsburger beigesetzt?

In der Augustinerkirche

Warum wurden im 18. Jahrhundert die „Neuen Grüfte" unter dem Stephansplatz angelegt?

Aus Platzmangel nach der Sperre des oberirdischen Friedhofs

Ungefähr wie viele Leichname wurden in der Folge in den Katakomben deponiert?

Mehr als 10.000 Leichname

Unter welchem Kaiser wurden die Beisetzungen unter dem Dom verboten?

Unter Kaiser Joseph II.

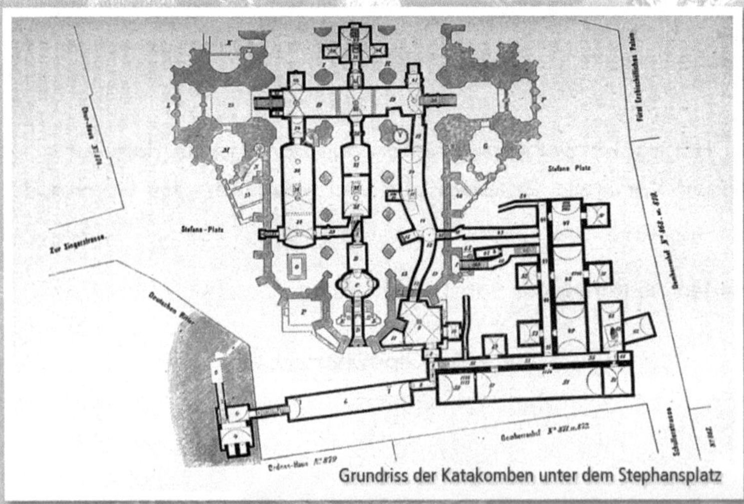

Grundriss der Katakomben unter dem Stephansplatz

7. Gruselige Sagen um den Stephansdom

Einige der gruseligsten Wiener Sagen handeln vom Stephansdom!
Lies die beiden Geschichten, beantworte die Fragen und finde den Titel dazu
im Internet!

Sage Nr. 1:

\#

Als der Pfarrer von St. Stephan sich während einer Christnacht auf die Festpredigt des nächsten Tages vorbereitete, hörte er durch die Stille der Nacht plötzlich einen seltsamen Chorgesang, der aus dem Dom zu dringen schien. Als er zu diesem hinüberblickte, sah er die Kirchenfenster hell erleuchtet.

Voll Erstaunen schickte er sich an, der ungewöhnlichen Sache nachzugehen. Er nahm seinen Mantel und ging in den Dom, wo er bereits viele Menschen versammelt sah, die zu seinem Grauen alle mit langen Totenhemden bekleidet waren. Es waren da Alte und Junge, Männer und Frauen, Knaben und Mädchen, und viele darunter, die er gut kannte.

Da merkte er aber, daß eine Anzahl unter ihnen schon seit Jahren gestorben war. Nun blickte er zum Hochaltar und zu seinem Entsetzen erkannte er in dem Geistlichen, der die Messe las, sich selbst. Nun schauderte es ihn, und mit zunehmendem Grauen starrte er die unheimliche Menge an, die da um ihn versammelt war.

Da dröhnte es vom Turme "Eins" und wie vom Wind verweht war alles, was er eben gesehen. Er befand sich nun ganz allein in dem großen Dom. Tieferschüttert kehrte er in seine Stube zurück und verzeichnete diese unheimliche Begebenheit in der Pfarrchronik.

Dabei bedachte er auch die Namen jener noch Lebenden, die er kannte und unter den Gespenstern bemerkt hatte, aufzuschreiben, sich selbst miteingeschlossen. Ein Jahr später raffte die Pest ihn und alle, die er in der Chronik verewigt hatte, dahin.

\#

Quelle: Die Sagen und Legenden der Stadt Wien, herausgegeben von Gustav Gugitz, Wien 1952, Nr. 49, S. 70.

Gruselige Sagen um den Stephansdom

Einige der gruseligsten Wiener Sagen handeln vom Stephansdom!
Lies die beiden Geschichten, beantworte die Fragen und finde den Titel dazu
im Internet!

Sage Nr. 2:

Um seinen Lehrer und Meister zu verdrängen, hatte Puchsbaum
versprochen, in sehr kurzer Zeit einen zweiten Turm zu bauen. Je mehr er
aber darüber nachdachte, wie er seiner Zusage nachkommen möge, desto
mehr fing er an zu zweifeln, und es bemächtigte sich seiner Seele eine
namenlose Unruhe.

Wohl manchen Tag betrachtete er den vor kurzem vollendeten Riesen, und
nicht selten stand er bis zur Stunde der Mitternacht vor dem wundervollen
Gotteshause an der Stelle, auf der der zweite Turm emporsteigen sollte.
Eben tat er dies wieder, und peinigende Gedanken ließen ihn lange nicht
bemerken, was um ihn vorging. Als er endlich aufsah, erblickte er ganz in
seiner Nähe ein altes Männlein, das ihn wehmütig betrachtete.

"Du erbarmst mir", begann die geheimnisvolle Erscheinung zu reden, "doch ich
will dir helfen, und früher, als du zugesagt hast, soll der Bau vollendet sein.
Dafür fordere ich nichts, nur darfst du während des ganzen Baues den
Namen deiner Braut Maria nicht nennen!"

Puchsbaum in seiner Not versprach zu halten, was gefordert wurde, und
der Vertrag war geschlossen. Am nächsten Tage begann er den Bau, und
dieser ging so rasch voran, daß sich alles mit Recht darüber verwunderte.
Puchsbaum selbst, stolz über den Sieg, den er seinem Gegner und dem
ungläubigen Magistrate gegenüber erkämpfen sollte, konnte kaum den
Ausbruch der Freude unterdrücken.

Jeden Abend überschaute er von dem höchsten Gerüste die Arbeit des
Tages, und ihr Gelingen erfüllte seine Seele mit endlosen Plänen und
Hoffnungen. So hatte er während des ganzen Baues noch nicht Zeit
gewinnen können, an seine Geliebte zu denken, geschweige sie zu sehen; als
er aber wieder eines Abends aus schwindelnder Höhe seine trunkenen
Blicke niederwarf auf die dunklen Pfade der Menschen: stehe, da ging die
Herrliche vorüber. Er vergaß des Versprechens und rief im Sturm der
Freude:

"Maria!"

In demselben Augenblicke stürzte das Gerüst zusammen, er fiel in die Tiefe,
und die Trümmer des zerborstenen Turmes bedeckten seinen Leichnam.
Eine rote Gestalt erschien und verschwand bald wieder, aber das
Hohngelächter der Hölle hallte weit über die Stadt hin.

Seit dieser Zeit hat man den Gedanken aufgegeben, einen zweiten Turm zu
bauen; der Magistrat ließ Schutt und Steine wegräumen; von dem
Unglücklichen aber war keine Spur zu finden.

Quelle: Die Sagen und Legenden der Stadt Wien, herausgegeben von Gustav Gugitz, Wien 1952,
Nr. 33. S. 43.

Gruselige Sagen um den Stephansdom

Einige der gruseligsten Wiener Sagen handeln vom Stephansdom!
Lies die beiden Geschichten, beantworte die Fragen und finde den Titel dazu
im Internet!

Fragen zu Sage Nr. 1

Versuche, den Titel der Sage zu ermitteln!
Zu welchem Ergebnis bzw. welchen Ergebnissen bist du gekommen?

____

In welchem Jahr muss sich diese Geschichte zugetragen haben?
Wenn du den Text genau durchliest, dann wirst du einen Hinweis auf ein
geschichtliches Ereignis finden.

Im Jahre _________

Fragen zu Sage Nr. 2

Versuche, den Titel der Sage zu ermitteln!
Zu welchem Ergebnis bzw. welchen Ergebnissen bist du gekommen?

____

Wer war Puchsbaum tatsächlich?
Wann hat er gelebt und was war sein Beruf?

____

____

Um welchen Turm des Stephansdoms handelt es sich in der Sage?

____

Was könnten die wirklichen Ursachen dafür gewesen sein, dass der Turm bis
heute nicht vollendet wurde?

____

Gruselige Sagen um den Stephansdom

Einige der gruseligsten Wiener Sagen handeln vom Stephansdom!
Lies die beiden Geschichten, beantworte die Fragen und finde den Titel
dazu im Internet!

Fragen zu Sage Nr. 1

Versuche, den Titel der Sage zu ermitteln!
Zu welchem Ergebnis bzw. welchen Ergebnissen bist du gekommen?

„Die Totenmette bei St. Stephan in Wien"

In welchem Jahr könnte sich diese Geschichte zugetragen haben?
Wenn du den Text genau durchliest, dann wirst du einen Hinweis auf ein
geschichtliches Ereignis finden.

*Zum Beispiel im Jahre 1678. Ein Jahr später (1679) gab es die größte
Pestepidemie, der vermutlich rund 12.000 Menschen zum Opfer fielen.*

Fragen zu Sage Nr. 2

Versuche, den Titel der Sage zu ermitteln!
Zu welchem Ergebnis bzw. welchen Ergebnissen bist du gekommen?

„Buxbaums Sturz vom Stephansturm"

Wer war Puchsbaum tatsächlich?
Wann hat er gelebt und was war sein Beruf?

Hans Puchsbaum

*Hans Puchsbaum (ca. 1390 – 1454) war ein Architekt und
Baumeister der Gotik.
Etwa 1446 bis 1454 war er Vorsteher der Bauhütte des
Wiener Stephansdoms.*

Um welchen Turm des Stephansdoms handelt es sich in
der Sage?

Bei dem unvollenteten Turm handelt es sich um den Nordturm des Domes.

Was könnten die wirklichen Ursachen dafür gewesen sein, dass der Turm bis
heute nicht vollendet wurde?

*Die Bauarbeiten an diesem Turm wurden nach dem Jahre 1511 wegen
wirtschaftlicher Schwierigkeiten, religiöser Wirren (Wien war um 1520
protestantisch geworden) und wegen der nahenden Türkengefahr nicht weiter
fortgeführt, sodass der Nordturm unvollendet blieb.*

8. Jugendstilrätsel

Welche Gebäude des Wiener Jugendstils erkennst du auf den Fotos?

Ordne die richtigen Beschriftungen den grauen Feldern unter den
Bildern zu!

Jugendstilrätsel

Beschriftungen:

Wiener Postsparkasse	Wohnhaus Linke Wienzeile 38
Karl-Borromäus-Kirche (Luegerkirche)	Otto-Wagner-Pavillon (Stadtbahn)
Wiener Secessionsgebäude	Kirche am Steinhof

Lösungen:

1. Otto-Wagner-Pavillon (Stadtbahn)	2. Wiener Postsparkasse
3. Karl-Borromäus-Kirche (Luegerkirche)	4. Wohnhaus Linke Wienzeile 38
5. Kirche am Steinhof	6. Wiener Secessionsgebäude

9. Weanerisch: Der Wiener Dialekt

Kreuze die richtigen Antworten an und beantworte die offenen Fragen

Zu welcher deutschen Dialektgruppe gehört
der Wiener Dialekt?

Fränkischer Dialekt ☐
Ostalpiner Dialekt ☐
Ostmittelbayrischer Dialekt ☐
Ostniederdeutscher Dialekt ☐

Kreuze jene beiden Sprachen bzw. Mundarten an, welche
auf den heutigen Wiener Dialekt KEINEN wesentlichen
Einfluss hatten!

Rotwelsch (Sprache von sozialen Randgruppen) ☐
Jiddisch (Sprache von Juden in weiten Teilen Europas) ☐
Italienisch ☐
Wiener Gaunersprache (Geheimsprache von Kriminellen) ☐
Schweizerdeutsch ☐
Tschechisch ☐
Alemannisch (Vorarlberg, Südwesten Deutschlands) ☐
Romanes (Sprache der Roma) ☐
Französisch ☐

Welche der oben genannten Mundarten haben sich vor
allem in Wien selbst entwickelt und können bestimmten
sozialen Gruppen zugeordnet werden? In solchen Fällen
spricht man von „Soziolekten".

Welche der oben genannten Mundarten ist im 20. Jahrhundert
in Wien verloren gegangen, wird aber in anderen Ländern, vor
allem in den USA, immer noch gesprochen?

Wie heißt jener Soziolekt der Aristokratie, der ab dem späten
18. Jahrhundert am Wiener Kaiserhof gesprochen wurde?

Kaiserdeutsch ☐
Schönbrunner Deutsch ☐
Hofburgdeutsch ☐

Weanerisch: Der Wiener Dialekt

Kreuze die richtigen Antworten an und beantworte die offenen Fragen.

Zu welcher deutschen Dialektgruppe gehört
der Wiener Dialekt?

Fränkischer Dialekt	☐
Ostalpiner Dialekt	☐
Ostmittelbayrischer Dialekt	☒
Ostniederdeutscher Dialekt	☐

Kreuze jene beiden Sprachen bzw. Mundarten an, welche
auf den heutigen Wiener Dialekt KEINEN wesentlichen
Einfluss hatten!

Rotwelsch (Sprache von sozialen Randgruppen)	☐
Jiddisch (Sprache von Juden in weiten Teilen Europas)	☐
Italienisch	☐
Wiener Gaunersprache (Geheimsprache von Kriminellen)	☐
Schweizerdeutsch	☒
Tschechisch	☐
Alemannisch (Vorarlberg, Südwesten Deutschlands)	☒
Romanes (Sprache der Roma)	☐
Französisch	☐

Welche der oben genannten Mundarten haben sich vor allem in
Wien selbst entwickelt und können bestimmten sozialen
Gruppen zugeordnet werden? In solchen Fällen spricht man von
„Soziolekten".

Rotwelsch, Wiener Gaunersprache

Welche der oben genannten Mundarten ist im 20. Jahrhundert
in Wien verloren gegangen, wird aber in anderen Ländern, vor
allem in den USA, immer noch gesprochen?

Jiddisch

Wie heißt jener Soziolekt der Aristokratie, der ab dem späten
18. Jahrhundert am Wiener Kaiserhof gesprochen wurde?

Kaiserdeutsch	☐
Schönbrunner Deutsch	☒
Hofburgdeutsch	☐

10. Citypanorama: Rätsel

Die Panoramafotos wurden auf einem der beiden Türme des Stephansdoms aufgenommen. Von dort aus erkennst du 15 berühmte Bauwerke.
Ordne den Bauwerken ihre Namen zu und schreibe die richtigen Nummern in die runden Felder oberhalb der beiden Fotos!

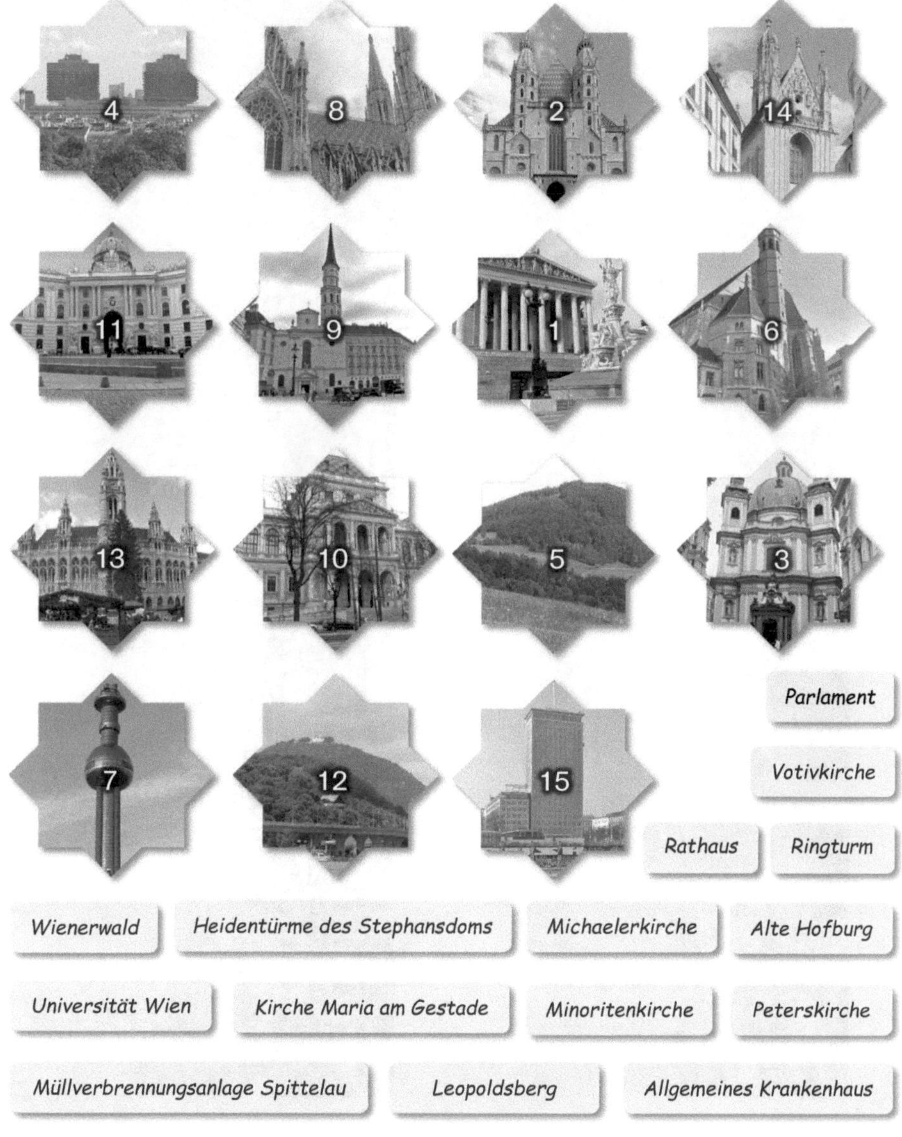

Citypanorama: Rätsel

Citypanorama: Rätsel

11.) Alte Hofburg   9.) Michaelerkirche   1.) Parlament
6.) Minoritenkirche   13.) Rathaus   10.) Universität Wien
5.) Wienerwald   3.) Peterskirche   4.) Allgemeines Krankenhaus (AKH)
8.) Votivkirche   2.) Heidentürme des Stephansdoms
14.) Kirche Maria am Gestade   7.) Müllverbrennungsanlage Spittelau
12.) Leopoldsberg   15.) Ringturm

Citypanorama: Rätsel

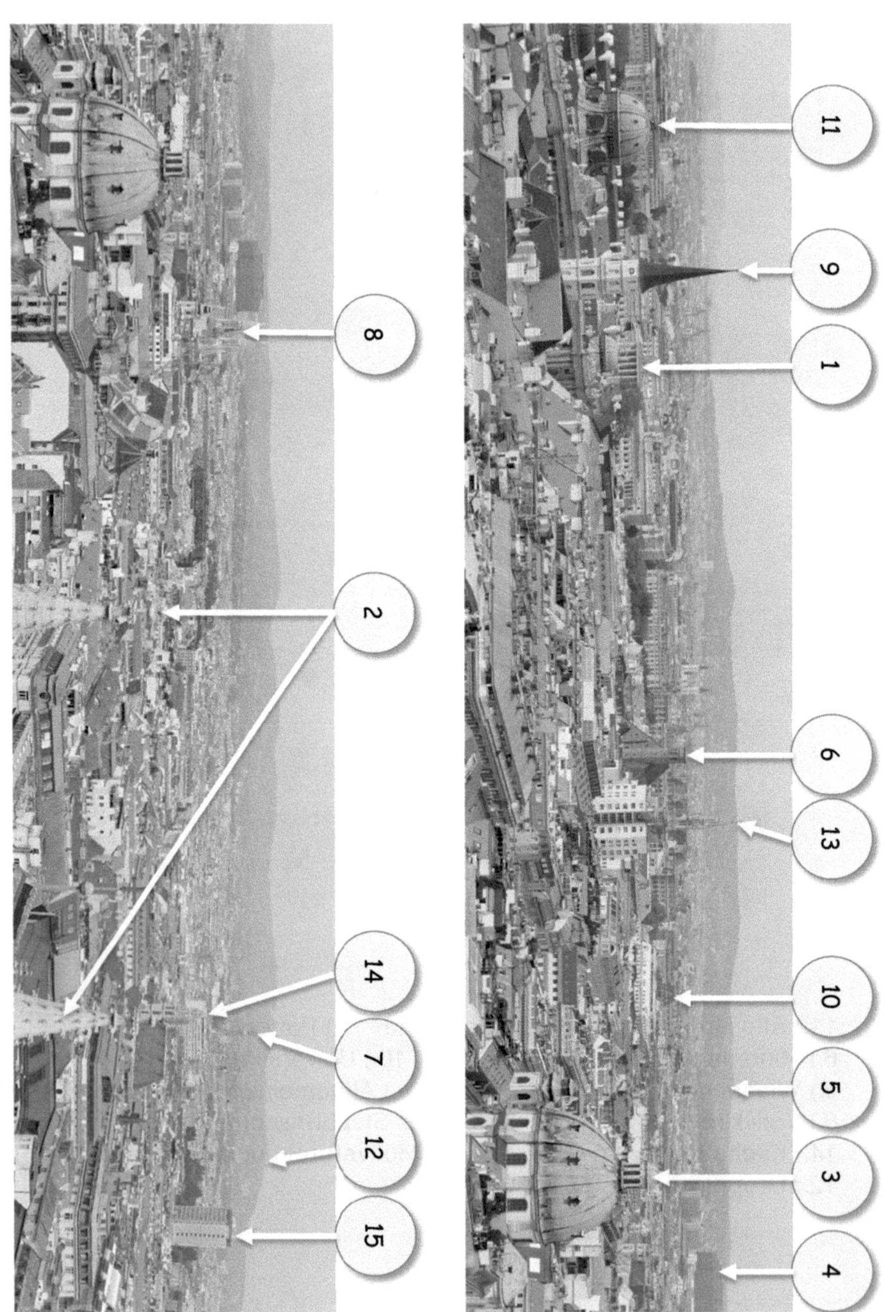

Bilder erkennen und beschriften:

11. Sehenswürdigkeiten: Bilderquiz

Welche Sehenswürdigkeiten von Wien erkennst du auf den Fotos?

Ordne die richtigen Beschriftungen den grauen Feldern unter den Bildern zu!

Schwierigere Aufgaben bei Objekten, die weniger bekannt sind, wurden mit einem schwarzen Stern gekennzeichnet. Falls du sie nicht kennst, schau bitte im Reiseführer oder im Internet nach, worum es sich dabei handeln könnte.

Sehenswürdigkeiten: Bilderquiz

Sehenswürdigkeiten: Bilderquiz

Sehenswürdigkeiten: Bilderquiz

Sehenswürdigkeiten: Bilderquiz

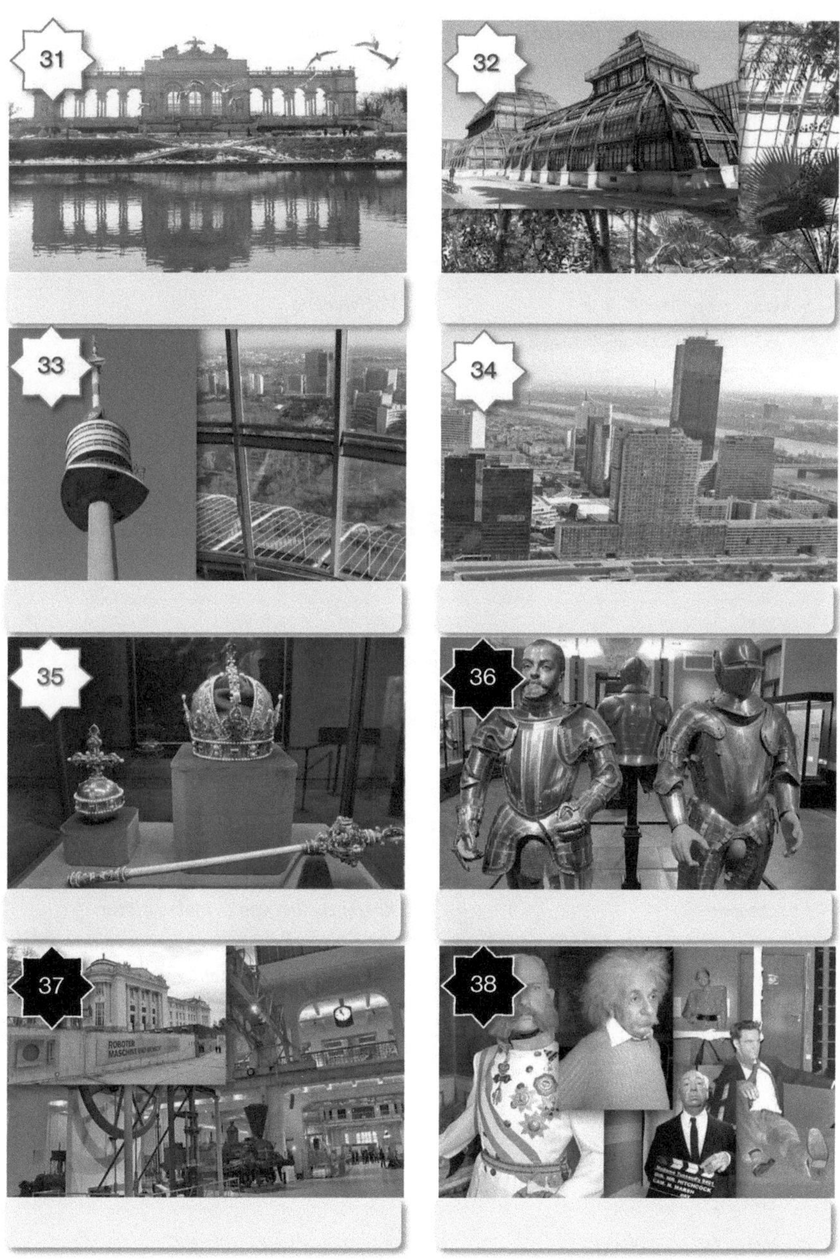

Sehenswürdigkeiten: Bilderquiz

Wachsfigurenkabinett (Prater)	Stephansdom
Naturhistorisches Museum	Minoritenkirche
Karlskirche	Haus des Meeres
Rathaus	Allgemeines Krankenhaus (AKH)
Schloss Schönbrunn	Votivkirche
Donauturm	Wiener Zentralfriedhof
Fenstergucker im Stephansdom	Technisches Museum Wien
Hofjagd- und Rüstkammer	Geisterbahn im Wurstelprater
Müllverbrennungsanlage Spittelau	Donaucity
Stadtbahnstation Karlsplatz	Hundertwasserhaus
Burgtheater	Narrenturm im Wiener AKH
Riesenrad im Prater	Otto-Wagner-Kirche am Steinhof
Schatzkammer (Hofburg)	Wiener Musikverein
Staatsoper	Krematorium von C. Holzmeister
Palmenhaus (Schönbrunn)	Vienna International Center (UNO)
Johann Strauss Denkmal	Parlament
Bundeskanzleramt (Ballhausplatz)	Kapuzinergruft (Maria Theresia)
Neue Burg	Burgtheater
Gloriette (Schönbrunn)	Karl Marx Hof

Sehenswürdigkeiten: Bilderquiz

1. Neue Burg	2. Parlament
3. Burgtheater	4. Staatsoper
5. Karl Marx Hof	6. Naturhistorisches Museum
7. Narrenturm im Wiener AKH	8. Vienna International Center (UNO)
9. Johann Strauss Denkmal	10. Müllverbrennungsanlage Spittelau
11. Riesenrad im Prater	12. Stephansdom
13. Stadtbahnstation Karlsplatz	14. Geisterbahn im Wurstelprater
15. Rathaus	16. Minoritenkirche
17. Burgtheater	18. Otto-Wagner-Kirche am Steinhof
19. Bundeskanzleramt (Ballhausplatz)	20. Hundertwasserhaus
21. Kapuzinergruft (Maria Theresia)	22. Fenstergucker im Stephansdom
23. Haus des Meeres	24. Votivkirche
25. Allgemeines Krankenhaus (AKH)	26. Wiener Musikverein
27. Karlskirche	28. Wiener Zentralfriedhof
29. Krematorium von C. Holzmeister	30. Schloss Schönbrunn
31. Gloriette (Schönbrunn)	32. Palmenhaus (Schönbrunn)
33. Donauturm	34. Donaucity
35. Schatzkammer (Hofburg)	36. Hofjagd- und Rüstkammer
37. Technisches Museum Wien	38. Wachsfigurenkabinett (Prater)

12. Berühmte Persönlichkeiten: Bilderquiz

Welche berühmten Wiener Persönlichkeiten erkennst du auf den Fotos?

Ordne die richtigen Beschriftungen den grauen Feldern unter den
Bildern zu!

Berühmte Persönlichkeiten

Berühmte Persönlichkeiten

Berühmte Persönlichkeiten

Gustav Klimt	Maria Theresia von Österreich
Kaiser Joseph II.	„Falco" (Johann Hölzel)
Dr. Bruno Kreisky	Franz Schubert
Kaiserin Elisabeth von Österreich	Wolfgang Amadeus Mozart
Friedensreich Hundertwasser	Markgraf Leopold I. (Babenberger)
Ludwig van Beethoven	Kaiser Franz Joseph. I
Dr. Karl Renner	Sigmund Freud
Theodor Herzl	Johann Strauß (Sohn)
Wolfgang Ambros	Leopold Figl (Bundeskanzler)
Nikki Lauda	Karl Lueger (Bürgermeister)
Hans Moser (Schauspieler)	Klemens Metternich (Staatsmann)

Berühmte Persönlichkeiten

1. Kaiser Franz Joseph I.

2. Wolfgang Amadeus Mozart

3. Gustav Klimt

4. Maria Theresia von Österreich

5. Kaiserin Elisabeth von Österreich

6. Friedensreich Hundertwasser

7. Ludwig van Beethoven

8. „Falco" (Johann Hölzel)

9. Dr. Karl Renner

10. Kaiser Joseph II.

11. Sigmund Freud

12. Dr. Bruno Kreisky

13. Markgraf Leopold I. (Babenberger)

14. Franz Schubert

15. Wolfgang Ambros

16. Hans Moser (Schauspieler)

17. Johann Strauß (Sohn)

18. Karl Lueger (Bürgermeister)

19. Nikki Lauda

20. Klemens Metternich (Staatsmann)

21. Theodor Herzl

22. Leopold Figl (Bundeskanzler)

13. Chronik Wien

Ordne die Bilder den richtigen Jahreszahlen und Epochen zu!

Chronik Wien

Ordne die Bilder den richtigen Jahreszahlen und Epochen zu!

10 Rudolf IV. (der Stifter)	11 Austrofaschismus	12 Johann Nepomuk Nestroy
13 Hitlers Rede am Heldenplatz	14 Österreichischer Staatsvertrag	15 Pestepidemie in Wien
16 Wiener Pestsäule	17 Bau der Donauinsel	18 Februarkämpfe (Bürgerkrieg)

Chronik Wien

Ordne die Bilder den richtigen Jahreszahlen und Epochen zu!

19 — Bau der Wiener Ringstraße

20 — Frühe Gemeindebauten

21 — Luftangriffe auf Wien

22 — Rotunde (Weltausstellung)

23 — Erste Donauregulierung

24 — Einsturz der Reichsbrücke

25 — Ringtheaterbrand (384 Tote)

26 — Prinz Eugen von Savoyen

27 — Gemälde von Gustav Klimt

Chronik Wien

Welche Jahreszahlen gehören zu den auf den Bildern dargestellten Personen, Bauwerken und Ereignissen?

Trage die Nummern der Bilder in die entsprechenden Kärtchen mit den Jahreszahlen ein!

Falls du die Jahreszahlen nicht sofort zuordnen kannst, suche bitte im Internet nach den entsprechenden Begriffen. Dort findest du auch Angaben zu den Jahreszahlen und geschichtlichen Epochen.

Folgende Jahreszahlen stehen für die 27 Bilder zur Auswahl:

1200 Bild Nr.	1933 – 1938 Bild Nr.	1717 – 1780 Bild Nr.	1801 – 1862 Bild Nr.
1720 – 1723 Bild Nr.	1679 Bild Nr.	121 – 180 Bild Nr.	1769 – 1821 Bild Nr.
1679 Bild Nr.	1529 Bild Nr.	1938 Bild Nr.	1218 – 1291 Bild Nr.
1943 – 1945 Bild Nr.	1. bis 5. Jhdt. Bild Nr.	1569 Bild Nr.	1339 – 1365 Bild Nr.
1873 Bild Nr.	1955 Bild Nr.	1870er Jahre Bild Nr.	1901 Bild Nr.
1860er – 1890er Bild Nr.	1881 Bild Nr.	1972 – 1988 Bild Nr.	1920er Jahre Bild Nr.
1663 – 1736 Bild Nr.	1934 Bild Nr.	1976 Bild Nr.	

Chronik Wien

Welchen geschichtlichen Epochen sind die auf den Bildern dargestellten Personen, Bauwerke und Ereignisse zuzuordnen?

Trage die Nummern der Bilder in die entsprechenden Felder mit den historischen Epochen ein!

Folgende Epochen stehen für die 27 Bilder zur Auswahl:

Römisches Reich (Antike) *8. Jh. v. Chr. bis 5. Jahrhundert*	**Hoch- und Spätmittelalter (Gotik)** *11. - 15. Jahrhundert*
Frühe Neuzeit (Renaissance) *16. - 17. Jahrhundert*	**Absolutismus, Aufklärung (Barock)** *17. - 18. Jahrhundert*
Industrialisierung *19. Jahrhundert*	**Zwischenkriegszeit (Erste Republik)** *1918 - 1938*
Nationalsozialismus / 2. Weltkrieg *1938 – 1945*	**Zweite Republik** *Seit 1945*

Chronik Wien

Welche Jahreszahlen gehören zu den auf den Bildern dargestellten Personen, Bauwerken und Ereignissen?

Trage die Nummern der Bilder in die entsprechenden Kärtchen mit den Jahreszahlen ein! Falls du die Jahreszahlen nicht sofort zuordnen kannst, suche bitte im Internet nach den entsprechenden Begriffen. Dort findest du auch Angaben zu den Jahreszahlen und geschichtlichen Epochen.

Folgende Jahreszahlen stehen für die 27 Bilder zur Auswahl:

1200 *Bild Nr. 3*	1933 - 1938 *Bild Nr. 11*	1717 - 1780 *Bild Nr. 4*	1801 - 1862 *Bild Nr. 12*
1720 - 1723 *Bild Nr. 1*	1679 *Bilder Nr. 15, 16*	121 - 180 *Bild Nr. 2*	1769 - 1821 *Bild Nr. 5*
1679 *Bilder Nr. 15, 16*	1529 *Bild Nr. 7*	1938 *Bild Nr. 13*	1218 - 1291 *Bild Nr. 9*
1943 - 1945 *Bild Nr. 21*	1. bis 5. Jhdt. *Bild Nr. 6*	1569 *Bild Nr. 8*	1339 - 1365 *Bild Nr. 10*
1873 *Bild Nr. 22*	1955 *Bild Nr. 14*	1870er Jahre *Bild Nr. 23*	1901 *Bild Nr. 27*
1860er - 1890er *Bild Nr. 19*	1881 *Bild Nr. 25*	1972 - 1988 *Bild Nr. 17*	1920er Jahre *Bild Nr. 20*
1663 - 1736 *Bild Nr. 26*	1934 *Bild Nr. 18*	1976 *Bild Nr. 24*	

1. Belvedere (1720–1723);   **2.** Marc Aurel (121 – 180);   **3.** Ruprechtskirche (1200);
4. Maria Theresia (1717 – 1780);   **5.** Napoleon Bonaparte 1769 – 182;
6. Vindobona (1. bis 5. Jahrhundert);   **7.** Erste Türkenbelagerung (1529);
8. Schloss Neugebäude (1569);   **9.** Rudolf von Habsburg (1218 - 1291);
10. Rudolf IV. (der Stifter) (1339 - 1365);   **11.** Austrofaschismus (1933 - 1938);
12. Johann Nepomuk Nestroy (1801 - 1862);   **13.** Hitlers Rede am Heldenplatz (1938);
14. Österreichischer Staatsvertrag (1955);   **15.** Pestepidemie in Wien (1679);
16. Wiener Pestsäule (1679);   **17.** Bau der Donauinsel (1972 - 1988);
18. Februarkämpfe (1934);   **19.** Bau der Wiener Ringstraße (1860er bis 1890er Jahre);
20. Frühe Gemeindebauten (1920er Jahre);   **21.** Luftangriffe auf Wien (1943 - 1945);
22. Rotunde (Weltausstellung) (1873);   **23.** Erste Donauregulierung (1870er Jahre);
24. Einsturz der Reichsbrücke (1976);   **25.** Ringtheaterbrand 1881;
26. Prinz Eugen von Savoyen (1663 - 1736);   **27.** Judith I - Gemälde von Gustav Klimt (1901).

Chronik Wien

Welchen geschichtlichen Epochen sind die auf den Bildern dargestellten Personen, Bauwerke und Ereignisse zuzuordnen?

Trage die Nummern der Bilder in die entsprechenden Felder mit den historischen Epochen ein!

Folgende Epochen stehen für die 27 Bilder zur Auswahl:

Römisches Reich (Antike)	Hoch- und Spätmittelalter (Gotik)
8. Jh. v. Chr. bis 5. Jahrhundert	*11. - 15. Jahrhundert*
Bilder NR.	Bilder NR.
2, 6	*3, 9, 10*
Frühe Neuzeit (Renaissance)	**Absolutismus, Aufklärung (Barock)**
16. - 17. Jahrhundert	*17. - 18. Jahrhundert*
Bilder NR.	Bilder NR.
7, 8	*1, 4, 5, 15, 16, 26*
Industrialisierung, Urbanisierung	**Zwischenkriegszeit (Erste Republik)**
19. – 20. Jahrhundert	*1918 – 1938*
Bilder NR.	Bilder NR.
12, 19, 22, 23, 25, 27	*11, 18, 20*
Nationalsozialismus / 2. Weltkrieg	**Zweite Republik**
1938 – 1945	*Seit 1945*
Bilder NR.	Bilder NR.
13, 21	*14, 17, 24*

14. Wien: Kreuzworträtsel

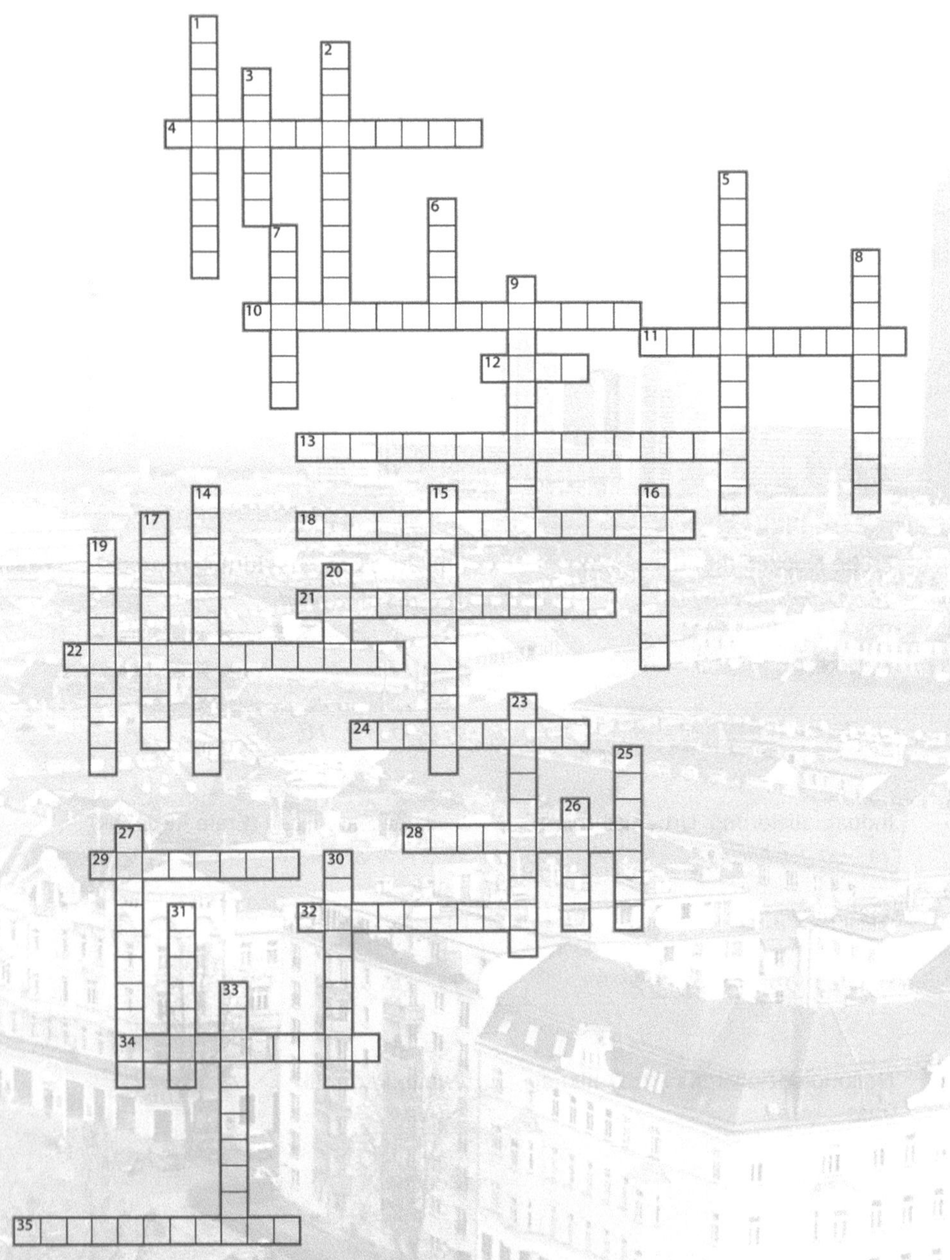

Wien: Kreuzworträtsel

Zeilen

4. Zweiter Wiener Gemeindebezirk
10. Älteste Kirche Wiens
11. Regulierter Donauarm I nahe dem Stadtzentrum
12. Erster Bundeskanzler der Zweiten Republik. Als Außenminister unterzeichnete er den Staatsvertrag (Nachname).
13. Bunte und ungewöhnliche Wohnhausanlage mit Pflanzen auf den Dächern nach dem Konzept eines berühmten modernen Künstlers
18. Größte Friedhofsanlage Wiens mit Ehrengräbern und Jugendstil-Bauwerken
21. Bedeutendste Brücke Wiens über die Donau, die nach ihrem Einsturz 1976 neu gebaut wurde
22. Überregional bekannter Vergnügungspark in Wien
24. Architekt und Werkmeister der Gotik sowie Leiter der Dombauhütte von Sankt Stephan
28. Römisches Legionslager, Militärsiedlung und Zivilstadt im Bereich der Inneren Stadt
29. Komponist aus der Zeit des Biedermeier (Nachname)
32. Bunker zur Flugabwehr aus der Zeit des Zweiten Weltkrieges. In einem davon ist heute das Haus des Meeres untergebracht (Mehrzahl)
34. Weltweit erste Psychiatrische Klinik, gebaut unter Kaiser Joseph II. am Gelände des Allgemeinen Krankenhauses
35. Kathedrale im ersten Wiener Gemeindebezirk

Spalten

1. Großes Pflanzenhaus im Schönbrunner Schlosspark aus der Zeit von Kaiser Franz Joseph I.
2. Zeitspanne und Stilepoche vom Ende des Wiener Kongresses 1815 bis zum Beginn der bürgerlichen Revolution 1848
3. Vorort von Wien und Schauplatz einer Schlacht gegen Napoleon (heute im 22. Gemeindebezirk)
5. Architektonisch beachtliches Bankgebäude aus der Zeit des Jugendstils nach Plänen von Otto Wagner
6. Nachname eines berühmten Malers aus der Epoche des Jugendstils
7. Gewaltiger Kuppelbau, der anlässlich der Weltausstellung 1873 im Wiener Prater errichtet wurde und 1937 einem Großbrand zum Opfer fiel.
8. Erholungsgebiet und Hochwasserschutz entlang der Donau (21 Kilometer lang)
9. Alte Pferderasse an der Spanischen Hofreitschule in Wien
14. Bedeutendes hochmittelalterliches Markgrafen- und Herzogsgeschlecht (976 bis 1246)
15. Größte Barockkirche Wiens, erbaut unter Kaiser Karl VI. durch den Architekten J. B. Fischer von Erlach
16. Bundeskanzler aus der Zeit des Austrofaschismus in der Zwischenkriegszeit, ermordet 1934 im Bundeskanzleramt (Nachname)
17. Vereinigung bildender Künstler in Wien aus der Zeit des Jugendstils
19. Höchstes Bauwerk Wiens
20. Seuche, der im 17. Jahrhundert etwa 12.000 Wiener zum Opfer fielen
23. Unterirdischer Gewölbekomplex unter dem Stephansdom (Begräbnisstätte)
25. Komponist des Donauwalzers (Nachname)
26. Au-Landschaft und Teil des Nationalparks Donauauen
27. Barocke Sommerresidenz der Habsburger von der Mitte des 18. Jahrhunderts bis zum Ende des Ersten Weltkrieges
30. Großes barockes Schloss des Prinzen Eugen von Savoyen
31. Winterresidenz des Kaiserhauses in der Inneren Stadt
33. Ausgedehntes Wald- und Erholungsgebiet im Westen Wiens

Wien: Kreuzworträtsel

Zeilen

4. **LEOPOLDSTADT**: Zweiter Wiener Gemeindebezirk
10. **RUPRECHTSKIRCHE**: Älteste Kirche Wiens
11. **DONAUKANAL**: Regulierter Donauarm nahe dem Stadtzentrum
12. **FIGL**: Erster Bundeskanzler der Zweiten Republik. Als Außenminister unterzeichnete er den Staatsvertrag (Nachname).
13. **HUNDERTWASSERHAUS**: Bunte und ungewöhnliche Wohnhausanlage mit Pflanzen auf den Dächern nach dem Konzept eines berühmten modernen Künstlers
18. **ZENTRALFRIEDHOF**: Größte Friedhofsanlage Wiens mit Ehrengräbern und Jugendstil-Bauwerken
21. **REICHSBRÜCKE**: Bedeutendste Brücke Wiens über die Donau, die nach ihrem Einsturz 1976 neu gebaut wurde
22. **WURSTELPRATER**: Überregional bekannter Vergnügungspark in Wien
24. **PUCHSBAUM**: Architekt und Werkmeister der Gotik sowie Leiter der Dombauhütte von Sankt Stephan
28. **VINDOBONA**: Römisches Legionslager, Militärsiedlung und Zivilstadt im Bereich der Inneren Stadt
29. **SCHUBERT**: Komponist aus der Zeit des Biedermeier (Nachname)
32. **FLAKTÜRME**: Bunker zur Flugabwehr aus der Zeit des Zweiten Weltkrieges. In einem davon ist heute das Haus des Meeres untergebracht (Mehrzahl)
34. **NARRENTURM**: Weltweit erste Psychiatrische Klinik, gebaut unter Kaiser Joseph II. am Gelände des Allgemeinen Krankenhauses
35. **STEPHANSDOM**: Kathedrale im ersten Wiener Gemeindebezirk

Spalten

1. **PALMENHAUS**: Großes Pflanzenhaus im Schönbrunner Schlosspark aus der Zeit von Kaiser Franz Joseph I.
2. **BIEDERMEIER**: Zeitspanne und Stilepoche vom Ende des Wiener Kongresses 1815 bis zum Beginn der bürgerlichen Revolution 1848
3. **ASPERN**: Vorort von Wien und Schauplatz einer Schlacht gegen Napoleon (heute im 22. Gemeindebezirk)
5. **POSTSPARKASSE**: Architektonisch beachtliches Bankgebäude aus der Zeit des Jugendstils nach Plänen von Otto Wagner
6. **KLIMT**: Nachname eines berühmten Malers aus der Epoche des Jugendstils
7. **ROTUNDE**: Gewaltiger Kuppelbau, der anlässlich der Weltausstellung 1873 im Wiener Prater errichtet wurde und 1937 einem Großbrand zum Opfer fiel.
8. **DONAUINSEL**: Erholungsgebiet und Hochwasserschutz entlang der Donau (21 Kilometer lang)
9. **LIPIZZANER**: Alte Pferderasse an der Spanischen Hofreitschule in Wien
14. **BABENBERGER**: Bedeutendes hochmittelalterliches Markgrafen- und Herzogsgeschlecht (976 bis 1246)
15. **KARLSKIRCHE**: Größte Barockkirche Wiens, erbaut unter Kaiser Karl VI. durch den Architekten J. B. Fischer von Erlach
16. **DOLLFUß**: Bundeskanzler aus der Zeit des Austrofaschismus in der Zwischenkriegszeit, ermordet 1934 im Bundeskanzleramt (Nachname)
17. **SECESSION**: Vereinigung bildender Künstler in Wien aus der Zeit des Jugendstils
19. **DONAUTURM**: Höchstes Bauwerk Wiens
20. **PEST**: Seuche, der im 17. Jahrhundert etwa 12.000 Wiener zum Opfer fielen
23. **KATAKOMBEN**: Unterirdischer Gewölbekomplex unter dem Stephansdom (Begräbnisstätte)
25. **STRAUSS**: Komponist des Donauwalzers (Nachname)
26. **LOBAU**: Au-Landschaft und Teil des Nationalparks Donauauen
27. **SCHÖNBRUNN**: Barocke Sommerresidenz der Habsburger von der Mitte des 18. Jahrhunderts bis zum Ende des Ersten Weltkrieges
30. **BELVEDERE**: Großes barockes Schloss des Prinzen Eugen von Savoyen
31. **HOFBURG**: Winterresidenz des Kaiserhauses in der Inneren Stadt
33. **WIENERWALD**: Ausgedehntes Wald- und Erholungsgebiet im Westen Wiens

15. Stadtplan lesen – Gebäude finden

Ordne den Sehenswürdigkeiten auf den Kärtchen die richtigen Bauwerke im Stadtplan zu! Schreibe die richtigen Buchstaben in die kreisförmigen Felder neben den Namen der Sehenswürdigkeiten!

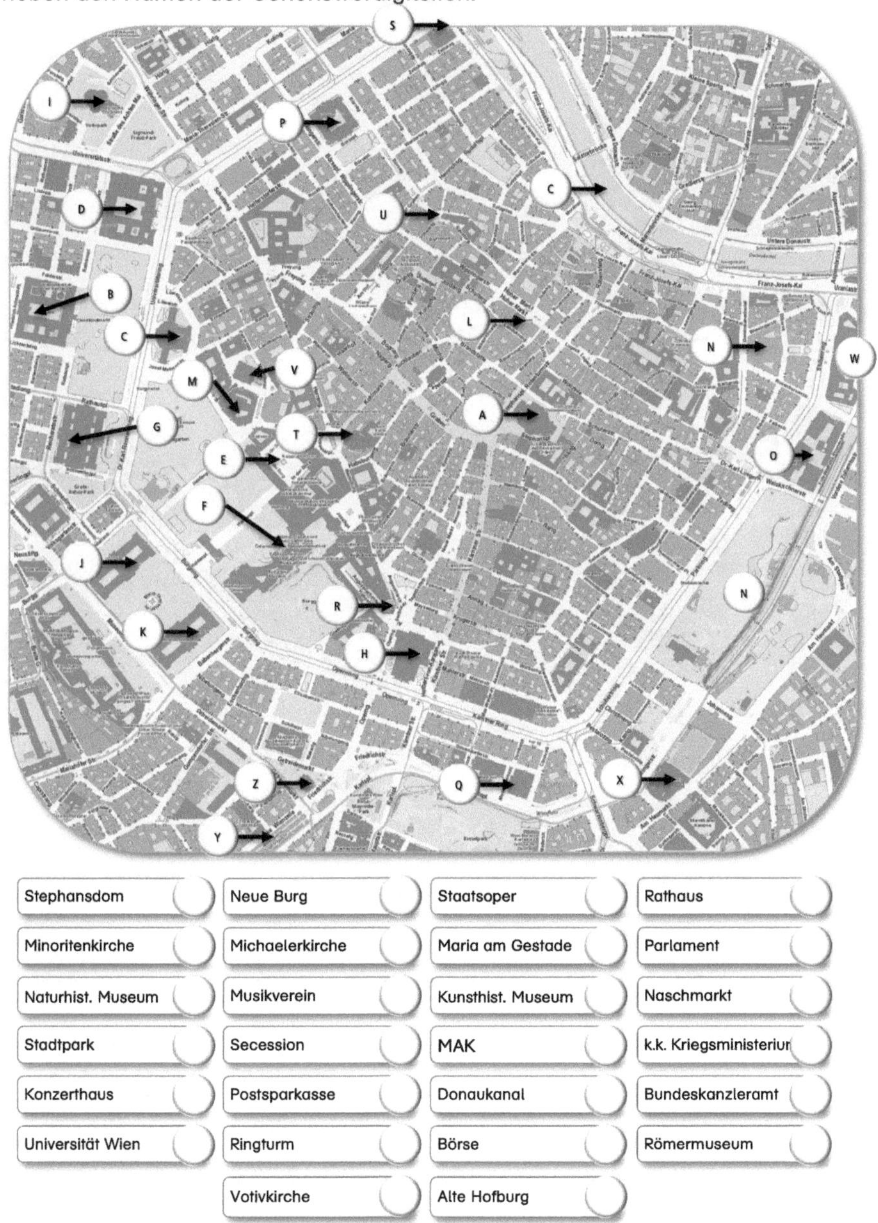

Stephansdom	Neue Burg	Staatsoper	Rathaus
Minoritenkirche	Michaelerkirche	Maria am Gestade	Parlament
Naturhist. Museum	Musikverein	Kunsthist. Museum	Naschmarkt
Stadtpark	Secession	MAK	k.k. Kriegsministerium
Konzerthaus	Postsparkasse	Donaukanal	Bundeskanzleramt
Universität Wien	Ringturm	Börse	Römermuseum
	Votivkirche	Alte Hofburg	

Stadtplan lesen – Gebäude finden

Ordne den Sehenswürdigkeiten auf den Kärtchen die richtigen Bauwerke im Stadtplan zu! Schreibe die richtigen Buchstaben in die kreisförmigen Felder neben den Namen der Sehenswürdigkeiten!

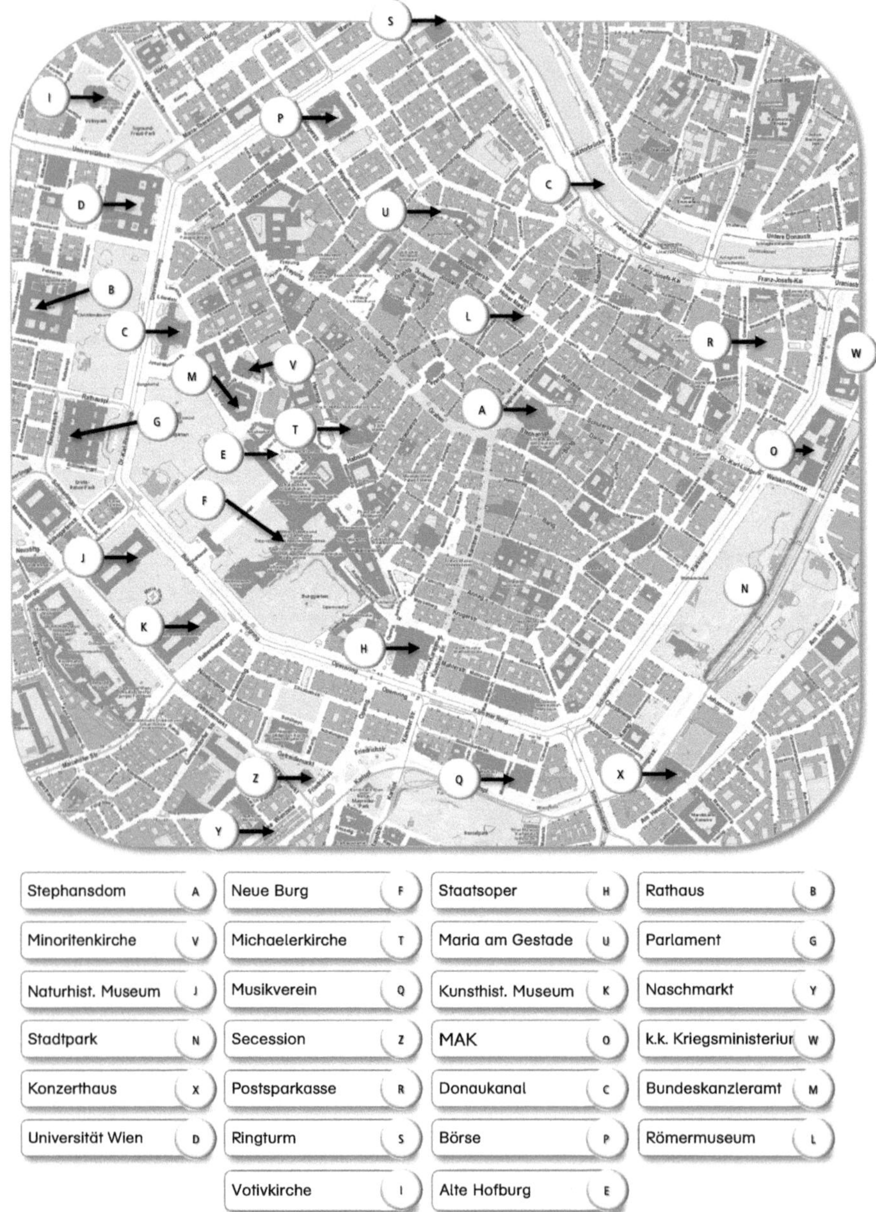

Stephansdom A	Neue Burg F	Staatsoper H	Rathaus B
Minoritenkirche V	Michaelerkirche T	Maria am Gestade U	Parlament G
Naturhist. Museum J	Musikverein Q	Kunsthist. Museum K	Naschmarkt Y
Stadtpark N	Secession Z	MAK O	k.k. Kriegsministerium W
Konzerthaus X	Postsparkasse R	Donaukanal C	Bundeskanzleramt M
Universität Wien D	Ringturm S	Börse P	Römermuseum L
	Votivkirche I	Alte Hofburg E	

16. Das Parlamentsgebäude: Rätselseiten

Ordne die Nummern auf dem Plan der jeweils richtigen Karte zu und beschreibe auf der Karte in wenigen Schlagworten, was dir dazu einfällt!

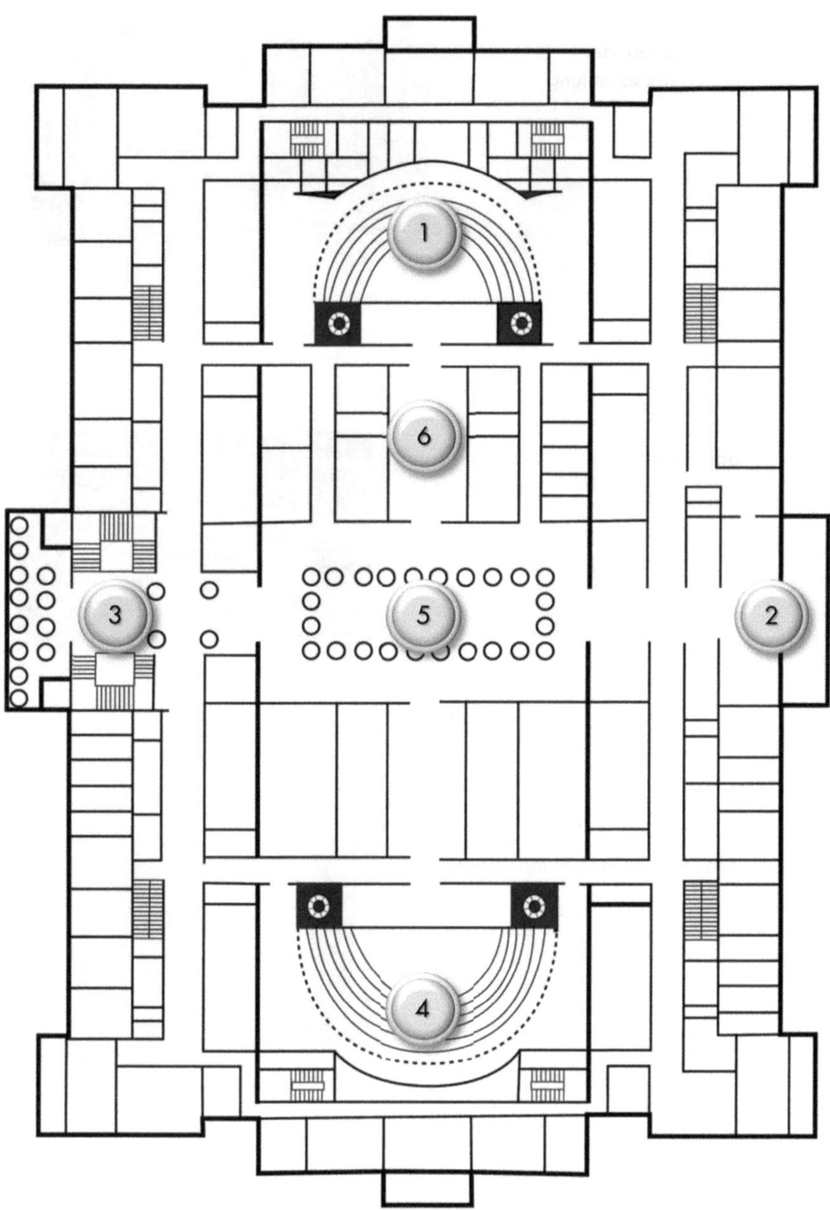

Das Parlamentsgebäude: Rätselseiten

Ordne die Nummern auf dem Plan der jeweils richtigen Karte zu und beschreibe auf der Karte in wenigen Schlagworten, was dir dazu einfällt!

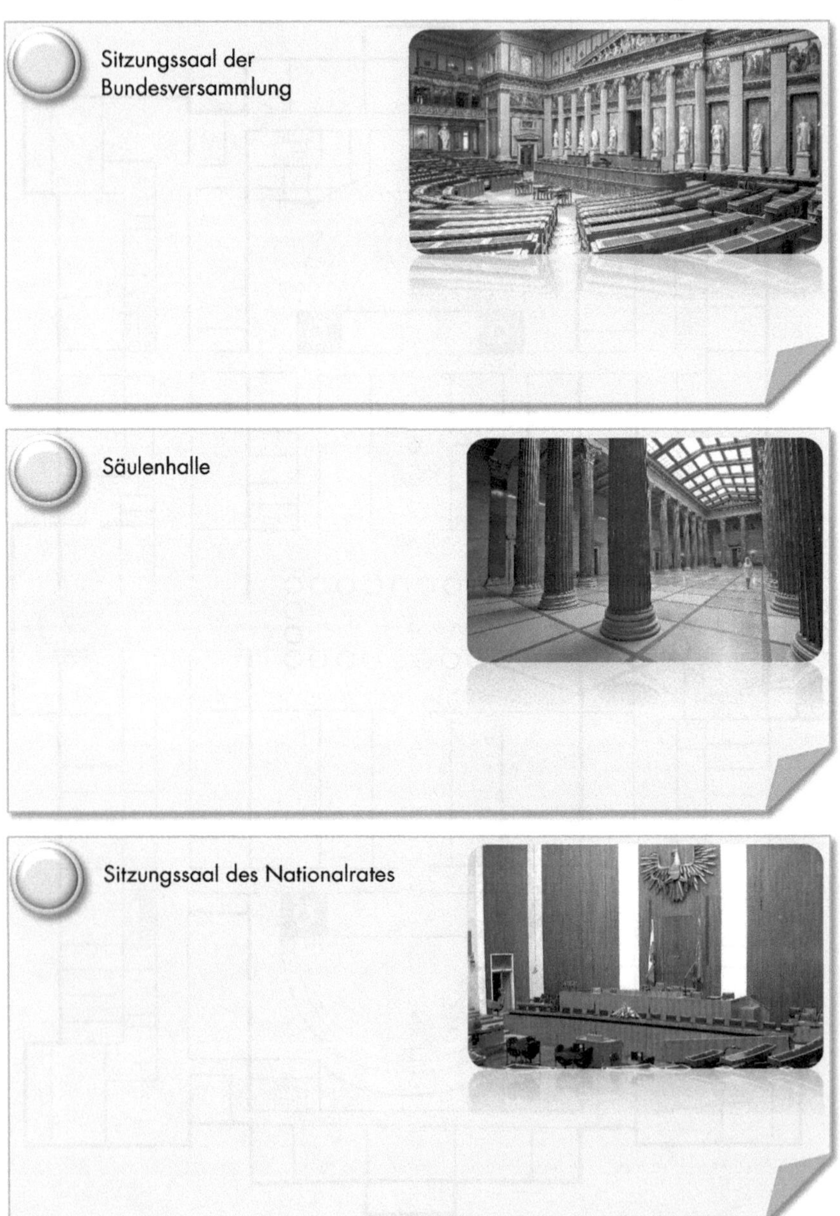

Sitzungssaal der Bundesversammlung

Säulenhalle

Sitzungssaal des Nationalrates

Das Parlamentsgebäude: Rätselseiten

Ordne die Nummern auf dem Plan der jeweils richtigen Karte zu und beschreibe auf der Karte in wenigen Schlagworten, was dir dazu einfällt!

Vestibül mit Friesgemälde

Sitzungssaal des Bundesrates

Budgetsaal

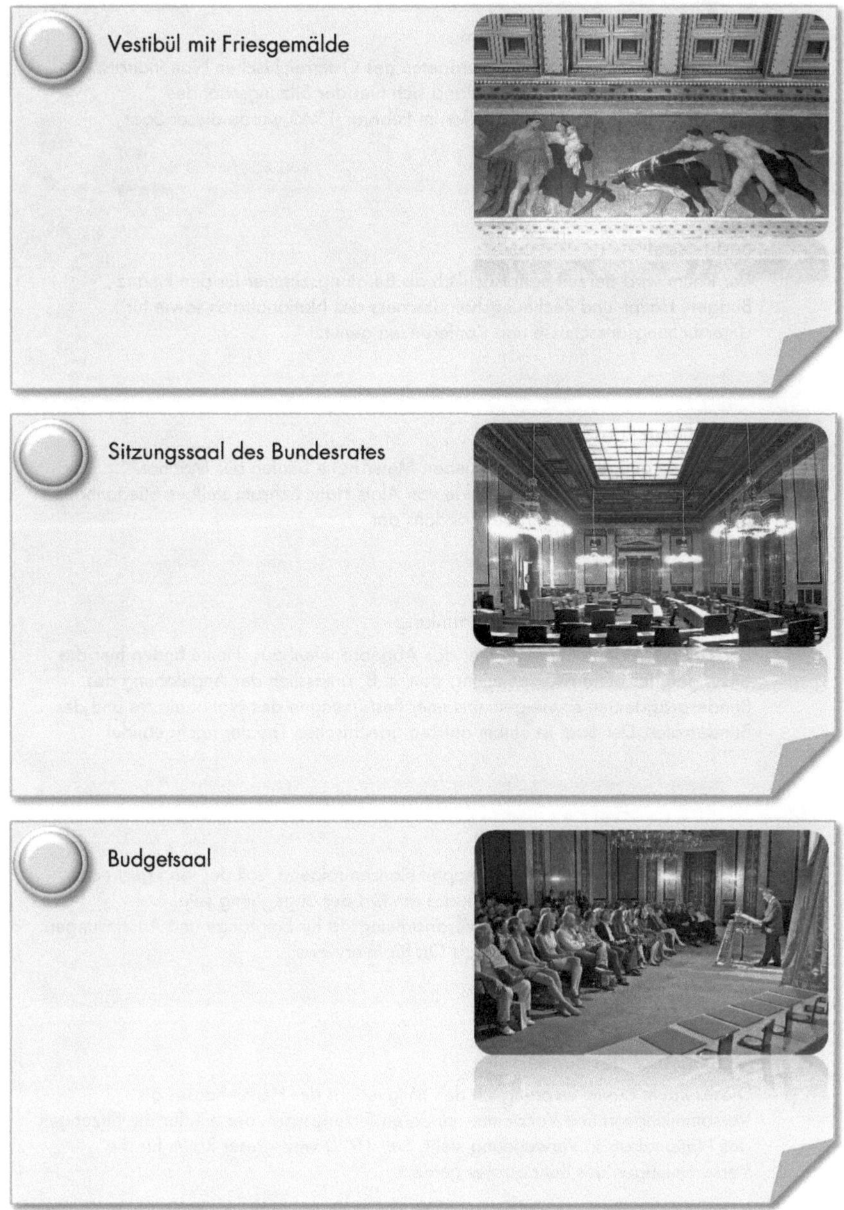

Das Parlamentsgebäude: Rätselseiten

Ordne die Nummern auf dem Plan der jeweils richtigen Karte zu und beschreibe auf
der Karte in wenigen Schlagworten, was dir dazu einfällt!

Sitzungssaal des Nationalrates

Heute tagen hier die 183 Abgeordneten des Österreichischen Nationalrats.
Zu Zeiten der k.k. Monarchie befand sich hier der Sitzungssaal des
Herrenhauses. Durch Bombentreffer im Februar 1945 wurde dieser Saal
vollkommen zerstört.

Budgetsaal

Der Raum wird derzeit hauptsächlich als Beratungszimmer für den Finanz-,
Budget-, Haupt- und Rechnungshofausschuss des Nationalrates sowie für
Untersuchungsausschüsse und Konferenzen genutzt.

Vestibül mit Friesgemälde

Im Vestibül befinden sich sechs sieben Meter hohe Säulen aus Marmor.
Ein rundum laufendes Friesgemälde von Alois Hans Schram stellt im Stiegenhaus
die materiellen Segnungen des Friedens dar.

Sitzungssaal der Bundesversammlung

Zur Zeit der Monarchie tagte hier das Abgeordnetenhaus. Heute finden hier die
Sitzungen der Bundesversammlung statt, z. B. anlässlich der Angelobung des
Bundespräsidenten sowie gemeinsamer Festsitzungen des Nationalrates und des
Bundesrates. Der Saal ist einem antiken griechischen Theater nachgebildet.

Säulenhalle

Der Bau-Idee des Architekten Theophil Hansen folgend, soll der lang gestreckte
Zentralraum des Parlamentsgebäudes ein Ort der Begegnung sein.
Heute dient die Säulenhalle als Veranstaltungsort für Empfänge und Ausstellungen.
PolitikerInnen wählen sie gerne als Ort für Interviews.

Sitzungssaal des Bundesrates

Dieser Raum diente ursprünglich den Mitgliedern des Herrenhauses als
Versammlungsort und Vorzimmer zu deren Sitzungssaal, der nun für die Sitzungen
des Nationalrats in Verwendung steht. Seit 1920 wird dieser Raum für die
Versammlungen des Bundesrates genutzt.

Das Parlamentsgebäude: Rätselseiten

Das Parlamentsgebäude und seine nähere Umgebung werden von zahlreichen Figuren und Szenen aus der Antike bevölkert. Gehe um das Gebäude herum, recherchiere im Internet und versuche, die Details zu benennen!

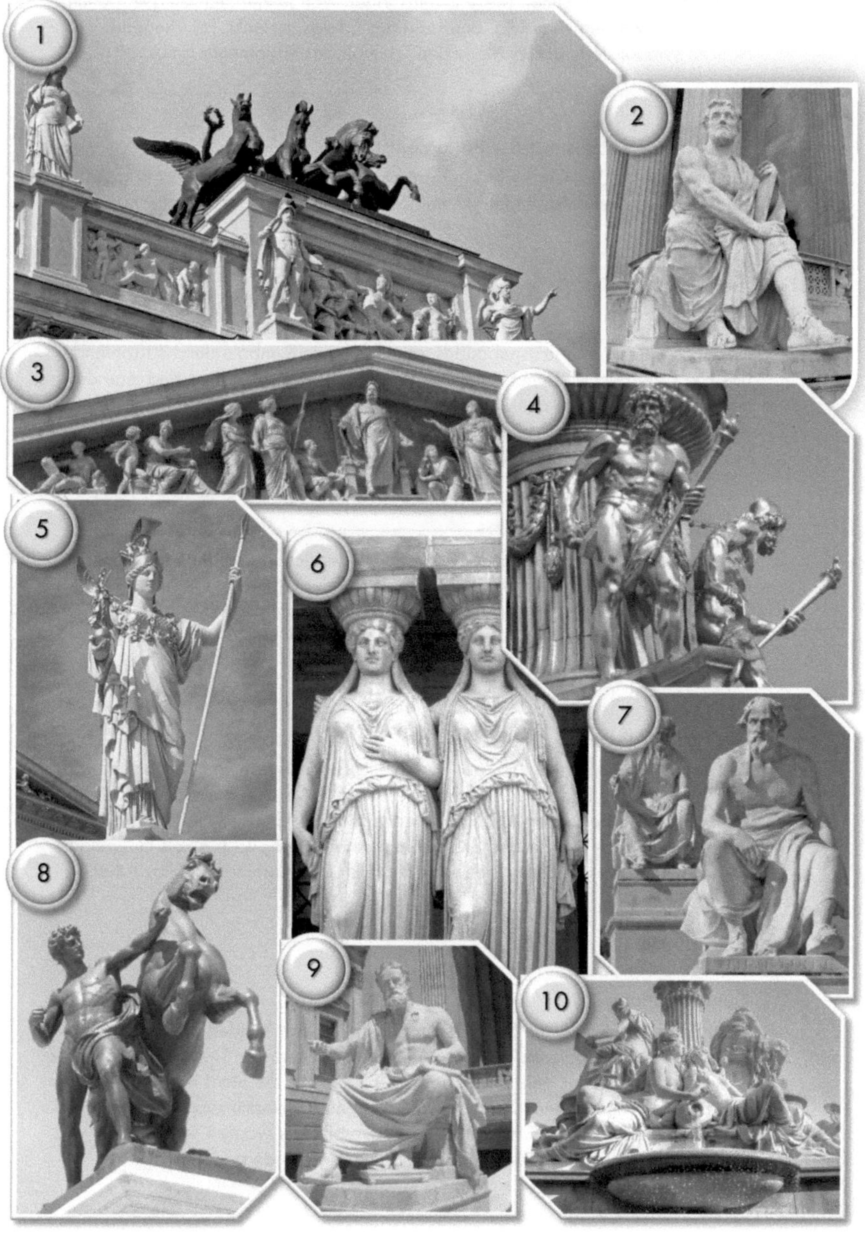

Das Parlamentsgebäude: Rätselseiten

Die Quadrigen
Auf dem Dach ragen jeweils links und rechts des Haupteingangs vier bronzene Quadrigen in den Himmel. Diese zweirädrigen, von je vier Pferden gezogenen Streitwagen werden von Nike, der Botin des Erfolgs, gelenkt. Für Theophil Hansen symbolisierte dieses Motiv den Triumph des Parlamentarismus.

Skulptur des Tacitus auf der Parlamentsrampe
Tacitus (58 – 120 n. Chr.) war ein römischer Historiker und Senator. Er galt als einer der bedeutendsten Redner seiner Zeit und verfasste mehrere geschichtliche Werke.

Der Giebel
Der Giebel des Parlamentsgebäudes zeigt bis heute Symbole der 14 Kronländer des k.k. Österreichs. Gemeint sind die Kronländer ab 1867. Das sind jene der westlichen Reichshälfte der Österreichisch-Ungarischen Monarchie. In der Mitte des Reliefs steht Kaiser Franz Joseph I. als römischer Imperator.

Die Gesellen des Hephaistos
Hephaistos ist in der griechischen Mythologie der Schutzgott der Schmiedekunst, der gemeinsam mit seinen Gehilfen die Waffen der Götter fertigte.
Der Architekt Theophil Hansen wählte dieses Motiv, um die notwendig gewordenen Schornsteine zu verzieren.

Die Pallas Athene
Der Pallas-Athene-Brunnen vor der Parlamentsrampe wurde von Theophil Hansen 1870 als Teil des Parlament-Ensembles entworfen. Mit den Bauarbeiten wurde aber erst 1898 begonnen – 15 Jahre, nachdem das Gebäude fertiggestellt worden war. Ursprünglich war für den Brunnen eine Statue der „Austria" als Hauptfigur vorgesehen gewesen. Diese Idee wurde jedoch zu Gunsten der Pallas Athene verworfen.

Die Karyatiden
Karyatiden sind weibliche Stützfiguren, die im 19. Jahrhundert überaus beliebt waren. Ihre mythologische Herkunft ist umstritten. Nach der Theorie des römischen Schriftstellers Vitruvius geht der Name Karyatiden auf die Stadt Karyai in Lakonien zurück. Die Frauen dieses Ortes sollen wegen ihrer Unterstützung des persischen Feindes verhaftet und zu öffentlicher Arbeit verpflichtet worden sein. Als Hinweis auf ihre Dienstbarkeit wurden sie am Parlamentsgebäude angebracht.

Das Parlamentsgebäude: Rätselseiten

7 Thukydides von Athen (zwischen 460 und 454 bis circa 404 v. Chr.)

Auf der linken Rampenauffahrt zum Haupteingang begegnet man einer Gruppe von vier Sitzplastiken griechischer Historiker aus Marmor. Die erste, rechte Figur stellt den Athener Geschichtsschreiber Thukydides dar. Er wollte mit seiner "Geschichte des Peloponnesischen Krieges" nicht nur unterhalten, sondern dachte bereits über geeignete Methoden für die Arbeit von Historikern nach. Insofern gilt Thukydides als Begründer der wissenschaftlichen Geschichtsschreibung.

8 Die Rossebändiger

Die vier Standbilder an den unteren Enden der Auffahrtsrampe zum Parlamentsgebäude werden als "Rossebändiger" bezeichnet.
Sie werden als Symbol für die Bezähmung der Leidenschaften bzw. Zügelung der Emotionen gedeutet. Die Abgeordneten sollten ihre unterschiedlichen Auffassungen mit Argumenten und nicht durch Hass oder Mittel der Gewalt überwinden.

9 Xenophon

Auf dem Plateau vor dem Haupteingang, von der Ringstraße aus links gesehen, sitzen die griechischen Geschichtsschreiber Thukydides, Polybios und Xenophon. Xenophon gilt heute primär als Historiker, zählte aber auch zu den bedeutendsten Schriftstellern seiner Zeit. Sein Werk ist ebenso umfangreich wie mannigfaltig und es gibt kaum ein antikes Thema, dessen er sich nicht angenommen hat.

10 Die Flussgötter des Athene-Brunnens

Zu Füßen der Pallas Athene am großen Brunnen vor dem Parlamentsgebäude befinden sich zwei Skulpturenpaare. Sie stellen die vier Hauptflüsse der Monarchie dar. Ein Mann und eine Frau, der Ringstraße zugewandt, verkörpern Inn und Donau. Zwei Frauen, zum Parlamentsgebäude blickend, repräsentieren die Flüsse Elbe und Moldau.

Das Parlamentsgebäude: Rätselseiten

Beantworte die Fragen auf den Kärtchen und vergleiche sie danach mit den Antworten auf dem Lösungsblatt!

Foto des Parlamentsgebäudes vor dem Jahr 1898

1 Wie hieß jener berühmte Architekt, der das Parlamentsgebäude entworfen hat?

Wann wurde das Parlamentsgebäude eröffnet?

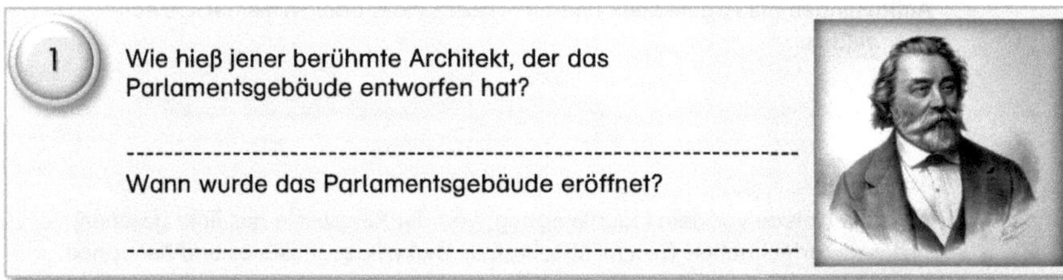

2 Wie hieß das Parlament zur Zeit der Monarchie und aus welchen beiden Kammern bestand es?

Welche Kammer tagte damals in diesem heute noch gut erhaltenen, prunkvollen Sitzungssaal? (Foto 1902)

----

3 Welche beiden Kammern sind heute im Parlamentsgebäude untergebracht?

Wie viele Abgeordnete hat jene Kammer, in welcher die gewählten Mandatare ihre Sitzungen abhalten?

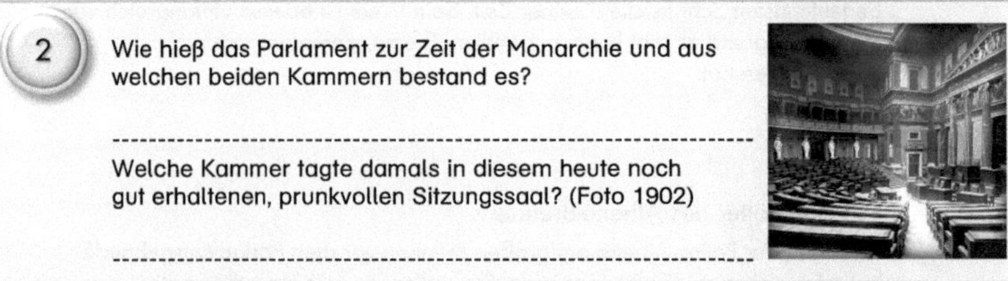

Wie viele Mitglieder hat jene Kammer, welche die Interessen der Bundesländer vertritt?

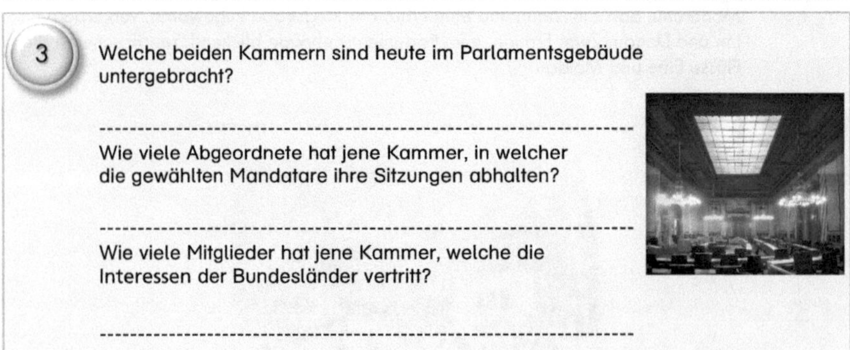

Das Parlamentsgebäude: Rätselseiten

Beantworte die Fragen auf den Kärtchen und vergleiche sie danach mit den Antworten auf dem Lösungsblatt!

Foto des Parlamentsgebäudes vor dem Jahr 1898

1 Wie hieß jener berühmte Architekt, der das Parlamentsgebäude entworfen hat?

Theophil Hansen

Wann fand die erste Sitzung statt?

Am 4. Dezember 1883

2 Wie hieß das Parlament zur Zeit der Monarchie und aus welchen beiden Kammern bestand es?

Der Reichsrat aus Abgeordnetenhaus und Herrenhaus

Welche Kammer tagte damals in diesem heute noch gut erhaltenen, prunkvollen Sitzungssaal? (Foto 1902)

Das Herrenhaus

3 Welche zwei gesetzgebenden Kammern sind heute im Parlamentsgebäude untergebracht?

Der Nationalrat und der Bundesrat

Wie viele Abgeordnete hat jene Kammer, in welcher die gewählten Mandatare ihre Sitzungen abhalten?

Der Nationalrat hat 183 Abgeordnete.

Wie viele Mitglieder hat jene Kammer, welche die Interessen der Bundesländer vertritt?

Der Bundesrat hat 61 Mitglieder.

17. Schönbrunn – Schlosspark: Rätselrally

Gleich kannst du losstarten mit einer spannenden Rätselrally zu den vielen Sehenswürdigkeiten, die der Schlosspark von Schönbrunn zu bieten hat.
Der Start ist der Haupteingang vor dem Schloss, das Ziel ist der Ausgang beim Hietzinger Tor.

Lies die Fragen genau durch und schreib die Antworten auf die Kärtchen!

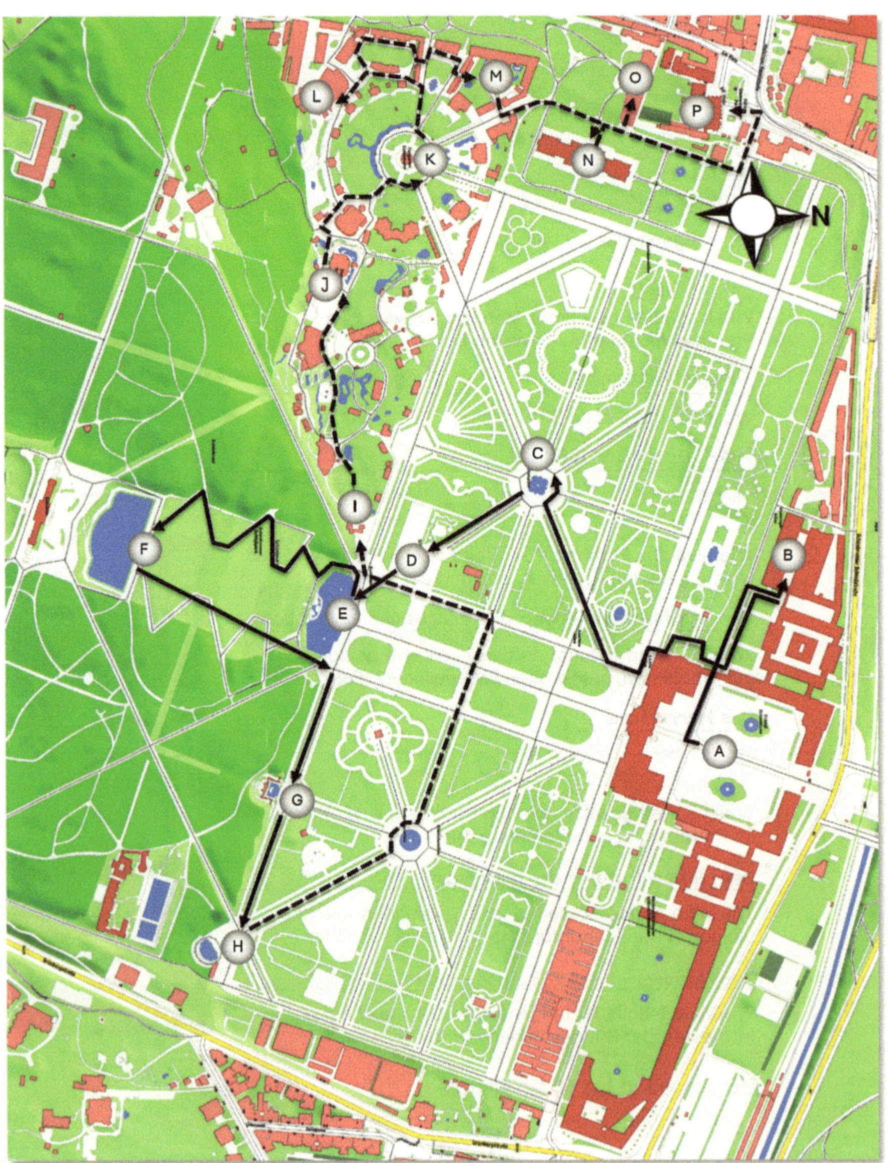

Schönbrunn – Schlosspark: Rätselrally

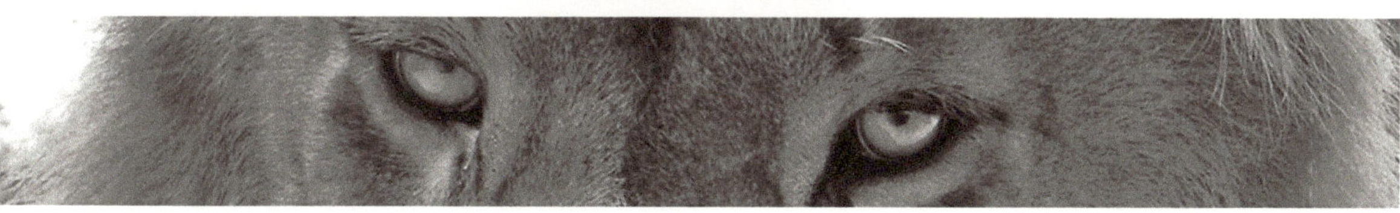

Schönbrunn – Schlosspark: Rätselrally

A Gehe vom Haupteingang zu Station A!
  Was siehst du?
  Welches Foto passt am besten zu dieser Station?
  Trage die Nummer des dazugehörigen Fotos ein!
  Benenne das Gebäude und beschreibe in ein paar Worten, was du bereits darüber weißt!

B Folge den Pfeilen zu dem Gebäude, welches im Plan als Station B eingetragen ist!
  Was kann man in diesem Gebäude besichtigen?
  Schreibe die Nummer des passenden Fotos auf!

C Danach spaziere zu Station C.
  Schreibe die Nummer des Fotos auf, welches den Brunnen zeigt, vor dem du jetzt stehst!
  Wie heißt dieser Brunnen?
  Die weibliche Figur im Brunnen spielt mit einem Wasservogel.
  Weißt du, welches Wesen aus der griechischen Mythologie diese weibliche Skulptur darstellt?

Schönbrunn – Schlosspark: Rätselrally

D An Station D kannst du dich leicht zwischen den Sträuchern verirren.
Warum?
Wie heißt dieser kleine Garten, in dem man auch lustige Spiele und Rätsel für Groß und Klein ausprobieren kann?
Wann wurde er angelegt?
Notiere auch die Nummer des Fotos von diesem Ort.

E Nicht weit von diesem Garten entfernt findest du einen großen Brunnen (Station E).
Wie heißt der Mann mit dem Dreispitz in der Mitte des Brunnens?
Auf welchem Foto ist dieser Brunnen abgebildet?
Unter welcher berühmten Herrscherin aus dem Hause Habsburg wurde der Brunnen errichtet?

F Wenn du von diesem Brunnen den Hügel in Richtung Süden hinaufgehst, stehst du vor einem Teich mit Blick auf ein prachtvolles Bauwerk mit Säulengalerie aus weißem "Kaiserstein" aus der Zeit Maria Theresias.
Gib den Namen des Gebäudes an und ordne das entsprechende Foto zu!

Schönbrunn – Schlosspark: Rätselrally

G Nun gehst du wieder den Hügel hinunter und weiter in Richtung Osten, bis du vor einem
weiteren Brunnen stehst. Hinter diesem Brunnen befindet sich ein Bauwerk, das ziemlich
verfallen aussieht.
Handelt es sich dabei wirklich um eine Ruine oder war das Absicht?
Ordne das Bild zu, auf dem du dieses Bauwerk erkennen kannst!
Woher stammen die riesigen Steinblöcke, mit denen das Gebäude erbaut wurde?

H Wenn du weiter in Richtung Osten gehst, kommst du zu einem weiteren Brunnen, hinter
dem ein Obelisk aufragt, der von liegenden Figuren umgeben ist.
Wen sollen diese Figuren darstellen?
Wenn du ganz genau hinsiehst, wirst du bemerken, dass am Fuße des Obelisken vier
kleine Tiere sitzen, die scheinbar den Obelisken tragen.
Um welche Tiere handelt es sich?
Auf dem Obelisken sind altägyptische Schriftzeichen (Hieroglyphen) eingemeißelt.
Haben diese Schriftzeichen eine Bedeutung und konnte man solche Zeichen bereits
entziffern, als der Brunnen im 18. Jahrhundert gebaut wurde?

Schönbrunn – Schlosspark: Rätselrally

I   Folge nun der grauen, strichlierten Linie, bis du zu Station I gelangst!
An Station I bist du bei einer Kassa und musst Eintritt zahlen.
Wo bist du jetzt?
Welches Foto passt am besten zu dieser Station?

J   Du hast bezahlt oder deine Karte an der Kassa hergezeigt und bist an Station J angelangt.
Du stehst vor einer Halle, in der die Luft sehr warm und feucht ist.
Welches Foto entspricht dieser Station und wie heißt das Gebäude?

K   Bei deinem Spaziergang kommst du an einem ganz besonderen Kaffeehaus vorbei, in
dem bereits der Kaiser sein Frühstück eingenommen hat.
Wie heißt dieses sehr zentral gelegene Kaffeehaus?
Aus welcher Zeit stammt es und wer ließ es erbauen?
Auf welchem Foto ist dieses Kaffeehaus abgebildet?

Schönbrunn – Schlosspark: Rätselrally

L Wo bist du, welche Tiere siehst du und welches Foto ist das passende?

M Welche Tiere sind in dem Gebäude untergebracht, welches du an Station M erreichst?
Dazu gibt es ein Foto. Trage die Nummer des Bildes ein!

N Station N ist ein Gebäude aus Glas und Stahl und stammt aus dem 19. Jahrhundert.
Was ist in diesem Bauwerk untergebracht und wie wird es genannt?
Ordne das passende Foto zu!

Schönbrunn – Schlosspark: Rätselrally

○ Nur noch ein paar Schritte und schon bist du an Station O angelangt.
Wenn du das Gebäude betrittst, bist du in einer Halle mit trockener und warmer Luft.
Wo bist du hineingeraten?
Auf welchem Foto ist das abgebildet, was du dort sehen kannst?

P Du verlässt den Schlosspark von Schönbrunn und stehst vor einer Kirche.
Wie heißt die Kirche und auf welchem Foto ist sie zu sehen?

Schönbrunn – Schlosspark: Rätselrally

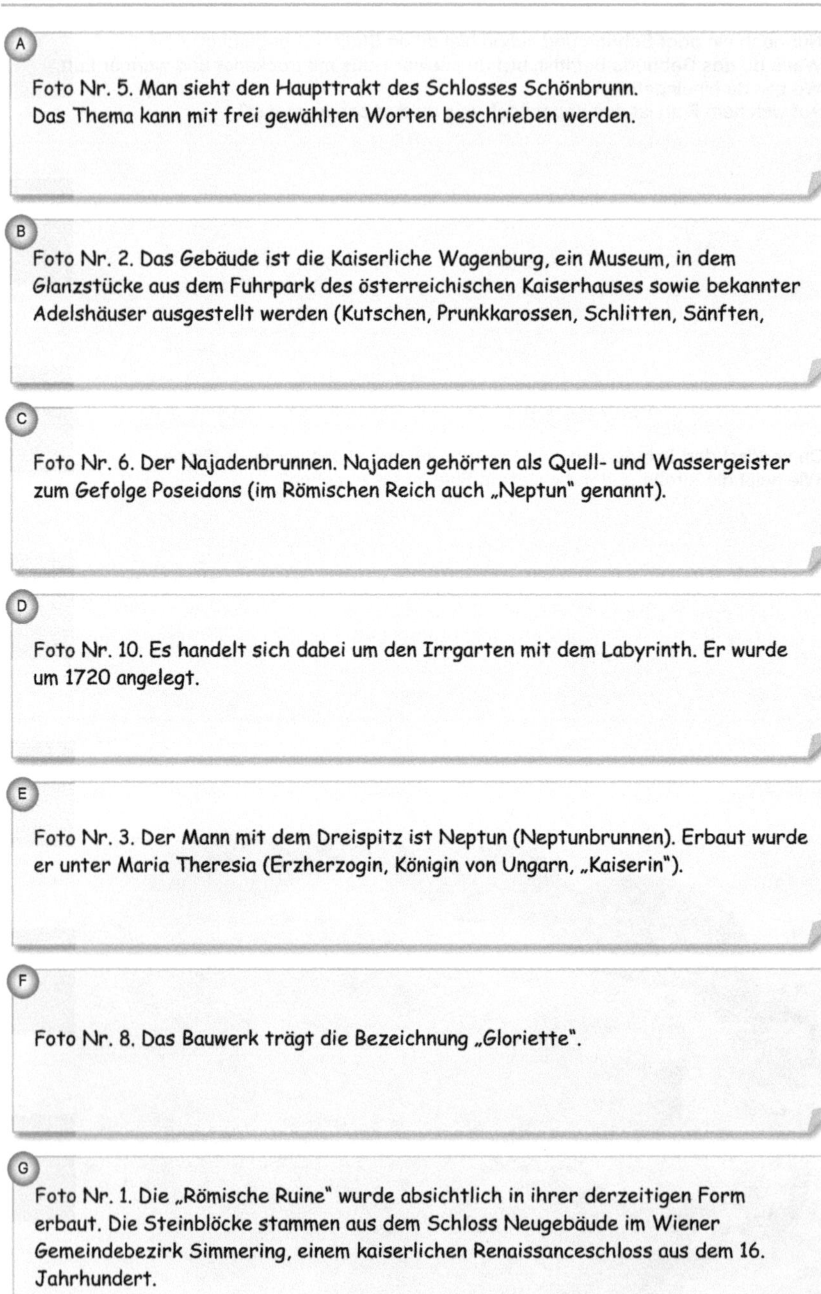

A

Foto Nr. 5. Man sieht den Haupttrakt des Schlosses Schönbrunn.
Das Thema kann mit frei gewählten Worten beschrieben werden.

B

Foto Nr. 2. Das Gebäude ist die Kaiserliche Wagenburg, ein Museum, in dem
Glanzstücke aus dem Fuhrpark des österreichischen Kaiserhauses sowie bekannter
Adelshäuser ausgestellt werden (Kutschen, Prunkkarossen, Schlitten, Sänften,

C

Foto Nr. 6. Der Najadenbrunnen. Najaden gehörten als Quell- und Wassergeister
zum Gefolge Poseidons (im Römischen Reich auch „Neptun" genannt).

D

Foto Nr. 10. Es handelt sich dabei um den Irrgarten mit dem Labyrinth. Er wurde
um 1720 angelegt.

E

Foto Nr. 3. Der Mann mit dem Dreispitz ist Neptun (Neptunbrunnen). Erbaut wurde
er unter Maria Theresia (Erzherzogin, Königin von Ungarn, „Kaiserin").

F

Foto Nr. 8. Das Bauwerk trägt die Bezeichnung „Gloriette".

G

Foto Nr. 1. Die „Römische Ruine" wurde absichtlich in ihrer derzeitigen Form
erbaut. Die Steinblöcke stammen aus dem Schloss Neugebäude im Wiener
Gemeindebezirk Simmering, einem kaiserlichen Renaissanceschloss aus dem 16.
Jahrhundert.

Schönbrunn – Schlosspark: Rätselrally

H Foto Nr. 9. Die liegenden Figuren sollen Flussgottheiten darstellen. Bei den Tieren handelt es sich um Schildkröten. Die Hieroglyphen sind frei erfunden, da diese erst ab dem Jahre 1822 entziffert werden konnten.

I Foto Nr. 4. Die Teilnehmer/innen an der Rally sind am Eingang zum Tiergarten angelangt.

J Foto Nr. 12. Bei dem Gebäude handelt es sich um das Tropenhaus.

K Foto Nr. 11. Im Jahre 1759 erbaute Kaiser Franz I. Stephan von Lothringen im Zentrum des Tiergartens seinen kaiserlichen Frühstückspavillon.

L Foto Nr. 15. Man sieht dort Elefanten im Elefantenhaus.

M Foto Nr. 14. Im Aquarien- und Terrarienhaus kann man vorwiegend Fische und Reptilien besichtigen.

N Foto Nr. 17. Das Gebäude heißt „Palmenhaus". Im Palmenhaus sind seit dem 19. Jahrhundert Pflanzen aus tropischen und subtropischen Regionen der Erde untergebracht.

Schönbrunn – Schlosspark: Rätselrally

O

Foto Nr. 16. Die Teilnehmer/innen der Rally befinden sich im Wüstenhaus mit Pflanzen und Tieren aus ariden Klimazonen.

P

Foto Nr. 13. Bei der Kirche handelt es sich um die „Pfarr- und Wallfahrtskirche Maria Hietzing".

18.   Schloss Schönbrunn: Schauräume finden

Hast du bereits an einer Führung durch die Schauräume im Schloss Schönbrunn teilgenommen?
Vielleicht kannst du dich noch erinnern, wo die einzelnen Zimmer und Säle liegen.

Versuche, möglichst viele Zahlen der Räume im Grundrissplan neben ihre richtigen Bezeichnungen zu schreiben!

Wenn du etwas nicht weißt, dann schau bitte im Reiseführer oder im Internet nach.

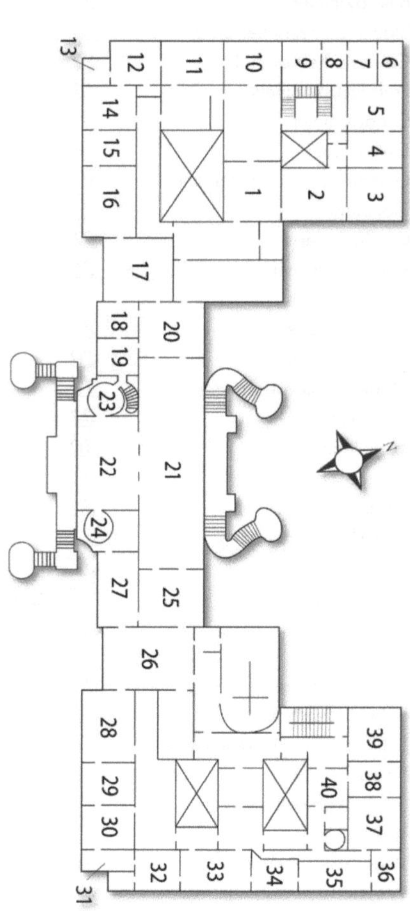

Arbeitszimmer Franz Josephs   ________

Balkonzimmer   ________

Billardzimmer   ________

Blauer Chinesischer Salon   ________

Chinesische Kabinette   ________

Frühstückskabinett   ________

Gardezimmer   ________

Gelber Salon   ________

Gemeinsames Schlafzimmer   ________

Gobelinsalon   ________

Große Galerie   ________

Karussellzimmer   ________

Kinderzimmer   ________

Kleine Galerie   ________

Laternenzimmer   ________

Marie Antoinette Zimmer   ________

Millionenzimmer   ________

Napoleonzimmer   ________

Nussholzzimmer   ________

Ostterrassenkabinett   ________

Porzellanzimmer   ________

Reiches Zimmer   ________

Rosa-Zimmer   ________

Rösselzimmer   ________

Roter Salon   ________

Salon der Kaiserin   ________

Salon Franz Karl   ________

Schlafzimmer Franz Josephs   ________

Spiegelzimmer   ________

Stiegenkabinett   ________

Toilettezimmer   ________

Vieux-Laque-Zimmer   ________

Westterrassenkabinett   ________

Zeremoniensaal   ________

Zimmer Erzherzogin Sophie   ________

Schloss Schönbrunn: Schauräume finden

Hast du bereits an einer Führung durch die Schauräume im Schloss Schönbrunn teilgenommen?
Vielleicht kannst du dich noch erinnern, wo die einzelnen Zimmer und Säle liegen.

Versuche, möglichst viele Zahlen der Räume im Grundrissplan neben ihre richtigen Bezeichnungen zu schreiben!

Wenn du etwas nicht weißt, dann schau bitte im Reiseführer oder im Internet nach.

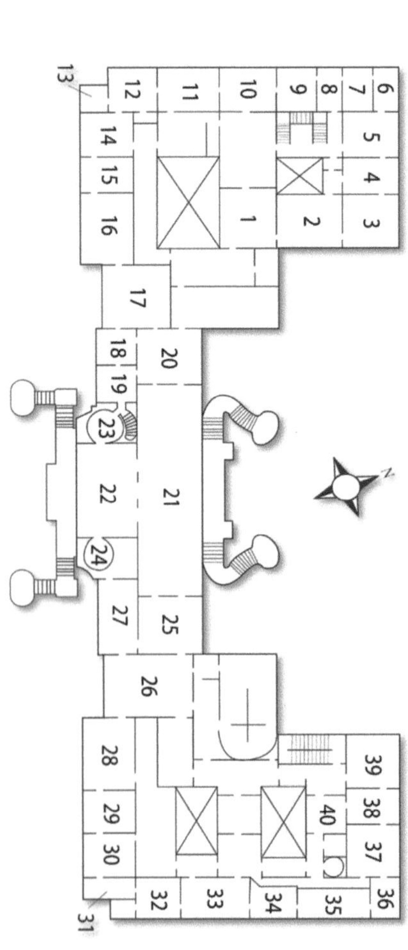

Arbeitszimmer Franz Josephs	*4*
Balkonzimmer	*15*
Billardzimmer	*2*
Blauer Chinesischer Salon	*28*
Chinesische Kabinette	*23, 24*
Frühstückskabinett	*13*
Gardezimmer	*1*
Gelber Salon	*14*
Gemeinsames Schlafzimmer	*9*
Gobelinsalon	*33*
Große Galerie	*21*
Karussellzimmer	*25*
Kinderzimmer	*12*
Kleine Galerie	*22*
Laternenzimmer	*20*
Marie Antoinette Zimmer	*11*
Millionenzimmer	*32*
Napoleonzimmer	*30*
Nussholzzimmer	*3*
Ostterrassenkabinett	*36*
Porzellanzimmer	*31*
Reiches Zimmer	*37*
Rosa-Zimmer	*17, 18, 19*
Rösselzimmer	*27*
Roter Salon	*35*
Salon der Kaiserin	*10*
Salon Franz Karl	*38, 39*
Schlafzimmer Franz Josephs	*5*
Spiegelzimmer	*16*
Stiegenkabinett	*7*
Toilettezimmer	*8*
Vieux-Laque-Zimmer	*29*
Westterrassenkabinett	*6*
Zeremoniensaal	*26*
Zimmer Erzherzogin Sophie	*34*

19. Die Hofburg: Rätselseiten

Ordne die Nummern auf dem Plan der Hofburg den jeweils richtigen Bildern
zu und beschreibe in wenigen Worten, was du auf den Fotos siehst!

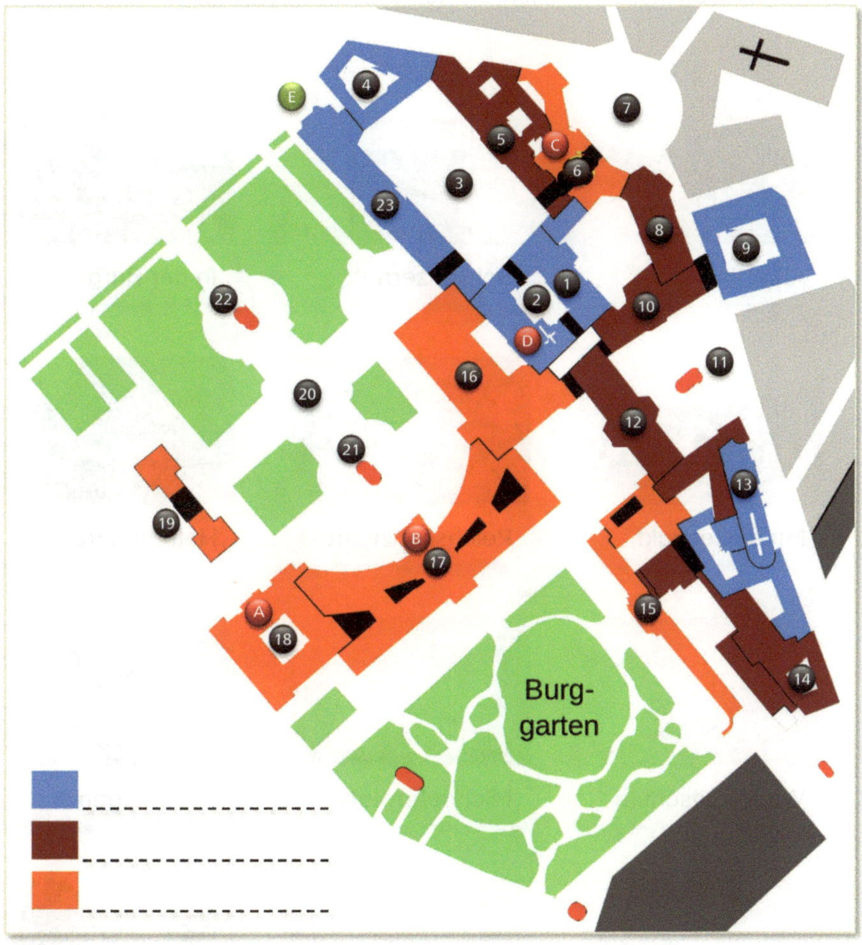

Die Hofburg wurde über viele Jahrhunderte erweitert und umgebaut.
Daher sind im Plan einzelne Bereiche der Anlage mit unterschiedlichen Farben
gekennzeichnet.
Die drei Farben entsprechen Epochen, in denen diese Gebäude errichtet wurden.

Schreibe die jeweils richtige Epoche zu den drei Farbkästchen unten im Plan!

13. bis 17. Jahrhundert   18. Jahrhundert (Barock)   19. bis 20. Jahrhundert

Die Hofburg: Rätselseiten

Schreibe die jeweils richtigen Nummern auf dem Plan der Hofburg in die kreisförmigen Felder rechts über den Bildern und beschreibe in wenigen Worten die Sehenswürdigkeiten, die du auf den Fotos siehst!

Die Hofburg: Rätselseiten

Schreibe die jeweils richtigen Nummern auf dem Plan der Hofburg in die kreisförmigen Felder rechts über den Bildern und beschreibe in wenigen Worten die Sehenswürdigkeiten, die du auf den Fotos siehst!

20. Die Hofburg – Museen: Rätselseiten

Schreibe die jeweils richtigen Buchstaben (A bis E) auf dem Plan der Hofburg
in die kreisförmigen Felder rechts über den Bildern und beschreibe in
wenigen Worten die Museen, die du auf den Fotos siehst!
Von einigen Museen gibt es mehrere Fotos!

Die Hofburg – Museen: Rätselseiten

Schreibe die jeweils richtigen Buchstaben (A bis E) auf dem Plan der Hofburg
in die kreisförmigen Felder rechts über den Bildern und beschreibe in
wenigen Worten die Museen, die du auf den Fotos siehst!
Von einigen Museen gibt es mehrere Fotos!

Die Hofburg – Museen: Rätselseiten

1 Schweizertrakt:

Der Schweizertrakt ist zusammen mit dem Schweizerhof der älteste Teil der Hofburg. Begonnen wurde der Bau bereits 1275 im Auftrag von König Ottokar II. Přemysl.

2 Schweizerhof:

Die älteste Burg in Form eines Vierecks entspricht etwa dem heutigen Schweizerhof. Dort befinden sich die gotische Hofburgkapelle, die Geistliche und die Weltliche Schatzkammer sowie die Hofmusikkapelle.

3 In der Burg:

Dieser Platz liegt inmitten der alten Burg und ist vom Schweizertrakt sowie barocken Gebäuden wie dem leopoldinischen Trakt, der Amalienburg und dem Reichskanzleitrakt umgeben.

4 Amalienburg:

Der Name Amalienburg bezieht sich auf Amalie Wilhelmine (1673 – 1742), die Witwe Kaiser Josephs I. Bemerkenswert ist das Türmchen mit der Sonnenuhr, welches man vom Platz „in der Burg" aus sehen kann.

5 Reichskanzleitrakt:

Dieses Barockgebäude wurde 1723-1730 von dem Architekten Johann Lucas von Hildebrandt erbaut. Hier wohnten zuletzt auch Kaiser Franz Joseph I. und seine Frau Elisabeth („Sisi").

6 Michaelertrakt:

Der Trakt mit dem gewaltigen Michaelertor entstand im 18. Jhdt. nach Plänen von Johann Lucas von Hildebrandt und Joseph Emanuel Fischer von Erlach an der Nordfassade der Hofburg.

7 Michaelerplatz:

Durch das Michaelertor der Hofburg gelangt man auf den Michaelerplatz mit der Michaelerkirche, einem der schönsten Plätze Wiens.

Die Hofburg – Museen: Rätselseiten

8 Winterreitschule:
Dieser Trakt wurde im 18. Jhdt. von Johann Bernhard Fischer von
Erlach und von seinem Sohn Joseph Emanuel Fischer von Erlach
erbaut. Hier finden Vorführungen der Spanischen Hofreitschule statt.

9 Stallburg:
Die Stallburg ist ein dreigeschossiges Gebäude mit Arkadenhof aus
dem 16. Jhdt. Ursprünglich sollte der erste Elefant von Wien dort
einziehen. Heute sind dort die Lipizzaner untergebracht.

10 Redoutensaaltrakt:
In diesem Trakt befinden sich die prachtvollen Redoutensäle. Das
sind Tanz- und Konzertsäle aus der Zeit Maria Theresias. 1992
wurden sie durch einen Brand zerstört und 5 Jahre lang restauriert.

11 Josefsplatz:
Auf diesem Platz zwischen der Hofbibliothek und dem Redoutentrakt
befindet sich ein Reiterstandbild Kaiser Josephs II. von Franz Anton
von Zauner.

12 Hofbibliothek:
Die Bibliothek wurde von Kaiser Karl VI. gegründet und beinhaltet
heute den Prunksaal der Österreichischen Nationalbibliothek.
1769 drohte das Gebäude wegen der Last der Bücher einzustürzen.

13 Augustinerkirche:
Die Augustinerkirche ist eine gotische Kirche mit Kloster.
1349 wurde sie geweiht und später in den Albertinatrakt integriert.
Hier fanden die Trauungen vieler Habsburger statt.

14 Albertina:
Die Albertina ist ein Kunstmuseum, das im Palais Erzherzog Albrecht
untergebracht ist, einer historischen Residenz der Habsburger. Die
Sammlung zählt weltweit zu den bedeutendsten Kunstsammlungen.

Die Hofburg – Museen: Rätselseiten

15 Palmenhaus:
Dieses klassizistische Gewächshaus wurde von 1823 bis 1826
erbaut und befindet sich am Rand des Burggartens. Es hat eine
Länge von 128 Metern. Heute ist dort ein Kaffeehaus untergebracht.

16 Festsaaltrakt:
Der Festsaaltrakt am Heldenplatz wurde erst in den Jahren 1910 -
1923 errichtet. Seit 1958 wird er als Kongresszentrum und für Bälle
genutzt. 1967 fand hier auch ein Eurovision Song Contest statt.

17 Neue Burg:
Nach dem Schleifen der Stadtmauern in den 1860er-Jahren kam es
zur letzten Erweiterung der Burg. In den Gebäuden um den
Heldenplatz sind Museen und die Nationalbibliothek untergebracht.

18 Corps de Logis:
Der abschließende Teil der Neuen Burg zur Ringstraße und dem
äußeren Burgtor ist das Corps de Logis. Hier befindet sich heute das
Weltmuseum (früher „Museum für Völkerkunde").

12 Äußeres Burgtor (auch „Heldentor"):
Dieses Bauwerk liegt zwischen dem Heldenplatz und der
Ringstraße. Hier befanden sich immer wieder Gedenkstätten
unterschiedlicher Regime, die manchmal auch sehr umstritten waren.

20 Heldenplatz:
Der Heldenplatz vor der Neuen Burg ist Teil eines gewaltigen
„Kaiserforums", das jedoch nie ganz vollendet wurde. An dieser
Stelle befand sich einst die Burgbastei der alten Stadtmauern.

21 Reiterstandbild Prinz Eugen:
Das ist ein 1865 enthülltes Denkmal für den unter dem Namen „Prinz
Eugen" bekannten Feldherren des Hauses Österreich, Eugen von
Savoyen. Für die Statue wurden 448 Zentner Erz verarbeitet.

Die Hofburg – Museen: Rätselseiten

22

Reiterstandbild Erzherzog Karl:
Das Denkmal erinnert an den Feldherren Erzherzog Karl von
Österreich (1771 – 1847) und seinen Sieg über Napoleon bei
Aspern (1809). Es ruht nur auf den Hinterbeinen des Pferdes!

23

Leopoldinischer Trakt:
Das Verbindungsgebäude zwischen der Amalienburg und dem
Schweizertrakt ist der „Leopoldinische Trakt", welcher unter Kaiser
Leopold I. in den 1660er Jahren erbaut wurde.

17

Weltmuseum (früher „Museum für Völkerkunde"):
Das Museum im Corps de Logis der Neuen Burg umfasst eine der
weltweit bedeutendsten Sammlungen an ethnografischen Objekten,
alten Fotografien und Büchern zu außereuropäischen Kulturen.

A

Weltmuseum:
Das wohl berühmteste Objekt im Weltmuseum ist die „Federkrone
Moctezumas", ein kostbarer aztekischer Federkopfschmuck. Ob sie
dem vorletzten aztekischen Herrscher gehört hat, ist nicht geklärt.

C

Sisi Museum und Kaiserappartements:
Anhand von persönlichen Gegenständen wird die wahre
Persönlichkeit der Kaiserin gezeigt. In den Kaiserappartements kann
man die Wohn- und Repräsentationsräume der Kaiser besichtigen.

C

Silberkammer:
Im Reichskanzleitrakt befindet sich heute die ehemalige Hofsilber-
und Tafelkammer, eine einzigartige Sammlung von Gegenständen
aus dem kaiserlichen Haushalt.

C

Kaiserappartements:
Die Hofburg war vor allem Winterresidenz der kaiserlichen Familie.
In den Kaiserappartements können die Räumlichkeiten des
Kaiserpaares Franz Joseph und Elisabeth besichtigt werden.

Die Hofburg – Museen: Rätselseiten

D

Schatzkammer:
Die Kaiserliche Schatzkammer ist der Teil der einstigen Sammlungen des Hauses Habsburg, in dem Objekte von höchster dynastischer oder religiöser Bedeutung verwahrt wurden.

B

Hofjagd- und Rüstkammer:
In der Hofjagd- und Rüstkammer wurden seit 1436 vor allem Harnische, Rüstungen und Prunkwaffen der Habsburger und ihres Gefolges aus allen Ländern der Monarchie verwahrt.

B

Ephesos Museum:
Seit dem Jahre 1895 graben österreichische Archäologen in den Ruinen des antiken Ephesos in der Türkei. Viele der bedeutendsten Funde werden heute im Ephesos Museum ausgestellt.

A

Weltmuseum (Innenhof):
Das Weltmuseum ist im Corps de Logis, einem Trakt der Neuen Burg, untergebracht. In dem viergeschossigen Prunkbau befindet sich ein glasgedeckter Hof, der von Räumen des Weltmuseums umgeben ist.

B

Papyrusmuseum:
Im Papyrusmuseum werden rund 200 Objekte aus Ägypten präsentiert. Sie stammen aus 3.000 Jahren ägyptischer Geschichte, von der Zeit der Pharaonen bis zur Eroberung durch die Araber.

D

Schatzkammer (Reichskrone):
Die Reichskrone ist die Krone der Könige und Kaiser des Heiligen Römischen Reiches seit dem Hochmittelalter. Die meisten römisch-deutschen Kaiser seit Konrad II. wurden mit ihr gekrönt.

A

Weltmuseum (Asiensammlung):
Die Sammlung umfasst an die 30.000 Objekte. Sie zeigen, wie die Menschen ihre Götter sehen, ihren Alltag gestalten, wie sie ihr Land bewirtschaften, ihre freie Zeit genießen ... aber auch Kriege führen!

21. Naturhistorisches Museum: Rätselseiten

Ordne die Nummern der Bilder der jeweils richtigen Abteilung des Museums
zu und beschreibe in wenigen Worten, was du auf den Fotos siehst!

Naturhistorisches Museum: Rätselseiten

Schreibe die Nummern der Bilder zu den richtigen Abteilungen!

Geologisch-paläontologische Abteilung: _______________

Mineralogisch-petrographische Abteilung: _______________

Prähistorische Abteilung: _______________

Anthropologische Abteilung: _______________

1. Zoologische Abteilung (Wirbeltiere): _______________

2. Zoologische Abteilung (Insekten): _______________

3. Zoologische Abteilung (Wirbellose außer Insekten): _______________

Was siehst du auf den Bildern? Beschreibe die Objekte in wenigen Worten!

1

2

3

4

Naturhistorisches Museum: Rätselseiten

Was siehst du auf den Bildern? Beschreibe die Objekte in wenigen Worten!

5

6

7

8

9

10

11

Naturhistorisches Museum: Rätselseiten

Was siehst du auf den Bildern? Beschreibe die Objekte in wenigen Worten!

(12)

(13)

(14)

(15)

(16)

(17)

(18)

Naturhistorisches Museum: Rätselseiten

Schreibe die Nummern der Bilder zu den richtigen Abteilungen!

Geologisch-paläontologische Abteilung: <u>**1, 2, 11, 16**</u>

Mineralogisch-petrographische Abteilung: <u>**4, 6**</u>

Prähistorische Abteilung: <u>**12, 14**</u>

Anthropologische Abteilung: <u>**3, 15**</u>

1. Zoologische Abteilung (Wirbeltiere): <u>**9, 10, 18**</u>

2. Zoologische Abteilung (Insekten): <u>**5, 13**</u>

3. Zoologische Abteilung (Wirbellose außer Insekten): <u>**17**</u>

Was siehst du auf den Bildern? Beschreibe die Objekte in wenigen Worten!

1

Sauriersaal: Animiertes Modell eines Allosaurus. Der Allosaurus gehörte zu den größten fleischfressenden Dinosauriern seiner Zeit, wurde bis zu zwölf Meter lang und mehrere Tonnen schwer.

2

Skelettrekonstruktion eines Mammutschädels. Mammuts sind eine ausgestorbene Gattung der Elefanten, die während der letzten Eiszeit die Kaltsteppen Europas, Asiens und Nordamerikas bewohnten.

3

Rekonstruktionen von frühen menschenartigen Wesen (Australopithecinen), die vor rund 4 bis 2 Millionen Jahren in den wärmeren Regionen der Erde lebten.

4

Querschnitt durch eine Knolle (Geode) aus rosafarbenem Quarz.

Naturhistorisches Museum: Rätselseiten

Was siehst du auf den Bildern? Beschreibe die Objekte in wenigen Worten!

5

Vitrine in der Schmetterlingssammlung der 2. zoologischen Abteilung des Museums (Abteilung für Insekten). Das Naturhistorische Museum besitzt eine der weltweit größten Insektensammlungen mit geschätzten zehn Millionen Sammlungsstücken.

6

Die Meteoritensammlung des Naturhistorischen Museums. Sie ist weltweit die älteste Sammlung von Mineralien aus dem Weltall (1778) und zählt mit über 7000 inventarisierten Objekten zu den größten der Welt.

7

Skelettschädel eines Fisches in der Fischsammlung der 1. zoologischen Abteilung des Museums. Allein die Fischsammlung umfasst an die 500.000 Alkoholpräparate, 1800 Skelette und 2000 Stopfpräparate.

8

Präparat einer Schlange in der herpetologischen Sammlung (Lurch- und Kriechtiersammlung) der 1. zoologischen Abteilung des Museums.

9

Großkatzen (Pantherinae) in der 1. zoologischen Abteilung.

10

Schuhschnabel aus dem Sudan (1913). Dieses Schauobjekt befindet sich, wie viele andere Tierpräparate, seit der Zeit der k.k. Monarchie in der Sammlung des Museums.

11

Modell eines gefiederten Dinosauriers (Deinonychosaurier) im Sauriersaal.
Das Tier lebte vor rund 140 Millionen Jahren und gilt als ein Bindeglied zwischen Reptilien und Vögeln.

Naturhistorisches Museum: Rätselseiten

Was siehst du auf den Bildern? Beschreibe die Objekte in wenigen Worten!

12

Die „Venus von Willendorf" ist eine der berühmtesten Venusfigurinen aus der Altsteinzeit. Sie ist etwa 25.000 Jahre alt, wurde bereits im Jahre 1908 in der Wachau entdeckt und gilt als eines der wertvollsten Kunstobjekte Europas.

13

Modell eines Spinnentiers in Saal 24. In den Vitrinen werden neben Insekten auch Krebstiere, Spinnentiere und Tausendfüßer präsentiert.

14

Reichlich verziertes Keramikgefäß mit menschlichen und tierischen Figuren aus der älteren Eisenzeit (ab ca. 800 vor Christus) in der prähistorischen Abteilung des Museums.

15

Skelett eines Vorfahren des heutigen Menschen (Homo Habilis, ca. 2,1 bis 1,5 Millionen Jahre) in der anthropologischen Abteilung des Museums.

16

Rekonstruktion eines Mammutkopfes in der paläontologischen Abteilung.

17

Krake (Octopus) in der 3. zoologischen Abteilung (wirbellose Tiere).

18

Skelett eines Wales in der 1. zoologischen Abteilung (Wirbeltiere).

22. Technisches Museum: Rätselseiten

Suche die Schauobjekte im Technischen Museum und beantworte die Fragen!

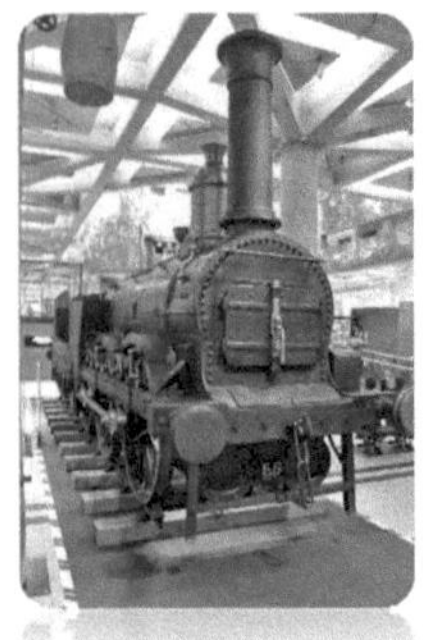

Im Technischen Museum Wien steht die älteste erhaltene Dampflokomotive des europäischen Kontinents.

Sie wurde bereits in der ersten Hälfte des 19. Jahrhunderts auf der Kaiser Ferdinands-Nordbahn eingesetzt – der ersten dampfbetriebenen Eisenbahnstrecke in der österreichischen Monarchie.

Die Lokomotive wurde bei der englischen Firma James, Turner & Evans bestellt.

Welche Bezeichnung hat diese Lokomotive? 

1873 wurden zwei luxuriös ausgestattete Eisenbahnwaggons angefertigt, mit denen die reisefreudige Kaiserin Elisabeth von Österreich in ganz Europa unterwegs war.

Einer dieser beiden Waggons ist noch erhalten und steht heute im Technischen Museum in Wien.

Welche Funktion hatte der Eisenbahnwaggon? 

Diese Turbinen aus den Sammlungen des Technischen Museums Wien gehören zur ersten Ausstattung eines Kraftwerks, das von 1912 bis 1923 den Strom für die Lokomotiven einer Tiroler Eisenbahnlinie lieferte. Es stand im elektrischen Verbund mit dem Walchensee-Kraftwerk in Bayern.

Wie heißt dieses Kraftwerk?
Wie heißt die Tiroler Eisenbahnlinie? 

Technisches Museum: Rätselseiten

Suche die Schauobjekte im Technischen Museum und beantworte die Fragen!

Dieser Verbrennungsmotor (Viertaktmotor) aus dem Jahre 1887 befindet sich im Technischen Museum Wien. Er wurde von einem bekannten Wiener Mechaniker, Erfinder und Autokonstrukteur entwickelt, der manchmal auch als Erfinder des Automobils genannt wird.

Einige Elemente der Maschine weisen noch Merkmale einer Dampfmaschine auf.

Wie heißt der Erfinder dieses Motors? 

Dieses amerikanische Automodell wurde in der Umgangssprache auch „Tin Lizzie" bzw. „Blechliesel" genannt. Es war bis 1972 das meistverkaufte Automobil der Welt! Zwischen 1908 und 1927 wurden in den Vereinigten Staaten 15 Mio. Stück gebaut.

Die „Tin Lizzie" war das erste Auto, das mittels Fließbandfertigung hergestellt wurde und daher für breite Bevölkerungsgruppen erschwinglich war.

Um welches bekannte Automodell handelt es sich bei der „Blechliesl"? 

Ein besonderes Highlight im Technischen Museum ist dieser riesige Schmelztiegel zur Erzeugung von Stahl. Er ist eine der bedeutendsten Erfindungen aus Österreich. Heute werden zwei Drittel der weltweiten Stahlproduktion mittels eines Verfahrens erzeugt, bei dem dieser Tiegel zum Einsatz kommt.

Wie heißt dieses Verfahren zur Stahlerzeugung, das seit dem Jahre 1952 auch bei der VOEST in Linz angewandt wird? 

Technisches Museum: Rätselseiten

Suche die Schauobjekte im Technischen Museum und beantworte die Fragen!

(1) Frage: Welche Bezeichnung hat diese Lokomotive?

Antwort: *Die Lokomotive hat die Bezeichnung „Alex".*

(2) Frage: Welche Funktion hatte der Eisenbahnwaggon?

Antwort: *Der Waggon diente der Kaiserin als Schlafwagen.*

(3) Frage 1: Wie heißt dieses Kraftwerk?

Antwort: *Die Turbine stammt aus dem Ruetz-Kraftwerk.*

Frage 2: Wie heißt die Tiroler Eisenbahnlinie?

Antwort: *Das Ruetz.-Kraftwerk lieferte den Strom für die Mittenwaldbahn.*

(4) Frage: Wie heißt der Erfinder dieses Motors?

Antwort: *Der Benzinmotor wurde von Siegfried Marcus entwickelt.*

(5) Frage: Um welches bekannte Automodell handelt es sich bei der „Blechliesl"?

Antwort: *Bei dem Fahrzeug handelt es sich um ein Ford Model T.*

(6) Frage: Wie heißt dieses Verfahren zur Stahlerzeugung, das seit dem Jahre 1952 auch bei der VOEST in Linz angewandt wird?

Antwort: *Das LD-Verfahren (LD steht für Linz-Donawitz) löste die älteren, etablierten Verfahren zur Stahlerzeugung ab.*

23.   Haus der Musik: Quiz

Suche die Schauobjekte im Haus der Musik und beantworte die Fragen!
Trage die Nummer der Etage im Museum ein, auf der sich das Schauobjekt
befindet!

Der Begründer der Wiener Philharmoniker war ein
deutscher Komponist (1810 -1849). Die Philharmoniker
wurden im Jahre 1842 gegründet.
Er hatte im heutigen Haus der Musik seine Wiener
Wohnung.

Eines seiner bekanntesten Werke ist die phantastische
Oper „Die lustigen Weiber von Windsor".

Wie ist der Name dieses Komponisten?

Etage _____

Im Instrumentarium werden anhand von vier
Rieseninstrumenten die Prinzipien der
Klangerzeugung anschaulich gemacht.
Die Instrumente werden durch
computergesteuerte Klangerreger zum
Schwingen gebracht. An drei interaktiven
Terminals wird der aktuelle Stand digitaler
Klangbearbeitung erfahr- und erlernbar.

Welche sind die vier riesigen Instrumente?

Etage _____

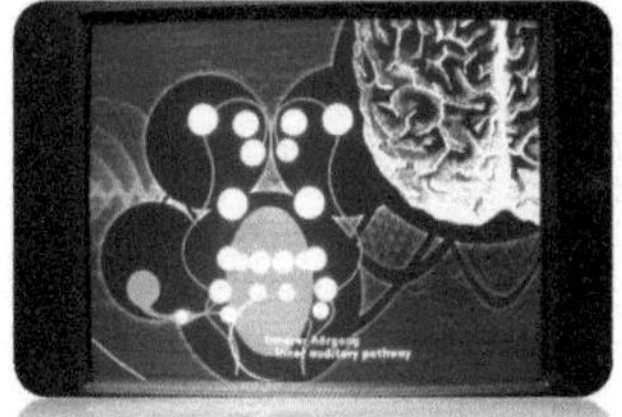

Die Welt der Klänge (SONOSPHERE) ist eine
Gruppe von Räumen, in der die
Wahrnehmung von Geräuschen und Klängen
anhand von Experimenten bewusst gemacht
wird. Für die Klangerfahrung stehen mehrere
spannende Stationen zur Verfügung.

Welche Stationen kannst du in der SONOSPHERE besuchen?

Etage _____

Haus der Musik: Quiz

Suche die Schauobjekte im Haus der Musik und beantworte die Fragen!
Trage die Nummer der Etage im Museum ein, auf der sich das Schauobjekt
befindet!

Der Schauraum auf dem Foto ist einem
Komponisten gewidmet, der den größeren
Teil seiner beruflichen Laufbahn als
Hofmusiker auf dem Landsitz der
wohlhabenden ungarischen Familie Esterházy
verbrachte, wo er deren Orchester und Oper
leitete. Von ihm stammt auch die Melodie zur
Österreichischen Kaiserhymne.

Wer war dieser Komponist?

Etage _____

Dieser Komponist gilt als musikalisches
Wunderkind, da er schon im Alter von sechs
Jahren Musikstücke schrieb und für Klavier-
und Violinspiele öffentlich auftrat.
Er verstarb bereits im Alter von 34 Jahren
und wurde am Friedhof St. Marx in einem
Armengrab beigesetzt.

Wer heißt dieser wohl berühmteste österreichische Komponist?

Etage _____

Johann Strauss war ein österreichisch-
deutscher Kapellmeister und Komponist und
wurde als „Walzerkönig" international
berühmt.

Wie heißt jener Walzer von Johann Strauss,
der gerne zum Jahreswechsel gespielt wird
und der auch in Stanley Kubricks Science-
Fiction-Klassiker „2001: Odyssee im
Weltraum" verwendet wurde?

Etage _____

Haus der Musik: Quiz

Wie ist der Name dieses Komponisten?

Otto Nicolai (1810-1849)

Etage 1

Welche sind die vier riesigen Instrumente?

Eine begehbare Orgelpfeife (Aerophon), eine Riesentrommel (Membranophon), Xylophonplatten an der Decke (Idiophon) und ein überdimensionales Saiteninstrument (Chordophon).   *Etage 2*

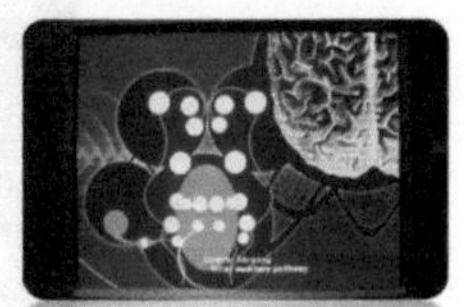

Welche Stationen kannst du in der SONOSPHERE besuchen?

Hörbahn, Wahrnehmungslabor, Klanggalerie, Instrumentarium, Stimmenmeer, Evolution Machine, Polyphonium   *Etage*

Wer war dieser Komponist?

Franz Joseph Haydn (1732 – 1809)   Etage 3

Wer heißt dieser wohl berühmteste österreichische Komponist?

Wolfgang Amadeus Mozart, mit vollständigem Taufnamen: Joannes Chrysostomus Wolfgangus Theophilus Mozart (1756 – 1791)   *Etage 3*

Wie heißt jener Walzer von Johann Strauss, der gerne zum Jahreswechsel gespielt wird und der auch in Stanley Kubricks Science-Fiction-Klassiker „2001: Odyssee im Weltraum" verwendet wurde?

An der schönen blauen Donau („Donauwalzer")   Etage 3

24. Zentralfriedhof: Rätselrally

Folge zunächst dem Weg vom Haupteingang des Friedhofs in der Simmeringer Hauptstraße zur Karl-Lueger-Gedächtniskirche.
Dazu musst du die Gräber entlang der Hauptallee sowie die Präsidentengruft aufsuchen. Dann besuche auch noch die ehrenhalber gewidmeten Gräber der Gruppe 40!

Löse bei diesem Spaziergang folgende Aufgaben und trage die Lösungen in die weißen Zettel auf den schwarzen Todesnachrichten ein!

Welchen Beruf hatte dieser Mann? Welches Bauwerk an der Ringstraße erinnert heute noch an ihn?

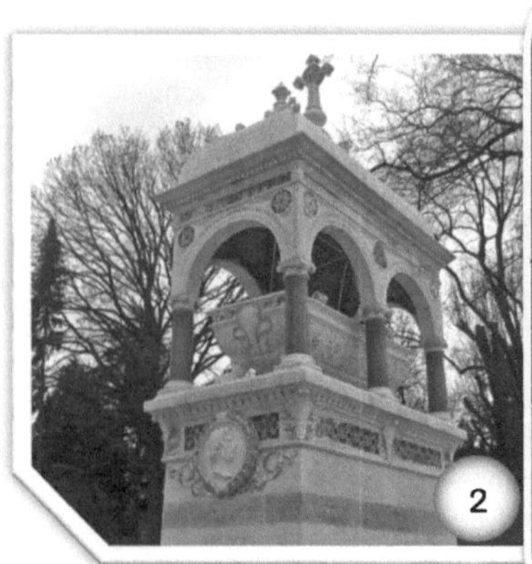

Wer liegt hier begraben? Welche waghalsige Bahntrasse erbaute er zu Lebzeiten?

Zentralfriedhof: Rätselrally

Zentralfriedhof: Rätselrally

Zentralfriedhof: Rätselrally

1. Architekt; Parlamentsgebäude

2. Carl Ritter von Ghega; Semmeringbahn

3. Franz Schubert

4. Dr. Bruno Kreisky

5. Helmut Zilk

6. „Falco" (Johann Hölzel)

Zentralfriedhof: Rätselrally

Zentralfriedhof: Rätselrally

Auf dem Zentralfriedhof sind Menschen unterschiedlicher Religionen bestattet.
Wie heißt dieser Teil des Friedhofs?

3

Im jüdischen Teil des Friedhofs befinden sich die Gräber von vielen berühmten Wiener Persönlichkeiten.
Wer war Friedrich Torberg?

4

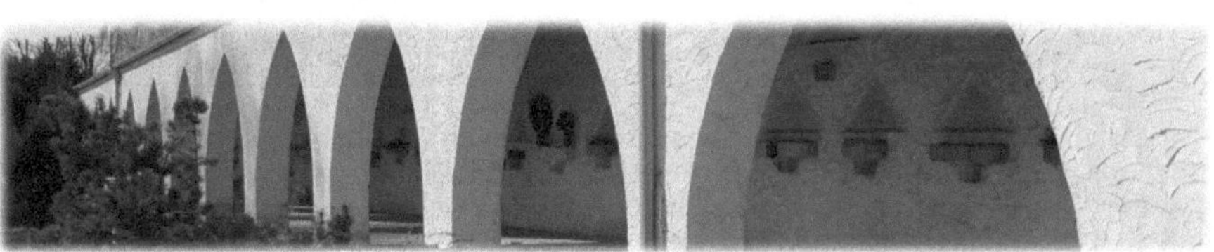

Zentralfriedhof: Rätselrally

1 Friedhofskirche Zum Heiligen Karl Borromäus, von der Bevölkerung meist *„Dr.-Karl-Lueger-Gedächtniskirche"* oder *„Luegerkirche"* genannt.

2 Dr. Karl Lueger (1844 - 1910). Lueger war von 1897 bis 1910 Wiener Bürgermeister und wurde nach seinem Tod in der Krypta der „Luegerkirche" bestattet. In Luegers Zeit als Bürgermeister fallen wesentliche Reformen und Bauvorhaben, umstritten ist er jedoch bis heute wegen des von ihm geschürten Antisemitismus.

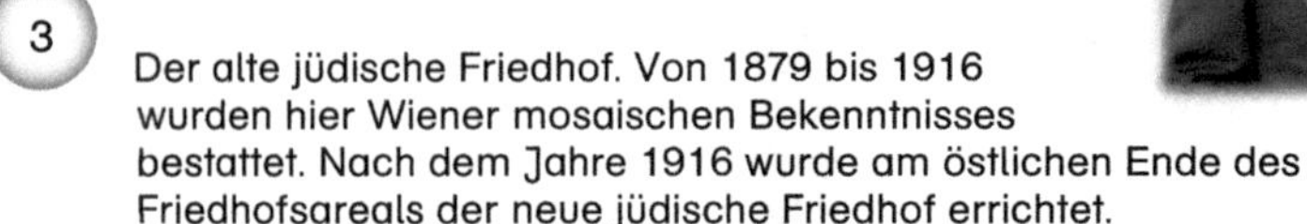

3 Der alte jüdische Friedhof. Von 1879 bis 1916 wurden hier Wiener mosaischen Bekenntnisses bestattet. Nach dem Jahre 1916 wurde am östlichen Ende des Friedhofsareals der neue jüdische Friedhof errichtet.

4 Friedrich Torberg (1908 – 1979) war einer der berühmtesten österreichischen Schriftsteller. Außerdem wurde er als Journalist, Publizist, Drehbuchautor und Herausgeber bekannt, der sich stets als tschechischer Österreicher und Jude empfand. Zu seinen bekanntesten Werken zählen sein Erstlingswerk, der Roman *„Der Schüler Gerber"*, und *„Die Tante Jolesch"*.

Auf dem alten jüdischen Friedhof befinden sich u. a. auch die Gräber von Arthur Schnitzler, Friedrich Torberg, Gerhard Bronner und Viktor Frankl.

Kennst du dieses Gebäude?

Hier gleich die Antwort: Es handelt sich um das Wiener Krematorium, das im Jahre 1922 außerhalb des Zentralfriedhofes errichtet wurde. Die Pläne stammen von Clemens Holzmeister, einem international bekannten Wiener Architekten und Schöpfer von beeindruckenden Sakralbauten.

25. Gustav Klimt – Der Kuss: Puzzle

25. Gustav Klimt – Der Kuss: Puzzle

26. Gebäudeausschnitte erkennen: Bilderrätsel

Die beiden Gebäude sind nur durch ein paar kleine Öffnungen im
Buntglas erkennbar. Wie heißen diese bekannten Wiener Bauwerke?

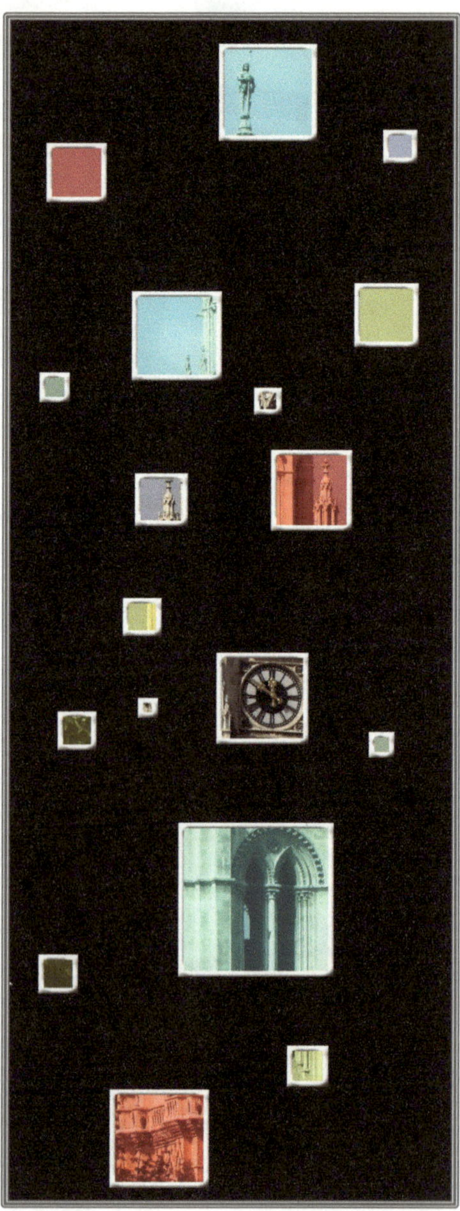

Gebäudeausschnitte erkennen: Bilderrätsel

Die beiden Gebäude sind nur durch ein paar kleine Öffnungen im Buntglas erkennbar. Wie heißen diese bekannten Wiener Bauwerke?

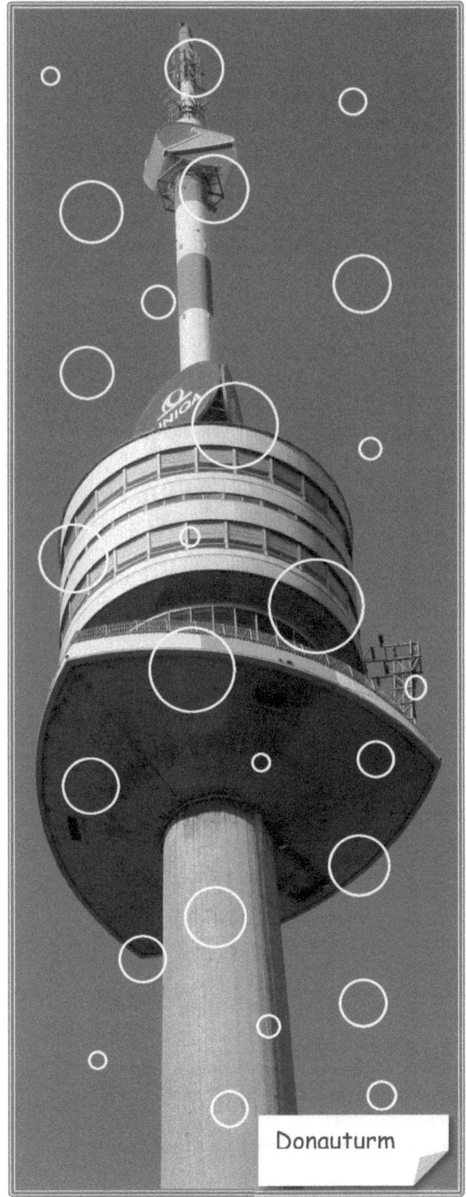

Donauturm

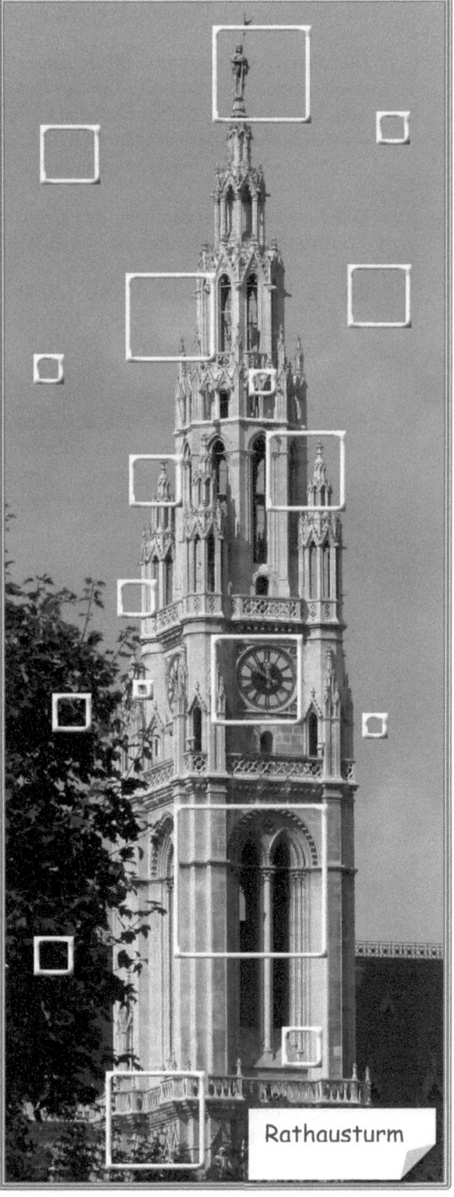

Rathausturm

Quellenangabe zu den Abbildungen:

Die in diesem Band verwendeten Bilder und Illustrationen stammen aus folgenden Quellen:

1.) Wikimedia Commons [http://commons.wikimedia.org]: Die Inhalte unterliegen den Richtlinien von Creative Commons (CC) und stehen unter unterschiedlichen Lizenzen zur freien Verwendung zur Verfügung. In einigen Fällen (Freie Lizenzen) ist die Nennung eines rechtlich verbindlichen Lizenztextes (Legal Code) erforderlich. Die kostenlose Nutzung, Veränderung und Weiterverbreitung ist in allen Fällen gestattet.

Die Weitergabe der Bilder durch Karina-Verlag an die Leser/innen unterliegt den gleichen Bedingungen, welche mit denen des Lizenzvertrages auf Wikimedia identisch, vergleichbar oder kompatibel sind. Das bedeutet, dass die Werke weiterverwendet bzw. verändert werden dürfen, aber nur unter den Bedingungen, wie sie in den diesbezüglichen Lizentexten auf Wikimedia Commons angeführt sind.

Bilder mit freie Lizenzen unter den Lizenzbedingungen „CC BY-SA" (Namensnennung, Weitergabe unter gleichen Bedingungen) befinden sich auf den folgenden Seiten des Buches:
10 ,12, 17, 22, 24, 26, 30, 32, 33, 35, 36, 44, 47 - 52, 55, 56, 59, 60, 63, 65, 66, 68-71, 74 - 76, 78, 80-85, 92, 100, 106, 112, 113, 130, 133, 135-161, 163 - 165, 167 - 172, 178 - 180, 190, 191, 200 - 218, 229, 231 - 240, 245, 246, 249 - 251, 262, 263, 265, 268, 269, 271, 277, 284 - 292, 306 - 308, 310, 311, 313, 315.

Eine ausführliche Liste aller Bilder in diesem Buch mit freien Lizenzen mit speziellen Bedingungen unter Angabe der vollständigen Lizenztexte kann unter folgender URL im PDF-Format heruntergeladen werden:
http://www.spass-und-lernen.com/vienna_life_bildernachweise.pdf

Lizenzbedingungen „CC BY-SA"
Quelle: *https://creativecommons.org/licenses/by-sa/3.0*

You are free to:
- *Share — copy and redistribute the material in any medium or format*
- *Adapt — remix, transform, and build upon the material*
- *for any purpose, even commercially.*

The licensor cannot revoke these freedoms as long as you follow the license terms.
Under the following terms:
- *Attribution — You must give appropriate credit, provide a link to the license, and indicate if changes were made. You may do so in any reasonable manner, but not in any way that suggests the licensor endorses you or your use.*
- *ShareAlike — If you remix, transform, or build upon the material, you must distribute your contributions under the same license as the original.*
- *No additional restrictions — You may not apply legal terms or technological measures that legally restrict others from doing anything the license permits.*

2.) Dreamstime [http://www.dreamstime.com]: Diese Medien unterliegen den Bedingungen einer "Royalty Free License".

3.) Eigene Fotos und Schaubilder des Autors: Diese unterliegen dem Copyright des Autors sowie den Vertriebsrechten von Karina-Verlag und dürfen in keinem Fall weiterverwendet, verändert bzw. zu kommerziellen Zwecken verwendet werden.
Dies betrifft alle Bilder, die in der oben genannten Liste aller Bilder mit freien Lizenzen nicht angeführt sind.

Martin Urbanek

Geboren 1958 in Wien. Nach Abschluss des Studiums der Ur- und Frühgeschichte sowie der Kultur- und Sozialanthropologie im Jahre 1994 folgte 1999 die Ausbildung zum „Multi Media Producer".

Seit 2001 steht die freiberufliche Mitarbeit an zahlreichen Studien zur Evaluierung von Schulversuchen bzw. bildungspolitischen Maßnahmen im Mittelpunkt.

Martin Urbanek ist Mitautor von zahlreichen erziehungswissenschaftlichen Publikationen und seit 2014 Mitbetreiber der Internetplattform *"Spaß und Lernen"*, wo er unter anderem an der Erstellung von Unterrichtsmaterialien mitwirkt.

Der Reiseführer ist das Ergebnis ausführlicher Recherchen des Autors über jene Stadt, in der er von Geburt an seinen Hauptwohnsitz hat. Mit dem Buch möchte er einen durchaus lebenswerten und attraktiven Ballungsraum einer vorwiegend jüngeren Leserschaft näherbringen, der seit der Öffnung des Eisernen Vorhangs aus seinem Dämmerschlaf am Rande Europas erwacht ist und sich heute rasant weiterentwickelt. Und dies mit all den Vorzügen aber auch Schattenseiten, die Wien im Rückblick auf seine Geschichte und in aktuellen Trends aufzuweisen hat.

Interessen und Themenschwerpunkte des Autors: Bildung und Medien, Geschichte, Archäologie, Kultur- und Sozialanthropologie.

www.karinaverlag.at
Karina
Publishing
Vienna